Heinisch · Ungewöhnliche Fußballspiele, Band 1

Jörg Heinisch

Das Buch der ungewöhnlichen Fußballspiele

Band 1: 1908 bis 1999

Arete Verlag Hildesheim

Der Autor:
Jörg Heinisch wird am 5. Dezember 1970 in Hannover geboren. Sein erstes Eintracht-Spiel sieht er 1979. Für die TSG Idstein ist er als Jugendfußballer und Schiedsrichter aktiv. Ab 1994 fungiert er ehrenamtlich als Mitherausgeber der monatlich erscheinenden, unabhängigen Eintracht-Frankfurt-Fanzeitung „Fan geht vor". Nach dem Abschluss des Studiums der Betriebswirtschaftslehre ist er für den Bereich „Bodenverkehrsdienste" des Frankfurter Flughafenbetreibers Fraport AG im Vertrieb tätig. Er engagiert sich seit 1999 als Autor zahlreicher Bücher zur Historie von Eintracht Frankfurt sowie zur Welt der Fußballfans (u. a. Groundhopping), nimmt sich aber auch anderer Fußballthemen an. So erschien zuletzt im Arete Verlag das fesselnde Buch „Fußballkatastrophen: Tragödien, Schicksale und skandalöse Verschleierungen".

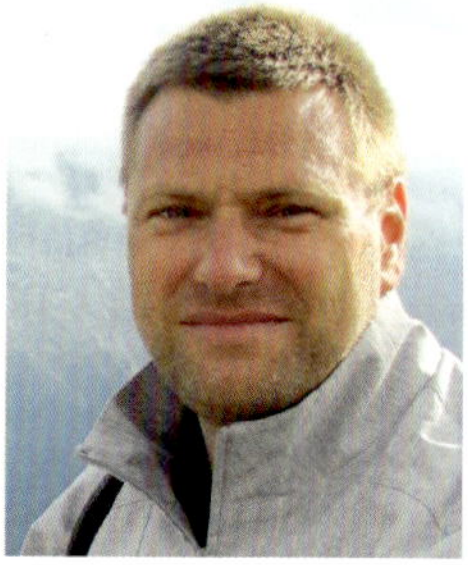

In Kooperation mit „Fan geht vor", www.fan-geht-vor.de.

Bibliografische Information der Deutschen Nationalbibliothek
Die Deutsche Nationalbibliothek verzeichnet diese Publikation in der Deutschen Nationalbibliografie; detaillierte bibliografische Daten sind im Internet über http://dnb.d-nb.de abrufbar.

Abbildungen Titelseite: oben: Eingeschränkte Sicht am 21. November 1945 bei der Begegnung zwischen Arsenal London und Dynamo Moskau. Im Nebel ereignet sich Merkwürdiges …; unten: Phantomtor für Bayern München gegen den 1. FC Nürnberg am 23. April 1994 mit schwerwiegenden Folgen … (Foto: picture-alliance/Sven Simon)
Lektorat: Florian Paulus
Layout/Satz/Umschlaggestaltung: Composizione Katrin Rampp, Kempten
Druck: Plump, Rheinbreitbach
ISBN 978-3-96423-121-5

Inhalt

(Fortsetzung in Band 2)

Vorwort

Paraíba, Brasilien, Vierzigerjahre. Der Schiedsrichter hatte auf Elfmeter entschieden. Der Schütze lief an und legte alle Kraft in den Schuss, wodurch die Naht des Leders platzte und die darin befindliche Gummiblase heraus und ins Tor flog, während die Lederummantelung neben dem Gehäuse landete. Wäre der Elfmeter heute mit einem neuen Ball wiederholt worden, so zeigte sich der Referee damals ratlos. Zuschauer bedrängten ihn. Dann entschied er, dass der Heimmannschaft ein halbes Tor gegeben würde, da die Hälfte des Spielgeräts im Netz gelandet sei. Da kein weiterer Treffer fiel, endete das Spiel mit 0,5:0.

In diesem Buch treffen Sie auf außergewöhnliche Geschichten von Fußballspielen aus der ganzen Welt. Wie ein Trüffelschwein habe ich in vielen Sprachen online, aber auch in Büchern und Magazinen gesucht, auf Verdacht Texte über Texte gelesen, Fotos und Videos gesichtet. Mit den entwickelten Suchmechanismen bin ich tatsächlich auf fast 100 Begegnungen gestoßen, die begeisternde oder anderweitig bizarre Gegebenheiten offenbaren, die ich in diesem Projekt in eigenen Beiträgen präsentiere. Sie werden von den wenigsten schon etwas gehört haben. Über diese Texte hinaus schneide ich aber auch jeweils passende ähnliche Fälle an. In eingestreuten Sonderkapiteln, „Einwürfe" genannt, gehe ich aber auch auf verschiedenste Spiele kurz ein, die etwas Gemeinsames haben, wie beispielsweise Einflussnahmen von außen, Spielabsagen oder Spielabbrüche.

Große Partien des Weltfußballs wurden ebenso ausgelassen wie solche mit großen Wendungen im Spielverlauf, Überraschungen von David gegen Goliath oder Begegnungen mit politischer Bedeutung. Auch statistische Besonderheiten waren nicht unbedingt das, was ich für dieses Buch gesucht habe. Die „Hand Gottes" mit Diego Maradonas berühmt-unverschämtem WM-Tor gegen England ist genauso kein Thema wie das Zaubertor von Jay-Jay Okocha gegen Oliver Kahn oder die holländische Spuckattacke gegen Rudi Völler. Die Spiele, um die es hier geht, sind trotzdem auf irgendeine Art ungewöhnlich und einen gesonderten Beitrag wert.

Freuen dürfen Sie sich in Band 1 und 2 beispielsweise auf die Frage, ob man bei einem Elfmeterschießen nicht einen einzigen Treffer erzielen, aber trotzdem den Wettbewerb gewinnen kann. Erleben Sie, wie ein Koffer ein Tor erzielt. Oder ein Balljunge. Versetzen Sie sich in eine Zeit, als eine Radiolivereportage über eine Begegnung vom Reporter noch lange fortgesetzt wurde, während das Spiel selbst schon beendet war, was er nicht bemerkt hatte. Verfolgen Sie, wie einfach man den stärksten Gegenspieler schon vor dem Anpfiff in der entscheidenden Partie der Weltmeisterschaftsqualifikation aus dem Spiel nehmen kann. Was passiert, wenn UFO-Alarm im Stadion ausgelöst wird? Kann eine Neunerkette Erfolg haben? Lernen Sie Spiele kennen, bei denen der Sieg längst ausgiebig gefeiert wurde, obwohl die tatsächliche Situation eine ganz andere war. Erfahren Sie, wie einfach doch beim Münzwurf um den Sieg Manipulationen vorgenommen wurden. Wie kann es sein, dass sich ein Klub in das Finale der Konföderation vorkämpft, dann aber dort nicht antritt? Können Sie sich vorstellen, dass ein Spiel 15-mal verschoben werden musste? Oder dass ein Torhüter absichtlich den Bruch der Latte verursacht? Dass mehrere Spieler von der Polizei vom Platz weg verhaftet werden? Was passiert, wenn ein Team in den Streik tritt? Kann es sein, dass Nordkorea ein großes Stadion füllt und dem eigenen Publikum einen ausländischen Drittligisten als den vielfachen Weltmeister Brasilien präsentiert? Was passierte, als in Kolumbien ein Schiedsrichter ermordet wurde? Können Sie sich vorstellen, dass ein Klub am letzten Spieltag um die Vizemeisterschaft kämpft, plötzlich aber auf sportlichem Weg absteigt? Oder dass in der 80. Spielminute die Regeln geändert werden? Was, wenn ein Klub derart in Terminprobleme kommt, dass er alle zwei Tage ein Spiel austragen muss und dann an einem Tag drei hintereinander? Kann es sein, dass der Gegner auf dem Platz überhaupt nicht der ist, der er es sein sollte? Wie kann es sein, dass ein Klub das eigene und das gegnerische Tor verteidigt?

In Fußnoten werden teilweise exemplarische Fälle aufgezählt. Eine Kompletterfassung ist ausgeschlossen, da natürlich nur auf dokumentierte und aufgefundene Vorkommnisse zurückgegriffen werden kann. Es kann selbstverständlich unterstellt werden, dass ein Großteil nicht zu recherchieren ist – eine solche Dokumentation in diesem Buch wäre ab einem gewissen Umfang sicher auch nicht mehr sinnvoll.

Es gäbe eigentlich noch viele Geschichten mehr, die erzählt werden könnten, wie vom Länderspiel 2019 zwischen Bahrain und Bangladesch, das ausverkauft war, wo allerdings übereifrige Fans einen Tunnel auf das Gelände des Khalifa Sports City Stadium in Madinat Isa gegraben hatten, um trotzdem Zutritt zu erlangen. Wie vom Eigentor-Hattrick der neuseeländischen Spielerin Meikayla Moore 2022 im Länderspiel gegen die USA. Vom schwedischen Ligaspiel zwischen Bureå IF und Bygdsiljums SK, das eigentlich 10:0 endete, aber mit einem -3:-3[1] geführt wird, weil beide Klubs nicht spielberechtigte Akteure eingesetzt hatten. Oder jener freche Vorfall aus der englischen Division 1 vom März 1998, als Sheffield-United-Spieler Dean Saunders einen von einer Werbebande abprallenden Ball bei einer 1:0-Führung seines Klub in der 90. Minute auffängt, erkennt, dass weit und breit kein Mitspieler zu sehen ist, und den Ball in den Rücken des gegnerischen, aus der Vorszene Richtung Tor zurückeilenden Torwarts wirft, den Abpraller aufnimmt, den Keeper umkurvt und das 2:0 erzielt, bevor Gegner Port Vale in der Nachspielzeit noch zum 1:2-Anschluss kam. Oder 24 Punkte Abzug für Conaree FC aus dem Karibikstaat St. Kitts und Nevis, weil der Klub seinen Spieler Glenroy Samuel nicht unter Kontrolle hatte, als der im April 2019 versuchte, nach einem Meisterschaftsspiel gegen den Village Superstars FC seinen Gegner Raheem Francis umzubringen. Aber irgendwo muss ja eine Grenze gezogen werden …

Es werden in diesem Band 55 Begegnungen mit ihren Geschehnissen aus den Jahren 1908 bis 1999 vorgestellt, viele mehr aus den Jahren 1896 bis 2024 finden zudem Erwähnung. Zum Teil sind QR-Codes eingeklinkt, über die ergänzend im Internet kostenfrei bewegte Bilder zu den beschriebenen Ereignissen angesehen werden können.

1 Beide Klubs erhielten eine 0:3-Niederlage als Wertung.

Für Stadiontipps vielen Dank an Roland Gerlach und Thorsten Mankel, für Korrekturarbeiten und -vorschläge an den geschätzten Wegbegleiter Florian Paulus.

Ich wünsche erstaunliche und unterhaltsame Lesestunden mit dieser wirklich ungewöhnlichen Sammlung an Fußballspielen, die nun gänzlich aus der Reihe des üblichen Fußballalltags fallen. Manche Ereignisse mag man gar nicht glauben, doch es hat sie tatsächlich gegeben.

Ihr
Jörg Heinisch

Band 2 erscheint im Frühjahr 2025. Das Buch ist bereits jetzt unter der ISBN 978-3-96423-125-3 beim Verlag und im Buchhandel zum Vorzugspreis vorbestellbar. Band 2 enthält dann auch das komplette Quellenverzeichnis für beide Bände.

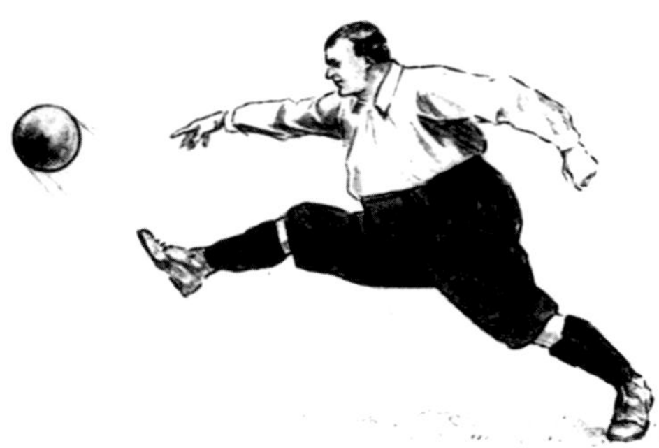

William „Fatty“ Foulke, legendärer Torhüter von Sheffield United.

Vier gegen Elf

Østerbros Boldklub – Boldklubben af 1893

København A-Raeken, Kopenhagen, Dänemark 1908

Der Østerbros Boldklub (ØB), gegründet im Jahr 1894, nachdem ein gleichnamiger Verein im Jahr zuvor aufgelöst worden war, war in Østerbro beheimatet. Zunächst trat ØB in der Stadtmeisterschaft von Kopenhagen, der stärksten Regionalmeisterschaft Dänemarks vor der Einführung dänischer Meisterschaften im Jahr 1913, an. Das beste Ergebnis war hier 1896/97 ein dritter Platz. Groß auffällig wurde der Klub nicht, sieht man von zwei erreichten Schlussrunden zur nationalen Meisterschaft 1940/41 und 1941/42 und – nach Einführung eines landesweiten Ligafußballs – der Zugehörigkeit zur obersten Liga 1946 bis 1950 ab. Und trotzdem ist der Klub mitverantwortlich für eine große Kuriosität im Weltfußball, zu der es kam, als der Verein am 29. November 1908 im Heimspiel auf den Boldklubben af 1893 (B.93) treffen sollte.

B.93 wurde 1893 als „Cricketklubben af 1893" ins Leben gerufen und 1896 umbenannt, nachdem nach Cricket dann auch Fußball gespielt wurde. Neun nationale Fußballmeisterschaften hat der Klub gewonnen (zuletzt 1946) – wenngleich er heute in Dänemark schon lange keine Rolle mehr spielt. Doch zu Beginn des 20. Jahrhunderts war der Klub eine gute Adresse. 1907 wurde er Opfer einer eher willkürlichen Verbandsentscheidung. Damals hatte das Torverhältnis bei Punktgleichheit noch keine Relevanz für eine Entscheidung. Es ereignete sich aber in jenem Jahr zum dritten Mal, dass am Ende der København A-Raeken, der Stadtmeisterschaft von Kopenhagen, zwei Teams (B.93 und der Kjøbenhavns Boldklub) sich in genau dieser Situation befanden. Daraufhin beschloss der Verband, keinen Meister zu verkünden. 1908 konnte der Titel dann durch B.93 gesichert werden.

Zurück zum Spiel vom 29. November 1908. Aus unterschiedlichen Gründen (u. a. weil ein Zug Probleme hatte, in dem der Großteil der Mannschaft saß) hatten es nur vier Spieler von den favorisierten Gästen zum Anpfiff geschafft. Während es im britischen Raum die Möglichkeit gab, im gegenseitigen Einvernehmen zu spät erscheinende Spieler durch andere Spieler zu ersetzen, galt dies nicht auf dem Kontinent. Der Schiedsrichter wollte nach der Feststellung der Problematik die Begegnung verschieben, allerdings bestand der Spielführer von ØB auf der Durchführung des Spiels. Der in der Tabelle abgeschlagene Gastgeber hoffte auf diese Weise, den ersten Sieg der Saison erreichen zu können. So verteilten sich die vier B.93-Spieler auf dem Platz und bemühten sich, das Spiel zu verzögern, den Ball irgendwie zu halten, in der Hoffnung, dass die fehlenden Spieler noch kommen würden. Das taten sie bravourös. Nur 0:4 lag B.93 zur Halbzeitpause zurück. Nun kam die endlich eingetroffene restliche Mannschaft zu Hilfe. Beim Spiel Elf gegen Elf konnte sie das Spiel noch drehen und 5:4 gewinnen.

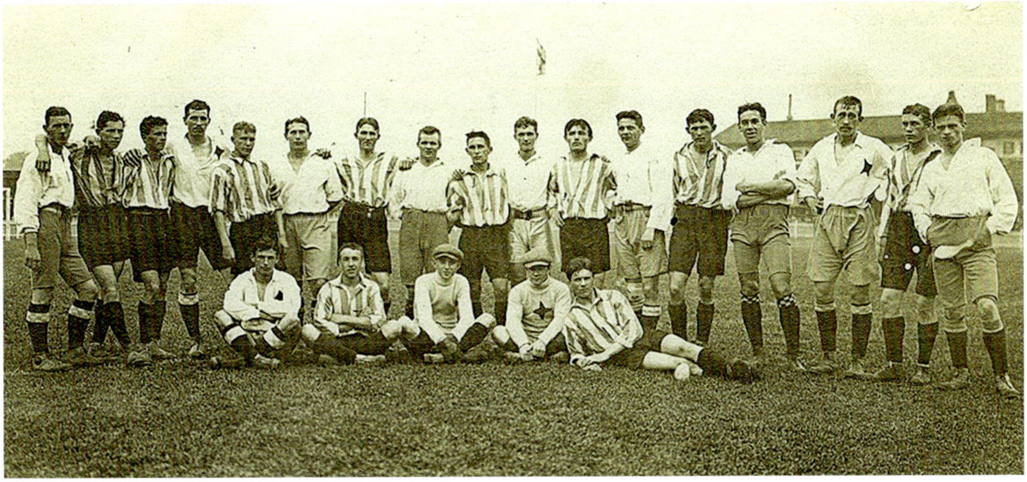

Die Mannschaft von Østerbros BK in gestreiften Shirts anlässlich eines Spiels gegen IFK Göteborg am 1. November 1908.

Dieser Sieg war für B.93 enorm wichtig, zeigte sich doch, dass am Ende der Saison (dank diesem) mit einem Punkt Vorsprung vor dem Kjøbenhavns Boldklub die Meisterschaft geholt werden konnte. ØB wurde in der Saison ohne einen Sieg und mit nur zwei Unentschieden Letzter.

Den Østerbros Boldklub gibt es heute nicht mehr; er fusionierte 1998 mit Ryvang Fodbold Club zu Østerbro IF.

Eine weitere Unterbesetzung:

Es ist ein übliches Vorgehen von Verbänden, einen Klub aus der Meisterschaft auszuschließen, wenn dieser zweimal nicht angetreten ist. Entsprechend bemühen sich Klubs, wenn sie keine Verlegung erwirken können, trotzdem vor Ort zu sein. Der finanziell schwer angeschlagene portugiesische Erstligist Uniaro Leiria reiste 2012 gegen CD Feirense nur mit acht Feldspielern an. 16 Spieler hatten ihren Vertrag wegen nicht bezahlter Löhne gekündigt. Die verbliebenen Spieler verloren immerhin nur mit 0:4.

In einem Fall aus Südamerika, als sieben Spieler zu Beginn auf dem Platz standen, musste das Spiel bereits nach drei Minuten regelkonform abgebrochen werden, als sich einer dieser sieben Spieler so sehr verletzte, dass er ausscheiden musste. Mit weniger als sieben Spielern darf eine Mannschaft heute nicht mehr auf dem Platz stehen.

Die unsterbliche Barfuß-Elf

East Yorkshire Regiment – Mohun Bagan

Finale IFA Shield, Kalkutta, Indien 1911

Der Fußball wurde durch britische Soldaten im 19. Jahrhundert nach Indien importiert. Anfangs wurde auf dem Subkontinent nur in Armeemannschaften gespielt. Der Inder Nagendra Prasad Sarbadhikari sah dem Treiben zu und initiierte den Fußball auch für das junge Volk in Kalkutta. Der Calcutta FC war der erste indische Fußballklub. 1893 wurde der indische Verband gegründet, in dessen Vorstand allerdings bis 1920 kein Inder Platz fand. Es entstanden weitere Vereine wie Mohun Bagan, Sovabajar und der Aryan Football Club. Kalkutta wurde das Zentrum des indischen Fußballs. Das erste offizielle Spiel auf indischem Boden zwischen dem „Calcutta Club of Civilians“ und den „Gentlemen of Barrackpore“ geht auf das Jahr 1854 zurück. Das älteste Turnier Asiens und das drittälteste der Welt mit dem Titel „The Durand Cup“ – nach dem damaligen Außenminister Indiens, Sir Mortimer Durand – wurde in Indien ins Leben gerufen.

Am 29. Juli 1911 stand im seit 1893 ausgetragenen Pokalwettbewerb IFA Shield das Finale des East Yorkshire Regiments gegen das indische Team von Mohun Bagan auf dem Programm, das sich in den vorherigen Runden großartig bewährt hatte. Der indische Verein hatte schwergewichtige Mannschaften wie St. Xavier‘s (3:0), Rangers (2:1), Rifle Brigade (1:0) und Middlesex Regiment (1:1; 3:0) besiegt. Dass die barfüßigen Bagan-Jungs die ausländischen Mannschaften besiegten, war das einzige Gesprächsthema in den Straßenbahnen, Bussen und unter den angesehenen Schreibern und Beamten. Auf der anderen Seite waren die Briten überhaupt nicht amüsiert über diese Ereignisse. Am 4. August 1911 berichtete die Zeitung Hitabadi, dass „am Abend nach dem Halbfinale ein indischer Fahrgast seinen britischen Mitfahrer nach dem Ergebnis des Spiels fragte. Dafür bekam er eine kräftige Ohrfeige!“. Für die Briten war klar, dass es im Endspiel nur einen Sieg der Landesgenossen gegen die barfüßig spielenden Inder geben konnte. Viele Inder reisten mit dem Zug aus abgelegenen Bezirken und Nachbarstaaten nach Kalkutta. Die Nachfrage war so groß, dass die East Indian Railway einen Sonderzug einsetzte und zusätzliche Dampfschiffe fuhren, um die Zuschauer zum Calcutta Football Ground zu befördern. Am Tag des Spiels war dieser mit 80.000 bis 100.000 Zuschauern überfüllt. Die Zuschauer schauten von Baumwipfeln, Telegrafenmasten und Häuserterrassen aus zu. Für diejenigen, die keine gute Sicht hatten, wurde eine ausgeklügelte Methode entwickelt, um sie über die Punktestände auf dem Laufenden zu halten: Drachen wurden mit den Vereinsfarben und dem darauf geschriebenen Spielstand in die Luft gelassen. Die Inder hatten die große Erwartung, dass ihre Landsleute es den Briten an diesem Tage „zeigen“ könnten.

Am Morgen des Spieltages gingen die Spieler von Mohun Bagan zum Kalighat-Tempel, um den Segen von Kali, der Göttin der Macht, zu erbitten. Mit roten Tilaks auf der Stirn betraten sie das Spielfeld, einer nach dem anderen. Der Boden war hart und trocken. Es begann ein sehr temporeiches Spiel, in dem die barfüßigen Bagan-Spieler ihren britischen Gegenspielern in jeder Hinsicht ebenbürtig waren. Jeder lange Ball der Regimentsspieler wurde von den englischen Damen laut beklatscht, und gleichzeitig wurde jeder Gegenangriff von Mohun Bagan von der Menge mit tosendem Beifall bedacht. Sergeant Jackson vom East Yorkshire Regiment sorgte für eine getrübte Stimmung, als er für das Regiment zuerst traf. Diese wurde düsterer, je länger das Spiel dauerte. Doch 15 Minuten vor dem Ende traf Mohun Bagans Kapitän Shibdas Bhaduri zum Ausgleich. Kurz vor dem Anpfiff traf dann auch noch Mittelstürmer Abhilash Ghosh zum Sieg. Innerhalb weniger Sekunden war ganz Kalkutta von einem Donnerschlag erfüllt, der wie ein Kracher wirkte. Es regnete Trikots, Stöcke und Schuhe auf den Platz. Die Engländer verließen fluchtartig den Platz. Zur allgemeinen Überraschung siegte Mohun Bagan mit 2:1 – erstmals war dies einem indischen Team in einem großen Finale gegen ein britisches gelungen. Einer der bis heute größten sportlichen Erfolge Indiens hatte sich ereignet und fand seinen Widerhall weltweit in den Zeitungen. Die Nachrichtenagentur Reuters schrieb in ihrem Kabelgramm vom 30. Juli 1911 nach England: „Die Szene ist unbeschreiblich, die Bengalees reißen ihre Hemden ab und winken ihnen zu". „Die Mitglieder des Muslim Sporting Club waren fast wahnsinnig und wälzten sich vor Freude über den Sieg ihrer Hindu-Brüder auf dem Boden", verkündete die Zeitung Mussalman. Die ganze Nacht über war Kalkutta in Lichter getaucht – nur das britische Viertel blieb dunkel. Die elf siegreichen Inder sind seitdem als „The Immortal Eleven" („Die unsterbliche Elf") bekannt. Das Ereignis stand auch als ein nationales Symbol gegen die Herrschaft der Briten.

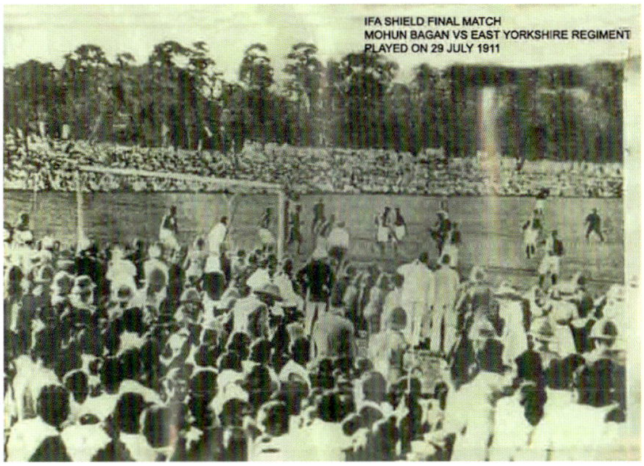

Ausnahmezustand rund um das Spielfeld im Jahr 1911.

Viel mehr Turniere wurden ausgerufen, Fußball wurde in Indien populär. Die indischen Fußballer reisten zu Spielen nach Australien und in andere asiatische Länder wie Malaysia, Japan und Indonesien. Für einen Paukenschlag sorgten die seit einem Jahr von Großbritannien unabhängigen Inder beim Olympischen Fußballturnier 1948 in London. In fünf Vorbereitungsspielen gegen englische Teams gab es fünf Siege. Das Team spielte größtenteils barfuß[2], hatte aber einige Stiefel für weiche und regnerische Böden dabei. Als der große Tag anstand, besiegte Indien im Achtelfinale fast das große Frankreich. Das entscheidende

2 Die Inder waren keinesfalls die einzige Nation, die barfuß spielte. 1949 tourte Nigeria mit Bandagen an den nackten Füßen durch Großbritannien. Eine Auswahlmannschaft Ugandas tat Selbiges 1956 auf der britischen Insel. Hintergrund der Reise der Nigerianer war, dass die Briten präsentieren wollten, dass die Nigerianer die Werte der englischen öffentlichen Schulen eingeimpft bekommen hatten, wodurch sie ausreichend „verwestlicht" wären und Annäherungsversuche der Russen abwehren könnten. Dabei war es den Afrikanern verboten, traditionelle afrikanische Kleidung zu tragen.

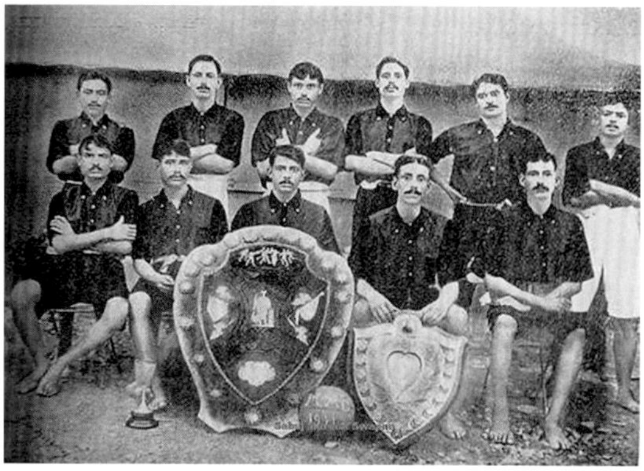
Mohun Bagan mit dem erkämpften Shield.

Tor im ersten offiziellen Fußballspiel des unabhängigen Indiens fiel in der 89. Minute. Die Begegnung ging vor 17.000 Zuschauern unglücklich mit 1:2 verloren, nachdem die Inder zwei Elfmeter vergaben. Die indischen Spieler wurden zu Queen Elizabeth (später als „Queen Mum" bekannt) in den Buckingham-Palast eingeladen und hängten noch eine Europa-Tournee an, während der Ajax Amsterdam mit 5:1 geschlagen wurde.

Nach den Olympischen Spielen lud die FIFA vier asiatische Länder zur Qualifikation für die Weltmeisterschaft 1950 in Brasilien ein: die Philippinen, Indonesien, Burma und Indien. (Syrien und Israel nahmen an einer kombinierten Europa/Vorderasien-Qualifikation teil.) In der Asienqualifikation verzichtete dann aber Burma gegen Indien, weil die Spieler wegen eines Volksaufstands in die Armee eingezogen wurden. Und auch die Philippinen und Indonesien verzichteten. Damit war Indien automatisch und ohne eine Begegnung ausgetragen zu haben für die Endrunde qualifiziert, für die es in eine Gruppe mit Italien, Paraguay und Schweden gelost wurde. Doch der indische Verband betrachtete die Olympischen Spiele als ein größeres Ereignis als eine Weltmeisterschaft und schickte seine Nationalmannschaft nicht zur Endrunde, sondern verzichtete. Es stand immer die Geschichte im Raum, die Inder hätten abgesagt, weil die FIFA darauf bestand, dass in Schuhen gespielt würde. Doch das „Barfußverbot", zu dem es tatsächlich einen Austausch zwischen FIFA und indischem Verband gegeben hatte, war nicht der wirkliche Grund. Offiziell wurden „Unstimmigkeiten bei der Teamauswahl und unzureichende Trainingszeit" angegeben, doch Kaushik Bandyopadhyay, Mitherausgeber der Zeitschrift Soccer and Society, berichtete in Sports Illustrated: „Eine sorgfältige Untersuchung zeigt, dass unter den offensichtlichen finanziellen Schwierigkeiten, die als Grund für den Rückzug angegeben wurden, das ungewöhnliche Versäumnis der All India Football Federation lag, die Bedeutung der Teilnahme am Cup einzuschätzen, trotz Zusicherungen des Organisationskomitees, einen Großteil der Tourkosten zu tragen." Sailen Manna, Kapitän der Mannschaft, bestätigte gegenüber Sports Illustrated: „Wir hatten damals keine Ahnung von der Weltmeisterschaft. Wären wir besser informiert gewesen, hätten wir selbst die Initiative ergriffen. Für uns waren die Olympischen Spiele das Wichtigste. Es gab nichts Größeres." Exakt einen Monat vor Turnierbeginn 1950 übermittelten die Inder die Absage.

Ein Jahr später fanden die Asienspiele in Indien statt. Indien gewann im Fußballturnier die Goldmedaille durch ein 1:0 im Finale gegen den Iran. 1962 wurde in Jakarta eine zweite Goldmedaille gewonnen. Bei den Olympischen Spielen in Melbourne erreichte das Team 1956 das Halbfinale.

Als kein Finalist Meister wurde

Hamburger SV – 1. FC Nürnberg

Endspiel um die Deutsche Meisterschaft, Leipzig, Deutschland 1922

1922 ereignete sich in Deutschland etwas, was es in anderen großen Fußballländern von England bis Uruguay in dieser Zeit nicht gegeben hatte: Eine wichtige Entscheidung fiel aus. Für das Endspiel um die Deutsche Fußballmeisterschaft qualifizierten sich der 1. FC Nürnberg, der in den beiden Vorjahren Titelträger geworden war und in dem Jahrzehnt noch drei weitere folgen ließ, durch ein 3:0 im Viertelfinale bei der SpVgg 1899 Leipzig-Lindenau und ein 1:0 im Halbfinale zu Hause gegen SV Norden-Nordwest 98 Berlin, sowie der Hamburger SV, der erst seit drei Jahren unter diesem Namen spielte und zuvor aus den drei Vereinen SC Germania 1887, Hamburger FC von 1888 und FC Falke 06 zusammengeschlossen worden war, durch ein 5:0 im Viertelfinale daheim gegen FC Titania Stettin und ein 4:0 im Halbfinale ebenfalls in Hamburg gegen den FC Wacker München. Die Hanseaten wurden unter ihrem englischen Trainer A. W. Turner Norddeutscher Meister 1921 und 1922, galten aber vor dem Endspiel als deutlicher Außenseiter, nachdem sie in der Punktrunde in ihrer Heimatstadt auch Niederlagen gegen Victoria (0:1), Ottensen 07 (3:4) und St. Georg (1:3) hinnehmen mussten. Die vom Ungarn Izidor Kürschner trainierten Franken, die ein schnelles Flachpassspiel pflegten, konnten hingegen auf zahlreiche Nationalspieler zurückgreifen. Der HSV praktizierte eher lange Bälle, heute „kick and rush“ genannt. Für die Leitung des Finales im Berliner Grunewald-Stadion am 18. Juni vor 30.000 Zuschauern wurde mit dem Kölner Schiedsrichter Peco Bauwens, späterer DFB-Präsident, einer der besten seiner Zunft beauftragt.

Eine Stunde vor dem Anpfiff hatte der Regen aufgehört. Die Sonne sorgte nun für eine schweißtreibende Saunaluft. Von Beginn an wurde sehr körperlich gespielt, viel mehr als es damals üblich war. Grenzen wurden überschritten – und Bauwens ließ viel zu viel zu. Die Nürnberger schienen vor dem britisch geprägten Spiel der Hanseaten so großen Respekt zu haben, dass sie eine derbe Holzerei praktizierten, dass selbst der stets objektive Fußballförderer Walther Bensemann mit seiner Sympathie zum HSV schwankte. Der HSV führte durch ein Tor des jungen Hans Rave (19. Spielminute), lag zur Halbzeit aber dann doch durch Treffer von Heinrich Träg (20.) und Luitpold Popp (30.) mit 1:2 hinten. HSV-Mann Otto Harder rempelte Nürnbergs Anton Kugler so stark

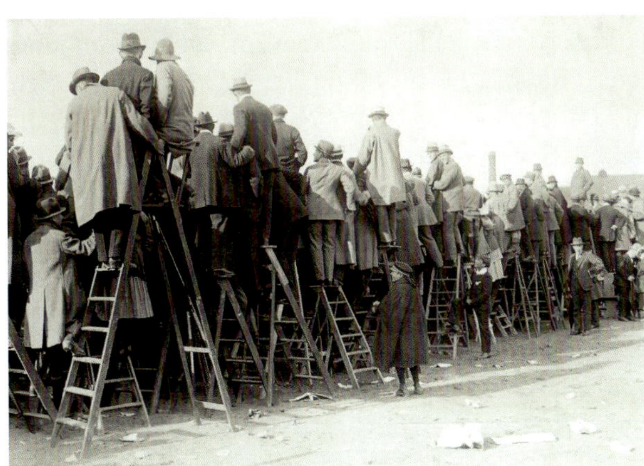

Zaungäste beim Finale der Deutschen Fußballmeisterschaft am 6. August 1922 in Leipzig.

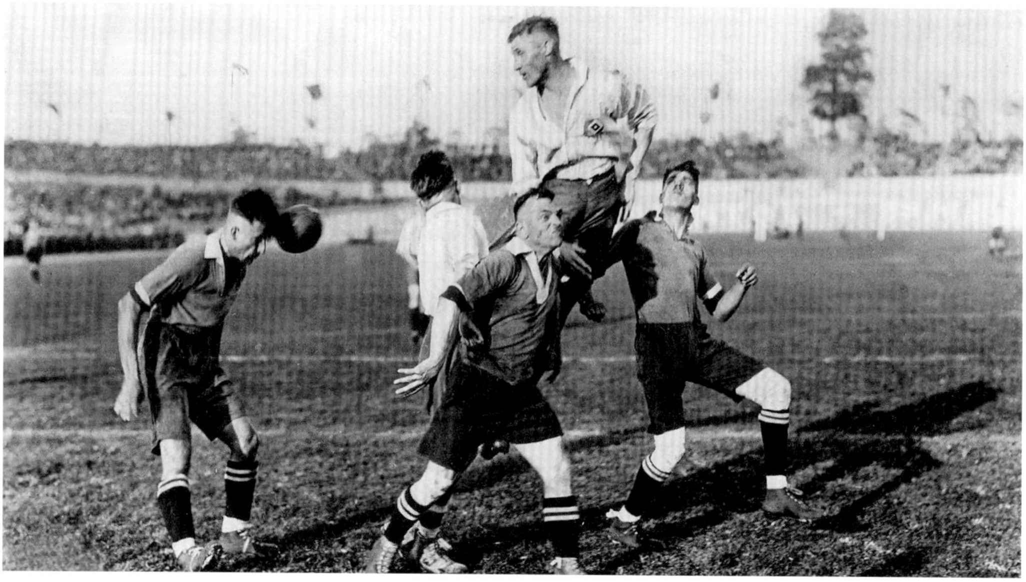

Der Hamburger SV und der 1. FC Nürnberg im unerbittlichen Kampf.

an, dass dieser mehrere Zähne verlor. Bauwens appellierte längst an die Fairness, doch ohne Erfolg. Unterbrechung folgte auf Unterbrechung. Das Magazin „Der Fußball-Sport" beschrieb es wie folgt: „Oft humpeln drei, vier Mann auf jeder Seite und massieren sich Beine und Schenkel. Sutor kracht mit Beier zusammen, bleibt wie tot liegen. Unterbrechung – Massage – weiter! Karambolage Bark – Schneider. Schneider ‚tot'. Unterbrechung – Massage – weiter! Unterbrechung folgt auf Unterbrechung." 19-mal soll der Schiedsrichter Sanitäter auf den Platz gelassen haben. Hans Flohr gelang in der 86. Minute dann doch noch der Ausgleich. Das Spiel ging in die zweimal 15-minütige Verlängerung, die mit dem ersten Treffer beendet gewesen wäre. Doch dieser fiel nicht. Eine weitere Verlängerung über zweimal zehn Minuten wurde erforderlich. Erneut kein Tor. Und wieder ging es weiter. Spielerwechsel waren noch keine erlaubt – Erschöpfung, wo man hinblickte, Schiedsrichter (mit Wadenkrämpfen) und Zuschauer inklusive. Nach 189 Minuten pfiff Bauwens bei eingebrochener Dunkelheit ab und sank zu Boden.

Der DFB setzte ein Wiederholungsspiel an. Am 6. August erfolgte der Anpfiff im VfB-Stadion in Leipzig vor fast 70.000 Zuschauern, deutlich mehr als erlaubt. Die Zuschauer drängten bis an den Spielfeldrand. Es kam in der Enge zu Verletzungen. Im Chaos konnte das Spiel erst mit 40 Minuten Verspätung angepfiffen werden. Wieder war Bauwens, der erst nach „reiflicher Überlegung" den Auftrag angenommen hatte, der Referee. In den sieben Wochen Pausen hatte es zahlreiche Provokationen zwischen beiden Klubs gegeben. Bauwens hatte sich für diesen Tag eine andere Strategie vorgenommen, um Herr der Lage zu bleiben, und dies auch zuvor gegenüber den Vereinen kundgetan: Er wollte direkt durchgreifen und tat dies auch. Nach 18 Minuten wurde Nürnbergs Willy Böß wegen einer Tätlichkeit vom Spielfeld verwiesen. „Noch einmal, Bürschchen, dann landest du im Spital“, drohte HSV-Sturmer Otto „Tull“ Harder einem Gegenspieler. Auf der anderen Seite bellte Träg einen Hamburger in der Pause, die die Spieler wegen des Gedränges auf dem Platz verbringen mussten, an: „Fünf Minuten vor Schluss trete ich dich kaputt.“ Bauwens hörte dies und notierte es. Träg traf in der 48. Minute zum 1:0 für Nürnberg, Karl Schneider glich in der 69. Minute aus. Dann verletzte sich Kugler am Knie, wodurch die Franken plötzlich mit zwei Spielern weniger als die Hamburger auf dem Platz standen. Die Nürnberger hielten das Unentschieden. In der inzwischen erreichten Verlängerung fielen vorübergehend der Hamburger Albert Beier und Asbjørn Halvorsen verletzt aus. Die Nürnberger verloren bald den nächsten Spieler: Träg wurde in der 100. Minute als „Lump“ bezeichnet und revanchierte sich mit einem heftigen Stoß in den Rücken seines Gegners. Bauwens hierzu: „Die Handlung war derart gemein, dass ich nahe dran war, das ganze Spiel jetzt schon abzubrechen.“ Dazu kam es schließlich, als Popp in der Pause der Verlängerung einen Kreislaufkollaps erlitt. Nürnberg hatte nur noch sieben Spieler auf dem Platz stehen. Laut Regel war ein Spiel damit abzubrechen. Nach zusammen 294 Minuten war das sportliche Aufeinandertreffen beendet.

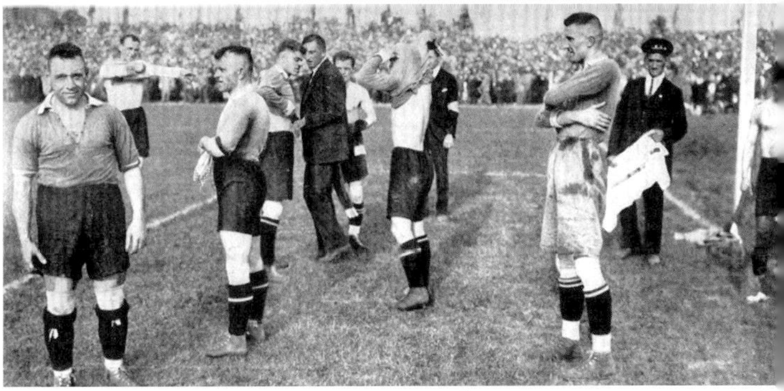

Die Aufnahme zeigt die Nürnberger Spieler in der Pause auf dem Spielfeld, das infolge der Überfüllung des Platzes niemand verlassen konnte.

Ein vom DFB vorgeschlagenes drittes Finale am 8. September in Mönchengladbach lehnten der Norddeutsche Fußballverband und der HSV ab. Der DFB-Spielausschuss erklärte den HSV am 19. August zum Deutschen Meister. Der 1. FC Nürnberg protestierte spitzfindig, da der Abbruch nicht regelkonform gewesen sei und während der Spielzeit und nicht in einer Pause hätte erfolgen müssen. Der DFB-Vorstand hob die Erklärung vom 19. August auf. In einer eidesstattlichen Aussage gab ein Augenzeuge zu Protokoll, dass der angeblich nicht mehr spielfähige Nürnberger Popp zwar von Sanitätern vom Platz und in ein Auto getragen worden sei, dort aber „quietsch fidel“ eine Zigarette geraucht habe. Auf dem DFB-Bundestag am 18. November stimmten die Delegierten mit 53:35 Stimmen für den HSV als Meister, weil der Bundesvorstand gar nicht zuständig und einzig die Entscheidung des Spielausschusses maßgeblich sei. Dann verkündete der genervte HSV-Präsident Henry Barrelet: „Der HSV erhebt keinen Anspruch mehr auf die diesjährige deutsche Fußball-Meisterschaft.“ Unklar ist, ob der HSV Fairplay zeigen wollte oder vom DFB dazu gedrängt wurde. Offiziell gibt es so keinen Deutschen Meister dieses Jahres. Auf der Meisterschale steht allerdings für 1922: „1. FC Nürnberg/HSV“. Auf der damaligen Siegertrophäe, der heute im Deutschen Fußballmuseum im Dortmund präsentierten Victoria, steht alleine der Hamburger SV.

Weitere ungewöhnliche Meisterschaftsentscheidungen:

Auch 1904 gab es keinen Deutschen Meister, obwohl bis zum Halbfinale alle Spiele ausgetragen worden waren. Der VfB Leipzig und BTuFC Britannia 92 aus Berlin hatten sich qualifiziert. Doch der im Viertelfinale bei den Berlinern 1:6 unterlegene Karlsruher FV hatte gegen den Austragungsort in Berlin protestiert, weil der DFB sich nicht an die ausschreibungsgemäße Ansetzung der Endrundenspiele an neutralen Orten gehalten habe. Der DFB sagte daraufhin am Vormittag des in Kassel angesetzten Endspiels die Begegnung ab und annullierte die Endrunde.

In der irischen Liga lagen 1906 die Belfaster Rivalen Cliftonville FC und Distillery FC punktgleich an der Spitze der Tabelle. Da das Torverhältnis damals nicht für die Rangliste herangezogen wurde, war ein Entscheidungsspiel erforderlich. Als dieses torlos endete und auch das zweite Play-off unentschieden ausging (2:2), war der Irische Fußballverband (IFA) am Ende seiner Weisheit und erklärte beide Vereine zu nationalen Meistern.

In der zweitklasssigen Ligue provinciale de l'Ouest in Kamerun traten 2005 32 Vereine an. Als dann nach der Gruppenphase und einer mit dem Viertelfinale beginnenden K.-o.-Runde endlich am 1. Oktober das Meisterschaftsfinale in Bafoussam ausgetragen wurde, sah das Publikum 97 Minuten lang einen engen Verlauf. Lac Balang führte gegen Bandja FC mit 1:0, als der Schiedsrichter für Banja auf Elfmeter entschied. Daraufhin setzte ein Platzsturm der Zuschauer ein, wodurch das Spiel abgebrochen werden musste. Der Verband disqualifizierte beide Klubs und setzte für den 16. November ein neues Finale mit den unterlegenen Halbfinalisten Fédéral du Noun und Cefoke de Dschang an. Was lernen wir daraus? Einen Wettbewerb nicht mit dem vermeintlichen Ausscheiden abschenken!

Apropos späte Meisterschaftsehren! Kennt jemand unter den Lesern die Meister der Liga der Insel Mayotte aus dem Indischen Ozean der Jahre 1978 bis 1991 und kann dies belegen? Der oder die möge sich an den Landesverband wenden. Kaum zu glauben, aber wahr, diese sind offiziell unbekannt! U. a. auch weil ein Feuer die Büros der Liga vernichtet hatte. Da können manche Klubs der Liga ihre Titel aus den Jahren führen, wie sie wollen. Wenn diese das nicht nachweisen können …

Trottel, die die Fußballwelt veränderten

Uruguay – Jugoslawien

Vorrunde Olympische Spiele, Paris, Frankreich 1924

Die Olympischen Spiele hatten für den Fußball bis in das dritte Jahrzehnt des 20. Jahrhunderts den Stellenwert von Welttitelkämpfen. Weltmeisterschaften gab es noch nicht. Erstmals wurde Fußball 1908 in London als olympische Disziplin ausgetragen, als Großbritannien als einer von letztlich sechs angetretenen Teilnehmern sich die Goldmedaille gegen Dänemark holte. 1912 in Stockholm nahmen bereits elf Länder teil – die beiden ersten Plätze gingen an die gleichen Sieger wie 1908.

1920 sicherte sich Belgien gegen die Tschechoslowakei Gold. Als dann in Paris 1924 der nächste Wettbewerb veranstaltet wurde, nahmen bereits 22 Nationen[3] teil. Der Vorsitzende der organisierenden FIFA war der 1921 zum Vorsitzenden gewählte Jules Rimet, und dieser hatte großen Anteil daran, mehr Teams zur Teilnahme zu bewegen – so erstmals auch ein südamerikanisches Land.

Die Briten rümpften missbilligend die Nase darüber, dass Amateure aus Uruguay teilnehmen sollten und ließen ihr Fußballteam gar nicht erst anreisen. In der Vorrunde sollten die per Schiff in der 3. Klasse nach Europa gereisten uruguayischen Fußballer gegen Turniermitfavorit Jugoslawien antreten. Die Jugoslawen wussten nicht, was auf sie zukam und schickten zur Sicherheit Spione zum Trainingsplatz der Südamerikaner. Sie sahen Sportler, die sich wie Trottel verhielten, in den Boden traten, den Ball in Richtung Himmel bugsierten und immer wieder zusammenstießen. Und so berichteten sie: „Diese armen Jungs können einem leidtun, da kommen sie von so weit her."

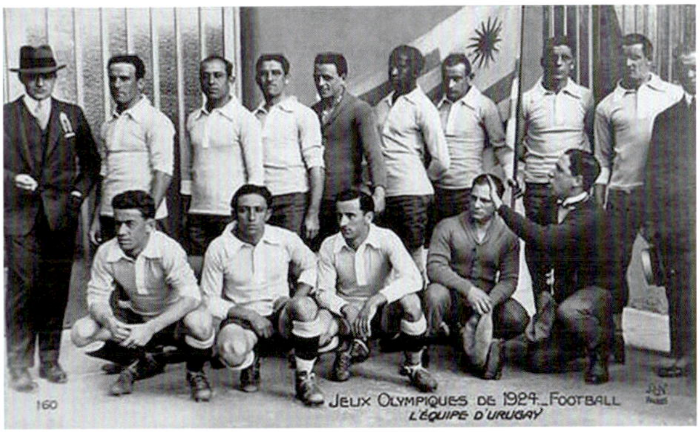

Das Team Uruguays bei den Olympischen Spielen in Paris.

3.025 Zuschauer sollen am 26. Mai im Stade olympique de Colombes zur Begegnung der beiden Länder gekommen sein. Die Flagge Uruguays wurde falsch herum gehisst, und statt der Nationalhymne Uruguays wurde ein brasilianischer Marsch gespielt. Die Jugoslawen wussten kaum, was mit ihnen geschah. Wieselflinke Spieler präsentierten ein Kurzpassspiel, das man noch nie gesehen hatte. Und sie fertigten die Jugoslawen mit 7:0 ab. Die Spione

3 Neben europäischen Ländern die USA, Ägypten, die Türkei und Uruguay.

waren im Trainingscamp entdeckt worden, und so hatten die Südamerikaner inszeniert, wie harmlos sie doch wären. Die Kritiker erkannten an, dass die aus der Ferne angereisten Südamerikaner den wirklichen Fußball spielten, der dem europäischen (mit weiten Pässen und Hinterherlaufen) vollkommen überlegen war. Das Publikum staunte über Fallrückzieher, Scherenschläge, Hackentricks und Flugkopfbälle. Zum Achtelfinale gegen die USA (3:0) wollten bereits 10.455 Zuschauer die Ballkünstler sehen, zum Viertelfinale gegen den Gastgeber Frankreich (5:1) kamen 30.870 Besucher. Das Halbfinale gegen die Niederlande gewann die Überraschungsmannschaft mit 2:1. 40.522 Zuschauer[4] waren im Finale Zeuge, wie Uruguay mit 3:0 gegen die Schweiz Gold gewann.

Die Stimmung hatte sich nach dem Titelgewinn allerdings gedreht. Die Europäer erkannten, dass die in Uruguay sportgeförderten Fußballer Profis waren: „Die spielen gegen Geld! Ist doch klar, dass sie dann gewinnen.“ Entsprechend gab es die Forderung, sie zukünftig von den Spielen auszuschließen.

1928 bei den Spielen in Amsterdam wiederholte Uruguay den Triumph (1:1 und 2:1 gegen das bei Olympia erstmals angetretene Argentinien). Rimet fand sich mit dem Turnier von 1924 bestätigt und wollte ein Fußballturnier austragen, bei dem die besten Fußballer der Welt aufeinandertreffen sollten, ohne Einschränkungen in Bezug auf den Amateur- bzw. Profistatus, der bei den Olympischen Spielen das Teilnehmerfeld limitierte. Seit den Spielen in Paris plante Rimet gemeinsam mit dem wohlhabenden Uruguayer und Sportmäzen Enrique Buero dafür. Und so wurde 1930 Uruguay Gastgeber der ersten Fußballweltmeisterschaft, das dann auch dieses Turnier im Finale mit 4:2 gegen Argentinien für sich entschied.[5]

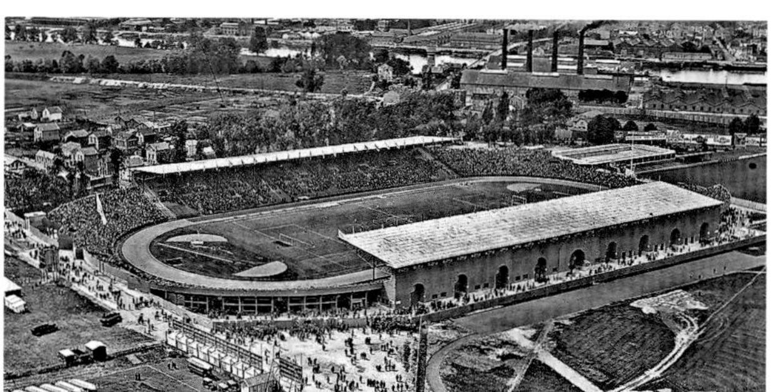

Das Stade olympique de Colombes während des Endspiels.

Als das Nationalteam Uruguays 1924 auf dem Weg zu den Olympischen Spielen nach Paris war, war dies nur möglich, weil der Funktionär und Gönner Atilio Narancio durch die Aufnahme einer Hypothek auf sein Haus die Schiffspassage zahlte. Nach der Ankunft auf dem alten Kontinent ging es in der 2. Wagenklasse per Zug weiter in Richtung französischer Hauptstadt. Auch dies war nur abschnittsweise möglich, weil die Spieler unterwegs Partien absolvierten, um Unterkunft und Verpflegung zu erhalten, wenn sie nicht auf Holzbänken schliefen. In Spanien traten sie zu neun Spielen an, die sie alle gewannen. Wie dann auch in Paris die Goldmedaille.

4 10.000 weitere konnten nicht mehr eingelassen werden.

5 Die vier Sterne im Wappen der Asociación Uruguaya de Fútbol stehen für die beiden Olympiasiege 1924 und 1928 sowie die beiden Weltmeisterschaftstitel 1930 und 1950.

Die Gewinner waren Arbeiter (wie Kühlhausmitarbeiter, Fleischarbeiter, Steinmetze, Gemüsehändler, Eisverkäufer) und Lebenskünstler, für die Fußball reine Lust am Spiel war. Den größten Anteil am Erfolg hatte der Mittelfeldregisseur José Leandro Andrade, der den Ehrennamen „Schwarze Perle" erhielt. Noch nie hatte Fußballeuropa einen Schwarzen spielen sehen. Er war eigentlich Tangotänzer, Klavierstimmer und Schuhputzer. Der Schriftsteller Eduardo Galeano schrieb über ihn: „Im Mittelfeld fegte dieser Riese mit dem Gummikörper den Ball nach vorn, ohne je den Gegner zu berühren, und wenn er sich in den Sturm integrierte, ließ er mit seinen flinken Bewegungen die Spieler der gegnerischen Mannschaft einfach stehen. Bei einem Spiel lief er mit dem schlafenden Ball auf dem Kopf über den halben Platz." Nach dem Sieg blieb Andrade noch einige Zeit in Paris und ließ es sich gutgehen. In einer umwerfenden Garderobe mit Lackschuhen, Zylinder, Seidentüchern, Nadelstreifenanzügen, gelben Handschuhen und Spazierstock mit Silberknauf wurde er ein König der Nachtclubs und Gegenstand der Klatschspalten der Zeitungen. Er agierte als Entertainer und Gigolo – Josephine Baker soll von seiner Show begeistert gewesen sein. Alledem hielt er nicht stand. Angehimmelt und ausgenutzt entglitt ihm die Kontrolle über sein Leben. Letztlich verlor er sein Haus in Montevideo. Er zog schließlich als Bettler durch die Straßen von Paris. Verarmt, alkoholkrank und fast erblindet endete er in einem Obdachlosenasyl in Montevideo, in dem der zweimalige Olympiasieger und Weltmeister auch 1957 an Tuberkulose starb.

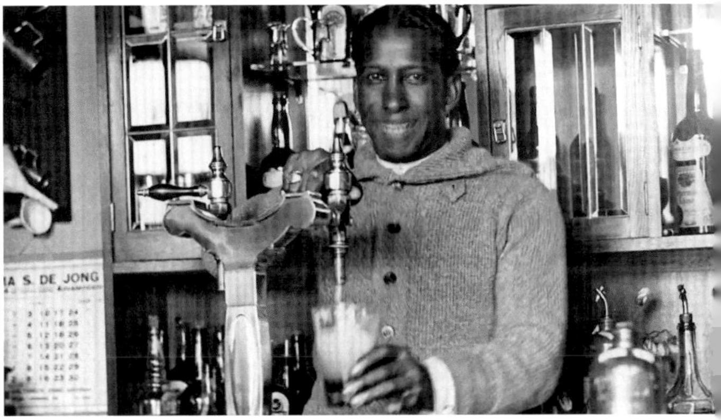

Uruguays José Leandro Andrade.

Salomons Urteil

Juventus Turin – SK Slavia Prag

Halbfinale Mitropa Cup, Turin, Italien 1932

Der erste große internationale Pokal für Vereinsmannschaften wurde mit dem Mitropa Cup im Juli 1927 in Venedig ins Leben gerufen. Österreich, Italien, Ungarn und die Tschechoslowakei, die über die Jahre einen Großteil der Mannschaften in diesem Wettbewerb stellten, waren in den späten Zwanziger- und Dreißigerjahren die stärksten Länder in Kontinentaleuropa. Sie waren auch die ersten, die den Profifußball einführten. Entsprechend hatte der Cup, der im K.-o.-System mit Hin- und Rückspiel ausgetragen wurde, ein Prestige, wie ihn später erst wieder der Europapokal der Landesmeister hatte. An den Start gingen zumeist Meister und Pokalsieger.

In der Auflage von 1932 hatten sich SK Slavia Prag (3:0, 0:1 gegen SK Admira Wien), AGC Bologna (5:0, 0:3 gegen AC Sparta Prag), Juventus Turin (4:0, 3:3 gegen Ferencváros Budapest) und First Vienna FC (5:3, 1:1 gegen Újpest Budapest) für das Halbfinale qualifiziert. AGC Bologna gewann die Auseinandersetzung mit First Vienna FC (2:0, 0:1). Im ersten Halbfinale sollten SK Slavia Prag und Juventus Turin aufeinandertreffen. Das Hinspiel in Prag, bei dem es bereits Tätlichkeiten von Spielern und Ausschreitungen von Zuschauern gab, ging vor 30.000 Augenzeugen klar mit 4:0 an die Gastgeber. Am Abend sollen die frustrierten Gästespieler eine Bar im Lucerna-Palast zerstört haben. In den Schlagzeilen italienischer Zeitungen wurde danach von „tschechischen Schweinen“ und „slawischen Wanzen“ geschrieben. Es kochte … Im Rückspiel am 10. Juli geschah dann Erstaunliches:

„Wir hatten das Gefühl, in Gefangenschaft zu sein. Schon an der Grenze wurden wir von den Carabinieri übernommen“, erinnerte sich Slavias Antonín Puč Jahre später an die Begebenheit des zweiten Spiels, „um uns vor der Öffentlichkeit zu schützen. Das Hotel, in dem wir wohnten, die Straßen, durch die wir gingen, waren von der Polizei und der Armee abgeriegelt.“

Schon vor dem Anpfiff flogen Gegenstände auf das Spielfeld. Die Vorstöße von Slavia wurden von Proteststürmen der 18.000 Zuschauer im Stadio di Corso Marsiglia begleitet. Den Italienern gelangen zwei Tore in der ersten Halbzeit. Daraufhin griffen die Tschechoslowaken zu Behinderungen und Zeitschinderei. Das erzürnte die Zuschauer in Turin so sehr, dass einige von ihnen Steine auf das Spielfeld warfen, zudem einen Tintenfisch, der die Latte traf und dadurch František Plánička im Tor der Gäste einfärbte. Dann traf ein Stein Plánička, wodurch dieser schwer verletzt wurde. Die Tschechoslowaken verließen daraufhin den Platz und weigerten sich, die Begegnung fortzusetzen. Sie wurden stundenlang in ihrer Umkleidekabine eingeschlossen, während 1.500 Soldaten und Polizisten aufmarschiert sein sollen, um eine Absperrung zu bilden. Ein von einem Team verursachter Spielabbruch hätte nach den Regeln des Wettbewerbs eine Wertung von 3:0 für den Gegner bedeutet, was Juventus nicht zum Titelgewinn gereicht hätte, doch dies fand hier keine

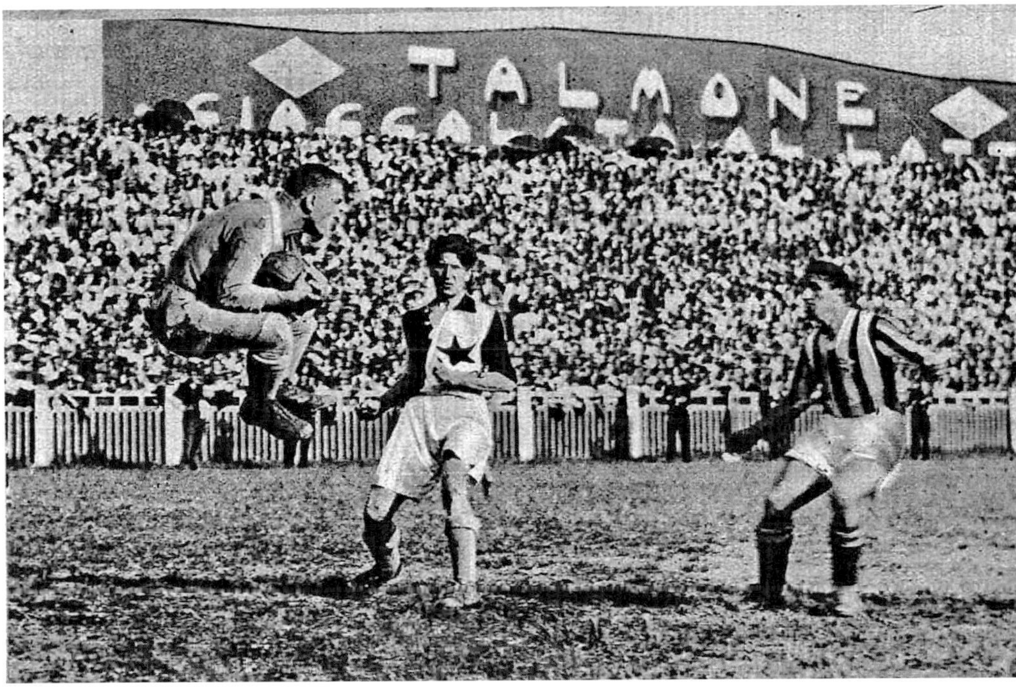

Ein denkwürdiges Halbfinalrückspiel.

Anwendung. Der Versuch, ein Entscheidungsspiel auf einem neutralen Platz anzusetzen, gelang nicht.

Das Wettbewerbskomitee des Mitropa Cups sprach letztlich keinem der beiden Klubs den Sieg zu, es machte beide Mannschaften gleichermaßen für die Vorkommnisse verantwortlich und schloss beide aus dem Wettbewerb aus. Damit wurde Bologna automatisch der Titelträger dieses Jahres, ohne ein Finale ausgetragen zu haben.

Weitere Titelträger ohne ausgespielte Finals:

Beispiele für Titelgewinne ohne ausgespielte Endspiele gibt es tatsächlich viele. In der bulgarischen Staatsmeisterschaft konnten sich so beispielsweise SK Vladislav aus Varna und Levski Sofia nach dem Abbruch des Halbfinales in Sofia wegen Dunkelheit nicht auf einen Termin für ein Wiederholungsspiel einigen, nachdem der erstgenannte Klub bereits abgereist war und die Kosten für eine erneute Anreise nicht tragen wollte. Der Verband verbannte gleich beide Klubs aus dem Wettbewerb, wodurch Pobeda Plovdiv automatisch Meister wurde.

Das Tor des Koffers

Nacional Montevideo – Club Atlético Peñarol

Finale Campeonato Uruguayo 1933, Montevideo, Uruguay 1934

In der Primera División Uruguays traten in der Saison 1933 zehn Mannschaften an, die jeweils dreimal aufeinandertrafen. Die Saison war von einer ungewöhnlichen Regel geprägt, die mit dafür sorgte, dass die Entscheidung um die Meisterschaft erst im November des Folgejahres fiel. Diese Regel „derogado poco después" („aufgehoben kurz danach") ermöglichte es den Vereinen, Schiedsrichterentscheidungen vor dem Verbandsgericht anzufechten. War ein Klub beispielsweise der Meinung, dass ein Tor aufgrund einer Abseitsstellung nicht hätte zählen dürfen, protestierte er – das Schiedsgericht hörte Zeugen an, rekonstruierte den Vorfall und entschied dann, ob ein Tor aufgehoben und ein Endergebnis geändert wurde.

Nacional Montevideo gewann den ersten Klassiker mit Peñarol und wurde erst im dritten Durchgang der Meisterschaft von Peñarol eingeholt und sogar überholt. Peñarol hatte es am letzten Spieltag selbst in der Hand, die Meisterschaft mit einem Sieg zu holen, kam aber gegen Sud América nicht über ein Unentschieden hinaus. Der Verein klagte vor dem Schiedsgericht gegen die Wertung dieses letzten Spiels, da ein Tor zu Unrecht aberkannt worden sei. Das Gericht brauchte lange, um zu einer Entscheidung zu kommen. Die neue Saison von 1934 hatte bereits begonnen, als die Klage abgewiesen wurde. Damit waren Nacional und Peñarol punktgleich, ein Entscheidungsspiel um die Meisterschaft wurde benötigt. Dieses wurde für den 27. Mai angesetzt.

42.000 Zuschauer sahen im großen Estadio Centenario zunächst kein Tor. Nach knapp 70 Minuten kam ein Peñarol-Stürmer zu einem Schuss, der am Tor vorbeiging, den Holzkoffer des neben dem Pfosten stehenden Physiotherapeuten Juan Kirschberg traf und zurück auf das Spielfeld prallte. Braulio Castro versenkte ihn daraufhin einfach im Tor. Der Mythos vom „Tor des Koffers" war geboren. Der ganz in Weiß gekleidete Schiedsrichter Telésforo Rodríguez machte eine verwirrende Geste, die die Nacional-Spieler als Toranerkennung interpretierten. Sie protestierten wütend. Rodríguez sah sich so stark bedrängt, dass er das Spielfeld verließ. Damit war aber das Spiel nicht abgebrochen, denn der Linienrichter Luis Scandroglio übernahm nun die Leitung. Er stellte die Spieler José Nasazzi, Juan Labraga

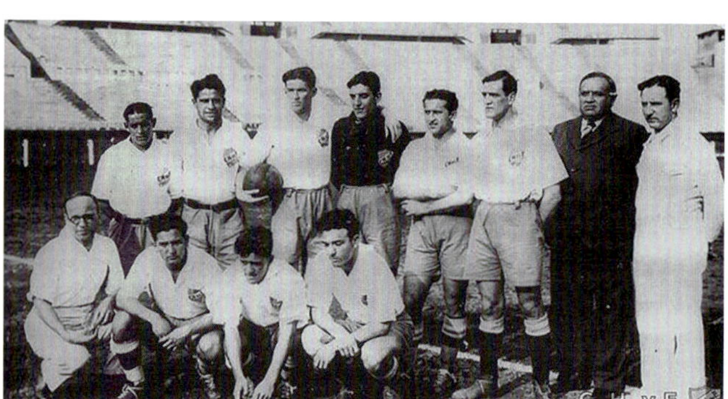

Am 25. August 1934 nehmen nur neun Spieler von Nacional Aufstellung vor leeren Tribünen.

und Ulises Chifflet vom Platz. Nach der Verzögerung war es deutlich dunkler geworden. Da die Beleuchtung nicht funktionierte, brach Scandroglio das Spiel ab.

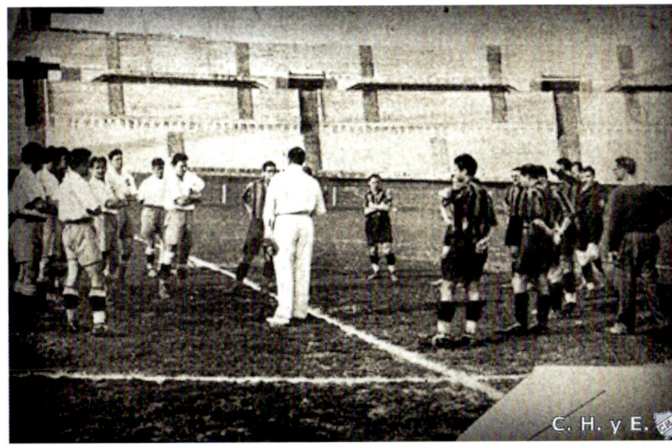

Neun gegen Elf.

Peñarols Anhang hatte die Geste von Rodríguez im Gegensatz zu den Nacional-Spielern als Abstoßentscheidung verstanden – und diese Entscheidung bestätigte Rodríguez auch vor dem Schiedsgericht, wo der Fall selbstverständlich, aber zum Entsetzen von Sportpresse und Anhängern landete. Es dauerte einige Wochen, bis das Koffertor am 30. Juli für ungültig erklärt wurde. Von den Platzverweisen wurde einer zurückgenommen. Nasazzi wurde mit einer einjährigen, Labraga mit einem Jahr und drei Monaten und der Linienrichter Scandroglio mit drei Monaten Sperre belegt. Chifflet wurde freigesprochen. Zudem sollten die verbleibenden Minuten am 25. August nachgeholt werden, diesmal ohne Zuschauer.

Tausende Zuschauer warteten an jenem Tag vor den verschlossenen Toren des Estadio Centenario auf die titelbringende Nachricht. Das Spiel ging als „Klassiker Neun gegen Elf“ in die Geschichte ein, da Nacional schließlich in Unterzahl weiterspielen musste. Der ungarische Nacional-Trainer Imre „Américo“ Szigeti hatte sich eine besonders defensive Taktik überlegt. Tatsächlich überstanden die Nacional-Spieler die verbliebenen 20 Minuten torlos und auch die notwendig gewordene folgende Verlängerung über 30 Minuten sowie eine zweite Verlängerung über 30 Minuten.

Ein Wiederholungsspiel fand am 2. September vor 35.000 Zuschauern statt. Auch dieses ging 0:0 nach zweimaliger Verlängerung aus. Nacional beschwerte sich, dass ihnen ein Tor nicht zugesprochen wurde, das Gericht brauchte weitere zwei Monate, um sich für eine erneute Annullierung zu entscheiden. Ein weiterer Spieltermin wurde angesetzt. Und dieser brachte die Entscheidung. Am 18. November gewann Nacional vor wiederum 35.000 Anhängern mit 3:2 dank dreier Tore von Héctor Castro, einem Spieler, der einst nach einem Unfall eine Hand verloren hatte (nicht einen Arm, wie manche Quellen schreiben). Der Wettbewerb um die Meisterschaft von 1933 war endlich zu einem Ende gekommen. Der Mythos um das Tor des Koffers hält bis heute an. Der Komponist, Sänger, Pianist und Gitarrist uruguayischer Volksmusik, Walter Bordoni, veröffentlichte 1990 sein erstes Album mit dem Titel „El gol de la valija y otros cuentos“ (Das Tor des Koffers und andere Geschichten).

Die geschobene WM

Italien – Spanien

Viertelfinal-Wiederholungsspiel der Weltmeisterschaft, Florenz, Italien 1934

Am 14. Dezember 1932 erhielt Italien den Zuschlag, die zwei Jahre später stattfindende zweite Weltmeisterschaft auszurichten zu dürfen. Diktator Benito Mussolini, der den Fußball propagandistisch nutzen wollte, um die Bevölkerung hinter sich zu bringen, stellte die finanziellen Mittel bereit, um acht Stadien dafür zur Verfügung zu haben. Österreich galt als die übermächtige Mannschaft, Ungarn und Frankreich als die nächsten Favoriten, die Spanier und Tschechien waren Geheimtipps. Weltmeister Uruguay verzichtete als Reaktion auf das geringe Interesse der Europäer an ihrer Heim-Weltmeisterschaft vier Jahre zuvor. Die Engländer boykottierten, da wieder nicht das „Mutterland des Fußballs" die Austragung übertragen bekommen hatte.

Die Italiener hatten mit Enrique Guaita, Luis Monti und Attilio Demaria drei Argentinier und mit Amphilóquio „Filo" Marques einen Brasilianer im Kader, die zwar für italienische Vereine spielten, aber nach den Statuten nicht lange genug, um bei der WM startberechtigt zu sein, auch weil sie zum Teil noch lange für ihr altes Land gespielt hatten. Das von faschistischen Funktionären durchsetzte italienische Organisationskomitee erteilte den Spielern trotzdem die Freigabe. Die FIFA griff nicht ein – formell lag hier aber eine vierfache Disqualifikation vor. Durch die Qualifikation mussten die Italiener trotzdem. Sie erwischten eine Zweiergruppe mit Griechenland. Das Hinspiel in Mailand gewannen sie im März mit 4:0. Das Rückspiel kam nicht mehr zur Austragung. Die Griechen zogen zurück, nachdem die Italiener ihnen 700.000 Drachmen dafür zahlten, weil die Italiener ihre Vorbereitung auf die WM nicht durch eine lange Anreise stören wollten …

16 Teilnehmer hatte das im K.-o.-Modus ausgetragene Turnier. Im Achtelfinale besiegte Italien die USA mühelos mit 7:1, Spanien das technisch bessere Brasilien mit 3:1.

Am 31. Mai trafen Italien und Spanien vor nur 35.000 Zuschauern in Florenz im Viertelfinale aufeinander. Die ersten 30 Minuten verliefen fair und unterhaltsam. Dann fiel das 1:0 für die Spanier durch Luis Regueiro. Die Italiener reagierten wütend. Das Geschehen spielte sich quasi nur noch in der spanischen Hälfte ab. Der an diesem Nachmittag wieder einmal ausgezeichnete spanische Schlussmann Ricardo Zamora entschärfte eine Großchance nach der anderen. Doch kurz vor dem Pausenpfiff kamen die Italiener zum Ausgleich. Erleichterung machte sich breit. In der zweiten Hälfte setzten die Italiener unverändert, aber befreiter nach. Der Schiedsrichter übersah ein Handspiel des Spaniers Jacinto Quincoces im eigenen Strafraum und erkannte ein Tor für Spanien durch Lafuente wegen einer angeblichen Abseitsstellung nicht an. Fragwürdige Entscheidungen stachelten Spieler und Publikum auf. Es ging in die Verlängerung, in der beide Mannschaften noch das Torgehäuse trafen, aber es reichte nicht zu einem Siegtreffer. Die Extrazeit wurde durch Fouls geprägt. Der überforderte

Schiedsrichter griff nicht ein, wodurch es – vor allem durch den brutal auftretenden Monti – zu weiteren Fouls kam.

Ein Wiederholungsspiel musste angesetzt werden, das am folgenden Tag zur gleichen Uhrzeit angepfiffen wurde und ohne viele angeschlagene Spieler vom Vortag auskommen musste. Die Italiener ersetzten vier, die Spanier sieben Spieler inklusive Zamora, der ein geschwollenes Auge hatte. 43.000 Zuschauer[6] sahen, wie die Italiener mit selbstbewusstem Passspiel gleich wieder die Initiative übernahmen, aber gegen die iberische Abwehr nicht durchkamen. In der 5. Minute drang Crisant Bosch in den italienischen Strafraum ein, wo er von Eraldo Monzeglio brutal umgehauen wurde – ohne Folgen für Monzeglio, dafür für Bosch, der die folgenden zwanzig Minuten verletzt außerhalb des Spielfelds war und danach nur noch als Statist über das Spielfeld humpelte. Wechsel waren noch nicht erlaubt. Die Italiener präsentierten nun schönen Fußball, ohne aber zu Abschlüssen zu kommen. In Minute 12 flog eine Ecke in den Strafraum der Iberer. Giuseppe Meazza stieg hoch, stützte sich sichtbar auf Ersatzkeeper Juan José Nogués und traf ins Tor. Meazza lief jubelnd zum Mittelkreis, während Felice Borel und Quincoces miteinander catchten. Der Spanier stand mit hochgerissenem Trikot vor Schiedsrichter Mercet und zeigte wütend auf eine von Borel verursachte blutunterlaufene Stelle. Zur allgemeinen Überraschung entschied Mercet auf Tor für die Azzurri. Noch vor der Pause attackierte wieder Monzeglio Guillermo Campanal unfair im Strafraum, gefolgt von einer klaren Tätlichkeit des Italieners gegen den Spanier, bei der der Unparteiische erneut nicht eingriff. Unmittelbar darauf wurde wieder ein Spanier zu Fall gebracht. Da dies im Strafraum geschah, wäre die Begegnung mit einem Strafstoß fortzusetzen gewesen, doch der Schiedsrichter gab einen Freistoß für Italien. Die zweite Hälfte dominierten nun erst einmal die Spanier. Die Foulspiele setzten sich auf beiden Seiten, aber vor allem durch die Gastgeber fort. In der 62. Minute nutzte Campanal einen Abpraller, den er im italienischen

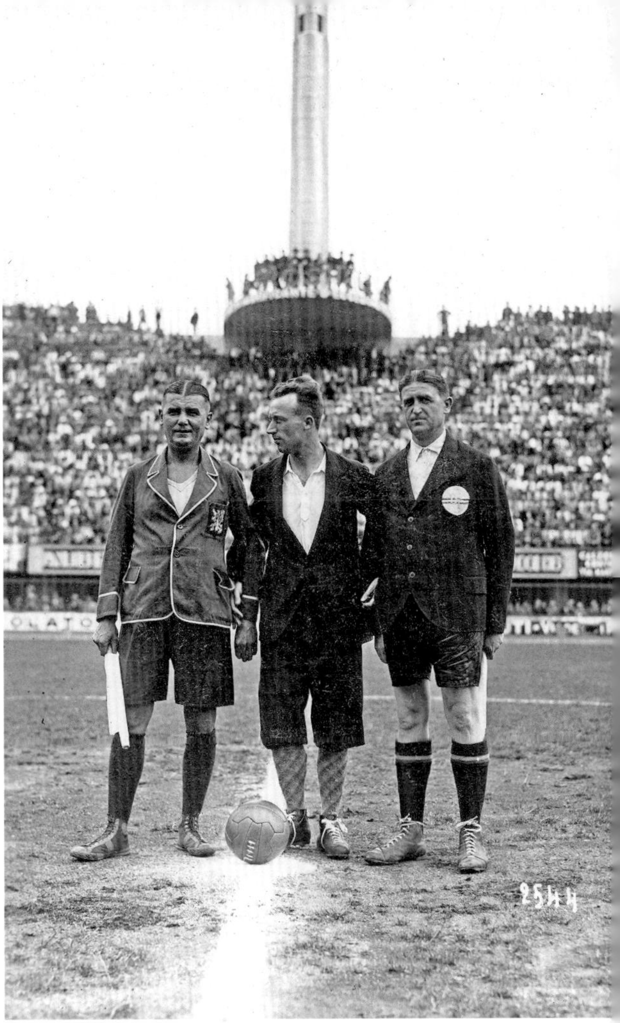

Das erste Viertelfinale in Florenz. Schiedsrichter Louis Baert in der Mitte mit seinen Linienrichtern Bohumil Ženíšek (links) und Mihály Ivanicsics (rechts).

6 Es gibt Quellen, die nur 20.000 Zuschauer angeben.

Tor versenkte. Doch der Schiedsrichter entschied auf Abseits. Die Spanier erkannten, dass sie in dieser Situation chancenlos waren. Fortan bewiesen sich die Italiener im Zeitspiel. Nach einem Zusammenprall musste Quincoces behandelt werden. Er war benommen und sackte immer wieder zusammen. Kurz vor dem Ende der regulären Spielzeit landete der Ball dann noch einmal im Tor der Italiener. Doch wieder versagte der Referee den Spaniern die Anerkennung eines Tors – weil ein Spanier (!) zuvor gefoult worden sei. „Weil ein Spanier gefoult wurde, durfte sein Kollege kein Tor schießen!", hieß es darauf entrüstet in der deutschen Zeitschrift „Fußball". Die Vorteilsregel wurde nicht beachtet, der Sünder belohnt.

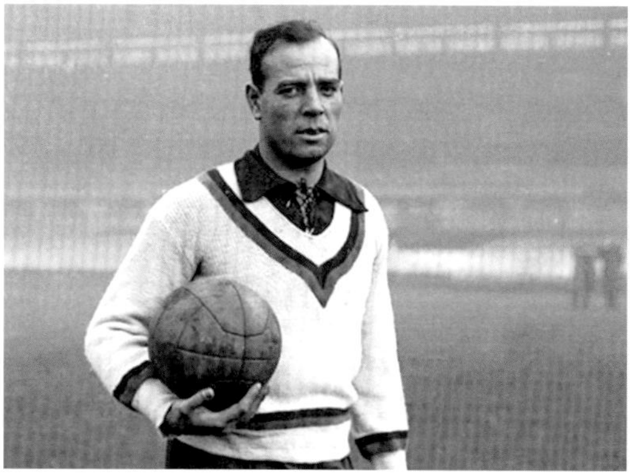

Spaniens Schlussmann Ricardo Zamora.

Die Spiele der Italiener gingen so umstritten, wie in den Spielen gegen die Spanier, weiter. So siegten die Gastgeber im Halbfinale gegen Österreich mit 1:0 und im Finale gegen die Tschechoslowakei mit 2:1 nach Verlängerung. Italien war Weltmeister.

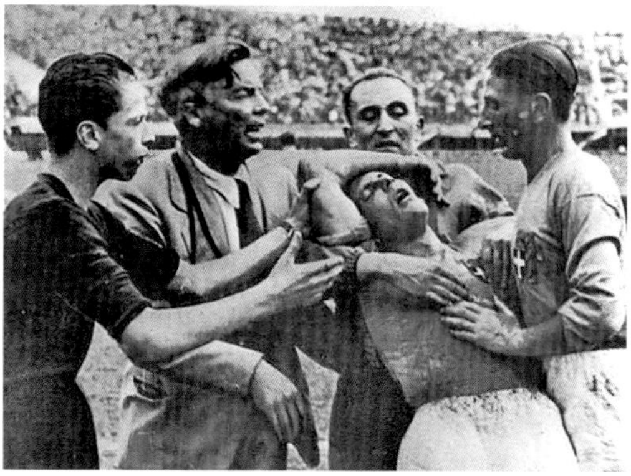

Italiens Guiseppe Meazza wird leicht berührt.

Der italienische Sporthistoriker Marco Impiglia gibt in seiner Aufarbeitung der WM an, es gebe keinerlei Anhaltspunkte, dass Mussolini den Ausgang persönlich manipuliert hätte. Die Indizienlage sei aber derart erdrückend, dass man als Historiker schließen müsse, dass die italienischen Organisatoren und der FIFA-Funktionär Giovanni Mauro (ein Mussolini-Anhänger, der seinen Posten ebenjenen zu verdanken hatte) die Titelkämpfe verschoben hätten. Beim FIFA-Kongress 1932 in Stockholm habe Mauro es dem schwedischen Fußballpräsidenten Anton Johanson ermöglicht, Mitglied im für das Regelwerk zuständigen International Board zu werden. Dafür schickte dieser nicht den erfahrenen Schiedsrichter Otto Olsson zur WM, sondern seinen Freund Ivan Eklind, der laut Impiglia bereit war, alles für seine Karriere zu tun. Der italienische Fußballverband FIGC, der final über die Nominierung der Unparteiischen entschied, hielt den belgischen Star-Referee John Langenus, der in früheren Spielen der Italiener Elfmeterentscheidungen gegen diese gefällt hatte, von den wichtigen Spielen fern, und setzte stattdessen neben Eklind, den aus italienischer Sicht unbeanstandeten Belgier Louis Baert, den Schweizer Mauro-Freund René Mercet und den Ungarn Mihály Iváncsics, zusammen vier käufliche Schiedsrichter laut Imiglia, ein, um den italienischen Triumph sicherzustellen.

Baert und Mercet steuerten die Viertelfinalspiele, Eklind das Halbfinale[7] (Österreichs Stürmerstar Matthias Sindelar wurde krankenhausreif gefoult) und das Endspiel (kein Elfmeter für die Tschechoslowakei und Attacken auf Mittelstürmer František Svoboda). Mercet, über den die schwedische Zeitung Dagens Nyheter als einem „besonders parteiischen Schiedsrichter" schrieb und dass sie „noch nie einen ähnlichen Skandal gesehen" habe, sah sich Untersuchungen durch seinen Verband und schweren Pressevorwürfen ausgesetzt und nahm daher ohne Begründung seinen Hut.

Guaita floh 1935 mit zwei weiteren ehemaligen Argentiniern, die eingebürgert wurden, nach Argentinien, um nicht in den Kriegsdienst einberufen zu werden. Monti blieb noch zwei Jahre länger, bis er Italien wieder den Rücken kehrte.

Eine weitere Verbandsmanipulation:

Im Viertelfinale der Copa Libertadores trafen 1961 Independiente Santa Fe aus dem kolumbianischen Bogotá und Deportivo Jorge Wilstermann aus dem bolivianischen Cochabamba aufeinander. Beide Teams hatten ihre Heimspiele mit einem Tor Unterschied gewonnen. Damit musste es ein Entscheidungsspiel geben, das wie das zweite Spiel in Bogotá ausgetragen werden sollte. Die einwöchige Pause hätte das Gastteam aber etwa 10.000 US-Dollar gekostet – ein Losentscheid sollte eine schnellere Entscheidung bringen. Zwei Loszettel wurden vorbereitet, die zuerst genannte Mannschaft sollte ausscheiden. Verkündet wurde das Aus für das Wilstermann-Team. Viele Jahre später erfuhr der bolivianische Klub, dass – so Wilstermanns damaliger Präsident Jorge Rojas Tardío – „es der Wunsch der CONMEBOL[8] war, dass Wilstermann rausfliegt und Santa Fe ins Halbfinale einzieht. Auf beiden Zetteln stand damals der Name Wilstermann ... Der Schiedsrichter der Partie (der Argentinier Luis Ventre) hat uns gegenüber zugegeben, dass er gedrängt wurde, dies entsprechend zu manipulieren." Im Halbfinale zog Santa Fe aber den Kürzeren.

7 Einen Tag vor dem Halbfinale lud Mussolini Eklind, Mercet und Baert als Ehrengäste zu sich ein. Im Spiel unterband Eklind nicht, dass vier Italiener Ball und Torhüter über die Linie ins österreichische Tor drückten. Zudem köpfte er selbst eine Flanke auf den komplett freistehenden Österreicher Karl Zischek aus dem Gefahrenbereich.

8 Die südamerikanische Fußballkonföderation Confederación Sudamericana de Fútbol.

Die Schlacht von Highbury

England – Italien

Freundschaftsspiel, London, England 1934

Als am 14. November 1934 in London die Nationalmannschaften von England und Italien zu einem Freundschaftsspiel aufeinandertrafen, ereignete sich das Gegenteil von einer freundschaftlichen Begegnung. Italien hatte im Sommer die Weltmeisterschaft im eigenen Land gewonnen und trat nun erstmals wieder an. Die Engländer hatten sich angesichts eines Disputs aufgrund von Zahlungen an Amateurspieler 1928 aus der FIFA zurückgezogen und verpassten damit die ersten drei Weltmeisterschaften. Da die Briten sich im Mutterland des Fußballs ohnehin als beste Fußballnation der Welt sahen, war es nicht verwunderlich, dass das anstehende Spiel im Highbury Stadium als Wettkampf um die inoffizielle Weltmeisterschaft verstanden wurde. Der italienische Diktator Benito Mussolini wollte nach dem WM-Triumph einen weiteren Erfolg für seine Propaganda nutzen und versprach all seinen Spielern als Anreiz für den Fall des Sieges einen Alfa Romeo und die Befreiung vom Militärdienst. England trat im Stadion des FC Arsenal, dem Serienmeister des Landes, gleich mit sieben Arsenal-Spielern an. Alle eingesetzten Spieler auf Seiten der Engländer hatten zuvor weniger als zehn Länderspiele absolviert und galten daher noch als unerfahren, während die Italiener bis auf zwei Spieler auf die Mannschaft aus dem WM-Finale zurückgreifen konnten. Schiedsrichter vor 51.000 Zuschauern war der Schwede Otto Olsson.

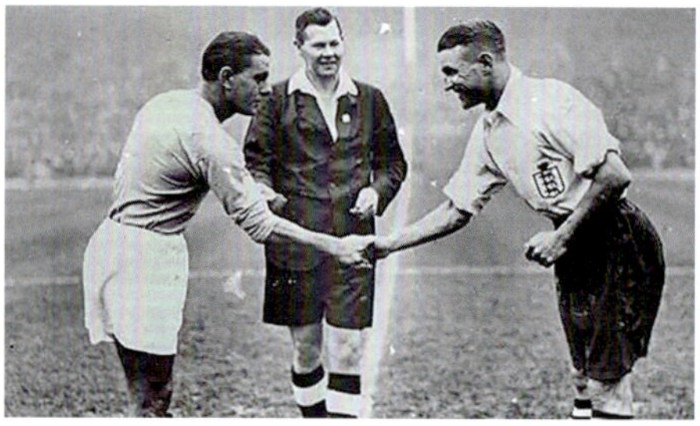

Handshakes im Freundschaftsspiel um den Titel des weltbesten Teams.

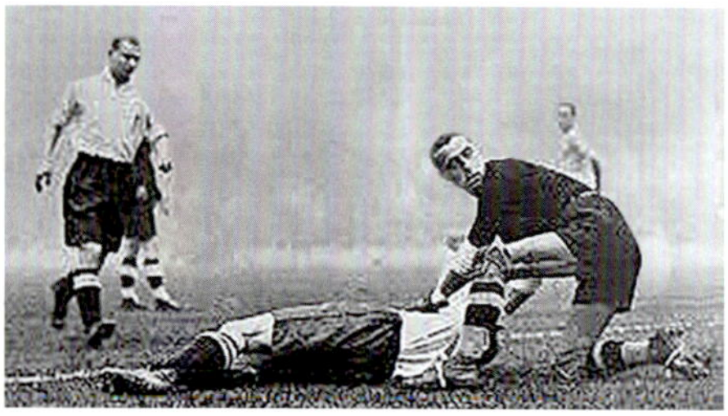

Ein blutiges Spiel.

Die Partie begann mit einem Elfmeter, nachdem Ted Drake von Italiens Schlussmann Carlo Ceresoli gefoult wurde, den Eric Brook vergab. Doch er machte dies wieder gut und traf in der 3. und 10. Minute jeweils mit dem Kopf bzw. per Freistoß in das italienische Tor. Italiens Verteidiger Luis Monti brach sich bereits in den ersten Minuten in einem Zweikampf mit Drake den Fuß und musste ausscheiden, nachdem er sich erst noch 15 Minuten auf dem Spielfeld quälte. Es hieß später seitens der Italiener, dass Monti nach anderthalb Minuten bei dem Versuch, sich schnell umzudrehen, mit der Spitze seines Stiefels auf dem Boden aufschlug. Da Auswechslungen noch nicht erlaubt waren, spielten die Gäste fortan in Unterzahl. Als Drake in der 12. Minute dann auch noch zum 3:0 traf, drohte den Italienern ein Debakel. Durch die Unterzahl und den hohen Rückstand entwickelte sich das Spiel nun zu einer brutalen Schlacht. Italien stellte das Spiel um, antwortete mit Härte.

Dadurch wurde dem englischen Spielführer Eddie Hapgood die Nase gebrochen, Ray Bowden der Knöchel zertreten, Drake brutal niedergestreckt und Brook der linke Arm gebrochen.

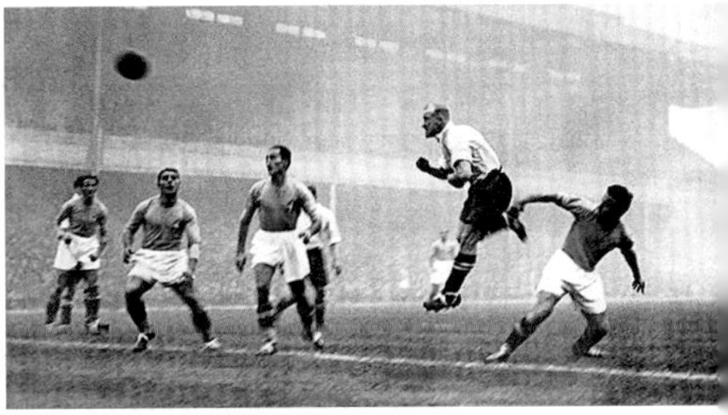

Spielszene aus dem Spiel England – Italien.

Die Italiener setzten sich in der englischen Hälfte fest und erreichten durch zwei Tore von Giuseppe Meazza (58. und 62.) den Anschluss. Nur ein Pfostentreffer durch Meazza und gute Aktionen des Torhüters Frank Moss verhinderten den Ausgleich.

Die Mannschaft der Briten ging als Sieger vom Platz, wurde fortan als inoffizieller Weltmeister bezeichnet, glich aber einem Lazarett, weshalb die britische Presse das harte Vorgehen der Gastmannschaft in den Fokus nahm. Auf der Insel wurde diskutiert, ob die Nation, die „Fair Play“ hochhielt, überhaupt wieder gegen Teams vom Festland antreten sollte. Die Italiener wurden trotz der Niederlage, aber auch wegen ihrer Aufholjagd in Unterzahl in ihrer Heimat als „Löwen von London“ bejubelt.

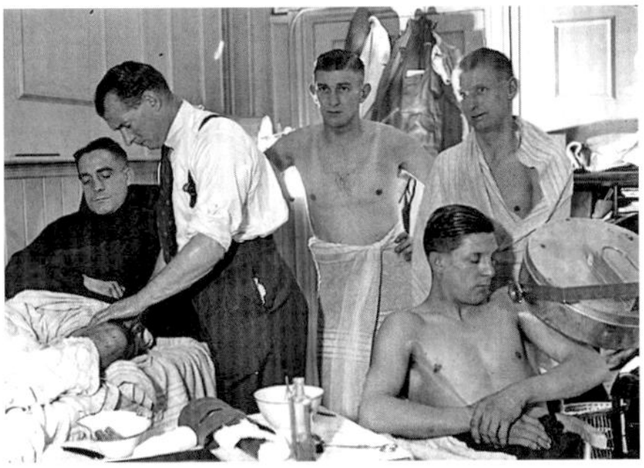

Ein Blick in das Lazarett der Engländer nach dem Spiel.

„Das war kein Fußballspiel, sondern eine Schlacht“, zitierte der „Guardian“ einen nicht genannten Nationalspieler. Der Spielbericht einer anderen Zeitung wurde mit „von unserem Kriegskorrespondenten“ abgeschlossen. Der Begriff der „Schlacht von Highbury“ war entstanden.

Wenn man gewinnt und trotzdem ausscheidet

Peru – Österreich

Viertelfinale Olympische Spiele, Berlin, Deutschland 1936

Am Fußballturnier der XI. Olympischen Spiele 1936 in Berlin nahmen 16 Länder teil. Mit China und Japan spielten erstmals asiatische Teams außerhalb ihres Kontinents. Die beiden Finalteilnehmer des letzten Spiels von 1928, Uruguay und Argentinien, traten nicht an, dafür aber mit Peru der Dritte der Südamerikameisterschaft von 1935. Auch für dieses Land war es das erste Mal, dass es außerhalb Südamerikas spielte. Austragungsorte waren das Olympiastadion, das Poststadion, das Mommsenstadion und Herthas Stadion am Gesundbrunnen.

Das Auftaktspiel des Turniers am 3. August zwischen Italien und den Vereinigten Staaten (1:0 vor 9.000 Zuschauern im Poststadion) verdient aufgrund der ungewöhnlichen Vorkommnisse eine Randnotiz. Der „Guardian“ schrieb 2011 rückblickend zum Auftreten der Italiener: „Der Verteidiger Achille Piccini schlug zwei amerikanische Spieler so heftig zusammen, dass sie nicht mehr weiterspielen konnten, und als der deutsche Schiedsrichter eingreifen wollte, umzingelten ihn italienische Spieler, hielten ihm die Augen zu und die Arme an den Seiten fest, während sie ihren Gegnern weitere Strafen verpassten. Unglaublicherweise war der Schiedsrichter so schockiert und/oder eingeschüchtert, dass er es versäumte, die Italiener des Feldes zu verweisen, bevor er das Spiel fortsetzte.“

Peru startete am 6. August auf dem Hertha-Platz vor 2.500 Zuschauern gegen Finnland und siegte mit 7:3. Bereits zwei Tage später stand das Viertelfinale an gleicher Stelle gegen Österreich auf dem Programm, das zuvor Ägypten im Mommsenstadion vor 8.000 Zuschauern mit 3:1 geschlagen hatte. Die Begegnung war sehr umstritten. Österreich führte nach Toren von Walter Werginz und Klement Steinmetz in der 23. und 27. Minute zur Halbzeit mit 2:0, nach 90 Minuten stand es dank Jorge Alcalde (75.) und Alejandro Villanueva (81.) 2:2-Unentschieden. Die Verlängerung sollte entscheiden. In dieser traf Peru gleich fünfmal ins Tor der Österreicher, wobei der italienische Schiedsrichter dreimal die Anerkennung versagte. Die Treffer von Villanueva (117.) und Teodoro Fernández (119.) behielten allerdings ihre Gültigkeit. Peru siegte mit 4:2 n. V.

Nach dem Abpfiff (andere Quelle benennen die 119. Minute) stürmten Fans der Peruaner das Spielfeld. Österreich reichte aufgrund des Platzsturms Protest ein. Zudem wurde von dieser Seite behauptet, dass die peruanischen Spieler die Österreicher „misshandelt“ hätten und dass unter den peruanischen Zuschauern einer mit einem Revolver gewesen sei. Die englische Zeitung „Daily Sketch“ bestätigte in ihrem Bericht, dass „etwa 1.000 peruanische Anhänger“ mit „Eisenstangen, Messern und sogar einer Pistole“ auf den Platz gelaufen seien. Tatsächlich wurde dem Protest durch die FIFA stattgegeben. Die peruanischen Funktionäre waren zuvor vorgeladen worden, um sich bei einer Anhörung zu verteidigen, doch deren Argumente konnten nicht gehört werden, da sie – aufgehalten durch eine Militärparade in der deutschen Hauptstadt – nicht rechtzeitig erschienen waren. Ein Wiederholungsspiel hinter verschlossenen Toren wurde durch FIFA und IOC für den 10. August angesetzt und dann nochmal auf den 11. August verschoben. Die Peruaner sprachen von einer Naziverschwörung und behaupteten, die Invasion auf das Spielfeld sei offensichtlich inszeniert worden. Die Neuansetzung wurde nicht mehr angepfiffen, da Peru als Reaktion seine Sportler von allen Wettbewerben abzog. Die Südamerikaner empfanden das Urteil als beleidigend und diskriminierend. Auch Kolumbien zog alle Sportler ab. Die olympischen Delegationen aus Argentinien, Chile, Uruguay und Mexiko zeigten sich mit Peru solidarisch. Österreich erreichte so kampflos das Halbfinale, besiegte hier Polen mit 3:1 und erhielt die Silbermedaille nach einer 1:2-Finalniederlage n. V. gegen Italien.

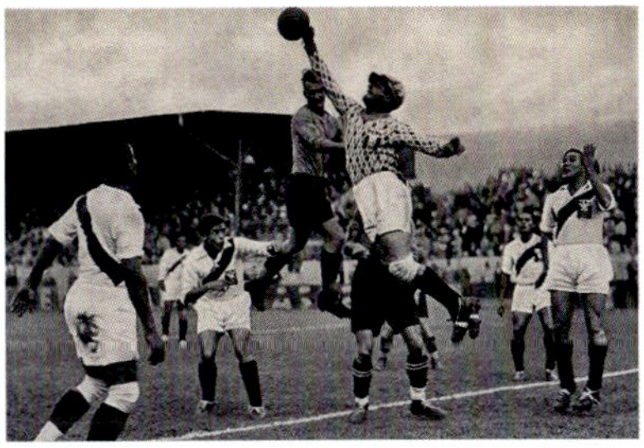

Der peruanische Schlussmann klärt bei einem Angriff Österreichs.

Miguel Dasso, Mitglied des peruanischen Olympischen Komitees, verkündete der Presse: „Wir haben kein Vertrauen in die europäische Leichtathletik. Wir sind hierhergekommen und haben eine Handvoll Händler vorgefunden.“ Als die peruanische Delegation in ihrer Heimat eintraf, wurde sie von Tausenden von Menschen begrüßt, die die Sportler als die wahren Champions feierten. Doch die Menschen wüteten gegen die IOC-Entscheidung, indem sie eine olympische Flagge herunterrissen, das deutsche Konsulat in Lima mit Steinen traktierten und deutsche Schiffe im Hafen von Callao nicht beluden. Perus Präsident Oscar Benavides unterstellte, dass Adolf Hitler und die Behörden Nazideutschlands Einfluss auf die Entscheidung von FIFA und IOC genommen hätten. Anderen Quellen zufolge sollen diese Vorwürfe erst nach dem Ende des 2. Weltkriegs und dem Bekanntwerden der Verbrechen Nazideutschlands erhoben worden sein. Ein Andengipfel in 5.050 Metern Höhe wurde zu Ehren des Sieges von Peru „Punta Olímpica“ genannt.

Im Jahr 2008 erschien das Buch „Ese gol existe“, für das u.a. der Journalist Luis Carlos Arias eine Reihe von Berichten, die darauf hindeuten, dass die offizielle Version korrekt ist, auswertete. Er kritisierte die peruanische Presse, die die Nazis all die Jahre lang verleumdet hatte. Ein weiterer peruanischer Journalist, Teodoro Salazar, gab an, ihm lägen Informationen vor, wonach Peru zur Anhörung gehen wollte, aber (wie oben erwähnt) im Verkehr stecken geblieben sei, und als die FIFA die Anhörung auf den nächsten Tag verlegte, hätten die Peruaner auch diesen Termin verpasst.

Der Rachefeldzug

Spartak Moskau – Dinamo Tiflis

Halbfinale Sowjetischer Pokal, Moskau, Sowjetunion 1939

Der sowjetische Pokalwettbewerb des Jahres 1939 begann am 29. Juli. Der Sieger des Vorjahres, Spartak Moskau, schlug Runde für Runde Spartak Leningrad daheim 1:0, Dinamo Kazan auswärts 2:0, Lok Moskau auswärts 1:0, Stakhanovets Stalino zu Hause 3:1 und hatte damit das Halbfinale am 8. September erreicht, in dem Dinamo Tiflis in die Hauptstadt anreisen musste. Dank eines Tores von Andrey Protasov in der 65. Minute erreichte Spartak das Endspiel, das es am 12. September in Moskau gegen Stalinets Leningrad gewann. Der Titel war verteidigt worden … Dachten die Spieler …

Laut offizieller Version legte Halbfinalgegner Dinamo Tiflis Protest wegen einer schlechten Schiedsrichterleistung ein, dem stattgegeben wurde. Das Halbfinalresultat wurde gestrichen und das Spiel – nach dem Finale – neu angesetzt. Es wurde am 30. September wiederholt und endete mit 3:0 für Spartak. Soweit die offizielle Statistik.

Tatsächlich beginnt die Geschichte rund um dieses Halbfinale Anfang der Zwanzigerjahre, als die Stadtauswahl von Moskau zu einem Spiel nach Georgien kam. Auf Seiten der Gäste spielte Nikolái Stárostin, einer der großen sowjetischen Fußballspieler der Zeit. Er traf in dem Spiel gegen die Stadtauswahl von Tiflis auch auf den Gegenspieler Lawrenti Beria, den Stárostin als „technisch schwachen, aber sehr groben linken Läufer“ bezeichnete. Beria konnte mit Stárostin im Spiel nicht mithalten, wurde quasi gedemütigt. 1934 beendete Stárostin seine Spielerkarriere, engagierte sich aber direkt für strukturelle Veränderungen im Fußball wie Berufsfußball und eine professionelle nationale Liga und initiierte die Umbenennung des Klubs Krasnaja Presnja in Spartak Moskau – in Anlehnung an Spartacus, der sich mit seinen Gladiatoren gegen die Herrschaft Roms aufgelehnt hatte. 1936 wurde auch auf sein Betreiben hin eine ungewöhnliche Idee umgesetzt. Im Anschluss an eine Parade sowjetischer Sportlichkeit sollte vor den Augen von Diktator Josef Stalin auf dem Roten Platz ein Präsentationsspiel ausgetragen werden. Der „Lieblingssport des Volkes“ sollte vorgeführt werden. Ein riesiger grüner Teppich wurde angefertigt und auf dem Roten Platz ausgelegt. Gegner sollten im Juli 1936 Dynamo Moskau, der Klub der Geheimpolizei, und Spartak Moskau sein. Doch die Führung von Dynamo, der Beria angehörte, befürchtete, der Ball könne quer Richtung Kreml-Mauer fliegen und im schlimmsten Fall noch Stalin treffen – mit den schlimmsten Konsequenzen wäre zu rechnen. So sagte Dynamo kurzfristig ab. Ersatzweise trat ein B-Team von Spartak an. Bei den Organisatoren blieb die Vorsicht erhalten. Das Spiel war mit einer Länge von 30 Minuten angesetzt gewesen. Für den Fall, dass sich Stalin, der sein erstes Fußballspiel sah, langweilte, wäre das Spiel vorzeitig abgebrochen worden. Doch Stalin hatte Freude an dem Geschehen, das nun stattdessen 43 Minuten lang wurde und einen (geplanten) 4:3-Sieg des A-Teams brachte. Stárostin war erleichtert. Spartak wurde als Klub des Volkes in der Rolle des Kämpfers gegen die Sportvertreter der Obrigkeit verstanden. Beria, der auch auf der Kreml-Tribüne saß, war der Erfolg von Spartak, dem Dynamo-Rivalen, ein Dorn im Auge.

Im September des gleichen Jahres ließ Stalin die „große Säuberung" beginnen, die bis zu ihrem Ende zweieinviertel Jahre später 1,5 Millionen festgenommene Menschen mit sich brachte, von denen die Hälfte erschossen wurde. Der Georgier Beria wurde im September 1938 Chef des Staatssicherheitsdienstes. Als Spartak im gleichen Monat das Halbfinale gegen Dinamo Tiflis gewann (und damit zweimal hintereinander das Double holte), ordnete Beria die Wiederholung der Begegnung an und dass der Schiedsrichter der Partie, der das 1:0 – ein umstrittener Treffer – anerkannt hatte, verhaftet würde. Als in der neu angesetzten Partie Spartak zum 3:0 kam, beobachtete Stárostin, wie Beria in der Loge wütend seinen Stuhl in eine Ecke schleuderte und das Stadion verließ.

Bald darauf, als Beria seinen Kontrahenten Stárostin, beim Spaziergehen traf, sprach Beria eine Drohung gegen ihn aus: „Sehen Sie, Nikolai, wie das Leben so spielt. Damals sind Sie mir weggelaufen. Jetzt können Sie mir nicht mehr weglaufen." In der Nacht auf den 21. März 1940 schickte Beria seine Helfer aus, die Stárostin aus seinem Bett und auch Brüder von ihm in die Zentrale der Geheimpolizei holten. Dort wurde er beschuldigt, eine „terroristische Kampftruppe von Sportlern gegen Parteiführung und Regierung" aufzubauen. Unter Folter erpresste Aussagen von anderen Häftlingen sollten belegen, dass ein Anschlag bei einem zweiten Präsentationsspiel auf dem Roten Platz 1937 geplant gewesen sei. Doch die Anklage war nicht haltbar. Übrig blieb der „Versuch, bourgeoise Moral in den sowjetischen Sport einzuschleppen". Dafür gab es zehn Jahre Arbeitslager. Stárostins Popularität half ihm bei den zahlreichen Arbeitslager-Stationen. Er überlebte, nicht alle seiner Brüder blieben unbeschadet. Stalin starb im März 1953. Beria wurde im gleichen Jahr als verurteilter Verräter hingerichtet. Stárostin wurde rehabilitiert. Bis kurz vor seinem Tod 1996 war er noch für Spartak tätig. In seiner Zeit als Trainer und Funktionär holte sein Klub u. a. zehn sowjetische und drei russische Meisterschaften sowie sieben sowjetische und einen russischen Pokalsieg.

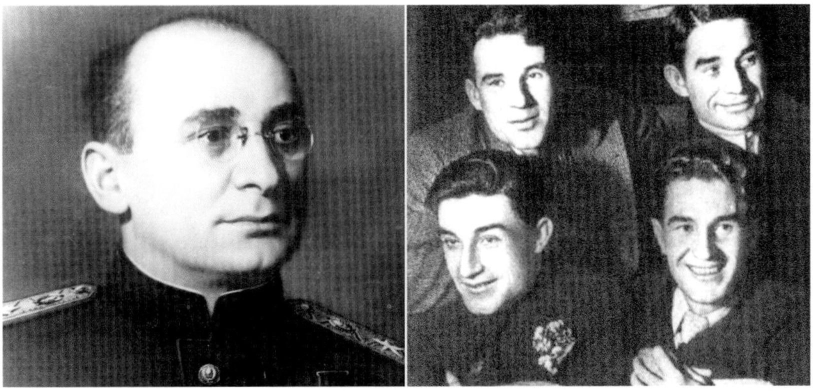

Beria links. Daneben die Starostin-Brüder mit Nikoli unten links.

Einwurf: Ausschlüsse

Qualifikation zum African Nations Cup 1963. Guinea erreichte im Hinspiel auswärts in Lagos ein 2:2-Unentschieden. Im Rückspiel in Conakry war Guinea mit 1:0 siegreich. Und doch fuhr Nigeria zur Endrunde und nicht Guinea. Grund: Guinea hatte keine neutralen Offiziellen für das Rückspiel zur Verfügung gestellt, obwohl dies in den Regularien vorgeschrieben war.

Von der Auflage 2002 des African Nations Cups wurde Guinea disqualifiziert – diesmal, nachdem es zu finanziellen Unregelmäßigkeiten beim Verband gekommen war. Die Politik des Landes hatte die Führung des Fußballverbandes abgesetzt und der Sportminister eine dritte Deadline der FIFA verstreichen lassen, um die Führung wieder einzusetzen. Diese Art von Konflikt mit der FIFA oder Konföderationsverbänden hat es mit einer ganzen Reihe von Nationen gegeben – immer verbunden mit Disqualifikationen.[9] Hart ist es für Klubs, die für Unzulänglichkeiten ihres Verbandes oder ihrer Regierung mit einem Startverbot bzw. einem Ausschluss belangt werden.[10]

Die Ausschlüsse von Nationalmannschaften[11] bzw. Vereinen[12] durch den Kontinentalverband aufgrund nicht beglichener Gebühren sind hingegen schon eine lange Liste.

Mali wurde aus der Qualifikation zum African Nations Cup 1978 ausgeschlossen, weil Sicherheitskräfte beim Spiel am 19. Juni 1977 in Bamako gegen die Elfenbeinküste das Schiedsrichterteam angegriffen hatten.

Dumm lief es für Busaiteen Club und Al-Riffa SC aus Bahrain, obwohl sie zwar von der AFC[13] nicht für die Champions League zugelassen wurden, die zwar von ihrem Verband gemeldet wurden, sich aber nicht sportlich qualifiziert hatten (Platz 4 und 3 in der Liga), sondern einfach statt der beiden Erstplatzierten Muharraq Club und al-Ahli aus Manama nominiert wurden.

Den belizischen Vereinen Belize Defence Force FC, Placencia Assassins FC, Belmopan Bandits und Police United FC wurde der Zugang zum CONCACAF[14] Pokal der Landesmeister der Jahre 2011–2014 versagt, da diese vier Meister aus Belize kein Stadion mit vorgeschriebenen Kondi-

9 So auch Äthiopien/African Nations Cup 2010.

10 Wie Mighty Barrolle SA aus Liberia/Afrikapokal der Landesmeister 1968, FK Khujand und Regar aus Tadschikistan/AFC Champions League 2002/03, al-Hilal Khartum, al-Merreikh Omdurman und Al Hilal Obeid aus Sudan/CAF Champions League 2017/wurde aufgehoben, AS Onze Créateurs und Djoliba AC aus Mali/AFC Confederations Cup 2017.

11 Madagaskar/African Nations Cup 1990.

12 Wie Deportivo Universidad Católica aus der Dominikanischen Republik/Copa de Campeones y Subcampeones CONCACAF 1975, alle Klubs aus Benin, Simbabwe und Uganda/Afrikapokale der Landesmeister und Pokalsieger 1994, alle Klubs aus Mauretanien/Afrikapokale der Landesmeister und Pokalsieger 1996, alle Klubs aus Niger und Zentralfrikanischer Republik/Afrikapokale der Landesmeister und Pokalsieger 1997, alle Klubs aus Kenia, Ruanda, Sierra Leone, Tschad und Zentralfrikanischer Republik/CAF Champions League und CAF Confederation Cup 2008.

13 Die Kontinentalkonföderation für Asien, die Asian Football Confederation.

14 Die Kontinentalkonföderation für Mittelamerika und Karibik, die Confederation of North, Central America and Caribbean Association Football.

tionen vorweisen konnten. Für die CAF[15] wäre diese Problematik eine lösbare gewesen. Denn als 2007 in der Qualifikation zur Weltmeisterschaft 2010 Somalia gegen Dschibuti zu spielen hatte, aber das Land laut FIFA kein geeignetes Stadion dafür hatte, wurde aus Hin- und Rückspiel lediglich eine in Dschibuti auszuspielende Begegnung. Diese Praxis fand auch bei Klubspielen Anwendung und wurde ebenfalls durch die UEFA bei den internationalen Klubwettbewerben im Sommer 2020 genutzt, als Corona für viele Einschränkungen sorgte.

Nachdem für die Achtelfinalpartie im AFC Cup 2015 zwischen Persipura Jayapura aus Indonesien und Sri Pahang FC aus Malaysia vier Gästespielern bei der Ankunft in Jakarta das Visum verweigert wurde, suspendierte die FIFA kurzerhand den indonesischen Klub. Die komplette Mannschaft von Ismaily SC aus Ägypten wurde beim Versuch, im CAF Confederation Cup 2005 im ruandischen Kigali einzureisen, zurückgewiesen. Der ruandische Gegner APR FC hatte um Verlegung aufgrund einer Gedenkfeier zum Völkermord im eigenen Land gebeten, legte dies der CAF aber zu spät vor, weshalb die Ägypter bereits unterwegs waren. Der Ismaily SC kam so kampflos weiter.

Der AFC Cup 2017 spielt in unserer Betrachtung eine Sonderrolle. Zum einen, weil zurückgehend auf eine Manipulation eines Spiels in 2015 im Zusammenhang mit Wetten, die der kambodschanische Verein Phnom Penh Crown als Beschuldigter selbst anzeigte, dieser Klub von der AFC für diese Auflage des Wettbewerbs gesperrt wurde. Der Klub, der Spieler und Offizielle selbst suspendierte, zog vor den Internationalen Sportgerichtshof und bekam Recht. Die AFC wurde angewiesen, Phnom Penh Crown in den bereits laufenden Wettbewerb noch aufzunehmen, dem der Verband dann auch in der dritten Phase des Wettbewerbs, einer Play-off-Runde, nachkam. Ein weiterer Aspekt bei diesem Turnier war, dass der Modus drei Monate nach dem Beginn des Turniers geändert wurde. Damit wurde die Qualifikation mit den ersten beiden Phasen obsolet. Kirgisistan und die Mongolei ließen ihre bereits eingesetzten Mannschaften im Wettbewerb, Bangladesch, Bhutan und Kambodscha wechselten sie aus! Guam, Macau und Taiwan hätten Teams (neu) schicken können, verzichteten aber darauf. Nepal verpasste die rechtzeitige Anmeldung des Vorrundengruppensiegers Three Star Club.

Auch Funktionäre haben eine Relevanz für das sportliche Weiterkommen einer Mannschaft. Das musste ASC Mauritel aus Nouakchott in Mauretanien lernen, als es bei ES Sétif aus Algerien am 1. Oktober 2007 in der arabischen Champions League antrat. Weil kein Funktionär mitreiste, wurde der Klub für zwei Jahre von der Teilnahme in internationalen Wettbewerben ausgeschlossen.

15 Die afrikanische Kontinentalkonföderation, die Confédération Africaine de Football bzw. Confederation of African Football.

Spielen sie noch?

Hibernian Edinburgh – Heart of Midlothian

Scottish League East & North Division, Edinburgh, Schottland 1940

Bob Kingsley war Radiokommentator der BBC. Als er am Neujahrstag 1940 wie auch 14.000 Zuschauer an die Easter Road in Edinburgh fuhr, um das Spiel zwischen den Hibs und den Hearts zu verfolgen, ahnte er nicht, an welchem historischen Ereignis er selbst beteiligt sein sollte. Das Stadion war in den dicksten Nebel eingehüllt. Man konnte vielleicht einen halben Meter weit sehen. Es hätte eigentlich außer Frage stehen müssen, dass Kingsley bald nach der Ankunft wieder seinen Heimweg antreten konnte. Die Regeln schlossen ein Spiel unter solchen Bedingungen aus. Doch es waren Kriegstage. Kingsleys Spielkommentar wurde von den im Ausland stationierten britischen Streitkräften erwartet. Und weil der deutsche Kriegsgegner mit der Forth Railway Bridge und den Leith Docks Ziele hatte, die zerstört werden konnten, und durch eine Verlegung der Begegnung nicht vor schlechtem Wetter in der Region gewarnt werden sollte, entschied das Kriegsministerium, dass das Spiel ausgetragen werden sollte.

Der BBC-Leiter für Außenübertragungen Leo Hunter wies Kingsley an, den Nebel nicht zu erwähnen. Dieser bemühte sich, ein komplexes System mit Läufern einzurichten, die ihm von der Seitenlinie aus Meldungen über wichtige Situationen wie Tore und Eckstöße machten. Doch die Informationen, die Kingsley erreichten, waren einfach nur verwirrend. Er sah keine andere Möglichkeit, als die Aktionen auf dem Feld für seinen Livebericht zu erfinden. Aus dem Gebrüll der Zuschauer versuchte er abzuleiten, wenn ein Tor erzielt wurde und für wen es zählte. Den lauteren Jubel ordnete er dem Gastgeber zu. Zur Sicherheit schickte er Läufer los, die ihm das bestätigen sollten. Der erfundene Bericht von Kingsley über ein bei herrlichem Sonnenschein ausgetragenes Spiel war ausgesprochen fesselnd. Er verkündete ein begeisterndes 3:3-Unentschieden, Beinahe-Fehlschüsse, stürmische Abschlüsse, fantastische Paraden, waghalsige Dribblings und knallharte Zweikämpfe. Das tatsächliche Geschehen hatte nichts damit zu tun, war aber genauso spannend …

In der Realität ging der Gast in der 13. Minute in Führung, aber die Hibs glichen in der 15. Minute aus und erzielten selbst in der 20. Minute die Führung. Die Hearts schafften den Ausgleich, die Hibs erzielten das 3:2. Ein Zuschauer lief anschließend auf das Spielfeld, vielleicht um genauer zu sehen, was dort passierte. Er wurde vom Schiedsrichter wieder vom Spielfeld geschickt. Der Schiedsrichter selbst pfiff zwei Minuten zu früh zur Pause, merkte seinen Irrtum jedoch und holte die den Platz verlassenden Spieler wieder zurück. In den zwei noch zu spielenden Minuten drehten die Hearts wieder das Spiel zu einem 3:4.

Nach dem Wiederanpfiff erhöhte der Gast auf 3:5. Die Hibs konnten mit zwei weiteren Treffern aber bald wieder ausgleichen. In der 85. Minute fiel dann noch das 5:6. Die Gäste nahmen die Punkte mit nach Hause.

Die Dunkelheit hatte den Nebel längst verstärkt. Die Anhänger konnten nicht deuten, ob das Spiel schon beendet war. Manche gingen vor dem Abpfiff, andere harrten noch bis zehn Minuten nach dem Ende aus. Auch Kingsley ging es nicht anders. Er berichtete noch bis 15 Minuten nach dem Abpfiff live vom Spielgeschehen. Einige Hearts-Spieler kamen nach der Dusche aus der Kabine. Sie suchten ihren Mitspieler John Donaldson, der nicht in ihrem Raum aufgetaucht war. Ein Suchtrupp fand ihn auf seiner Position auf dem Platz. Er hatte weiterhin die linke Flanke abgedeckt und nach seinen Mitspielern gerufen, die ihm partout keinen Pass zukommen ließen.

Der Edinburgher Dramatiker Andrew Dallmeyer war von den Beschreibungen des Kolumnisten und Fußballhistorikers Bob Crampsey so beeindruckt, dass er innerhalb von zwei Jahren ein Bühnenstück daraus machte, „Playing a Blinder", das am Neujahrstag 2002 von BBC Radio Four gesendet wurde.

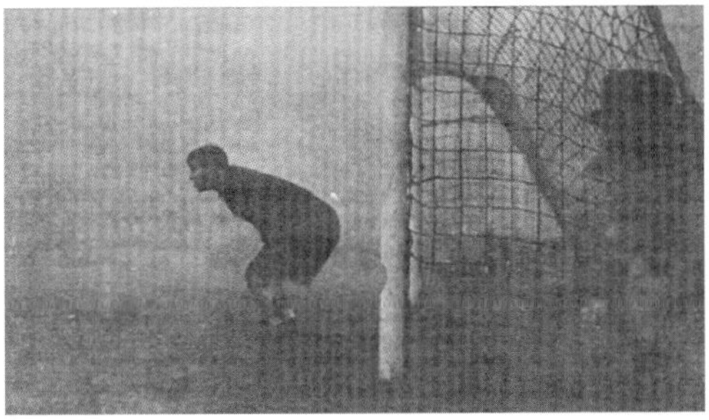

Hibs gegen Hearts. Sieht man besser, wenn man sich direkt neben dem Tornetz aufhält?

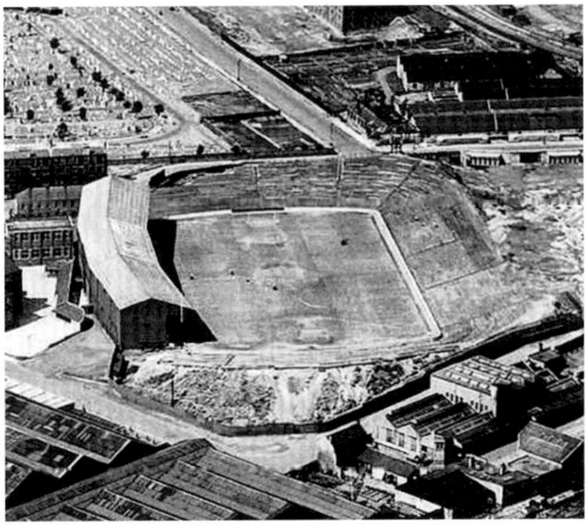

Das Easter Road Stadium im Jahr 1940.

Seltsames im Nebel

Arsenal FC – Dynamo Moskau

Freundschaftsspiel, London, England 1945

Der englische Fußballverband entschloss sich einige Monate nach dem Ende des 2. Weltkriegs, ein sowjetisches Team zu Spielen gegen eigene Klubs einzuladen, um den Frieden zu feiern. Die UdSSR, die noch den Sieg der Alliierten über Nazideutschland auskosteten, waren für die Briten ein exotischer Gegner, auf den sich die Fans freuten. Das Interesse war riesig. Schon jetzt waren aber auch die Spannungen des Kalten Krieges zu spüren. Die im September 1945 beendete Meisterschaft gewann Dynamo Moskau. So sollte Dynamo zu einer Tournee antreten. Der Klub wollte beweisen, dass der osteuropäische Spielstil besser sei als der körperbetonte der Engländer. Josef Stalin rief die Mannschaft in den Kreml und bat sie inständig, mit Stolz auf das sowjetische Volk zurückzukehren. Der Druck war groß, und so verstärkte sich Dynamo mit Spielern von CDKA Moskau und Dynamo Leningrad. Die britische Presse hatte keine hohen Erwartungen an den Fußball der Sowjets. „Bis zu diesen Spielen wussten wir nur, dass England das Mutterland des Fußballs ist, dass der englische Fußball der beste der Welt ist … Es wäre eine Schande gewesen, wenn wir als Verlierer nach Moskau zurückgekommen wären. Wir hätten uns geschämt, unsere Gesichter in der Öffentlichkeit zu zeigen“, sagte Dynamos Stürmer Konstantin Beskow 2001 in einem Dokumentarfilm.

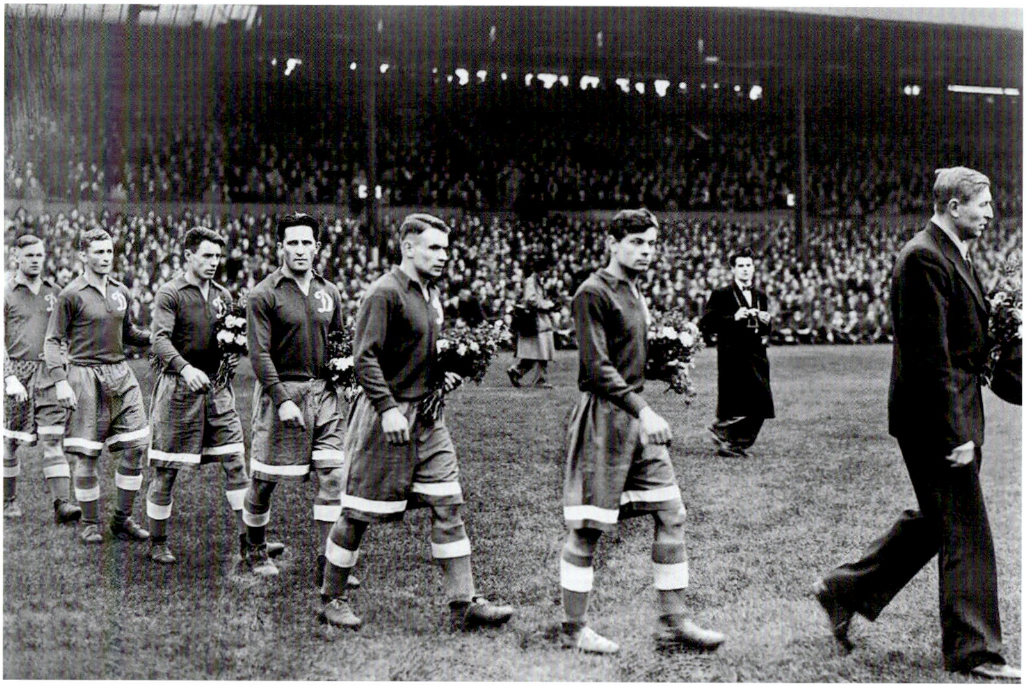

Dynamos Antritt mit Blumen.

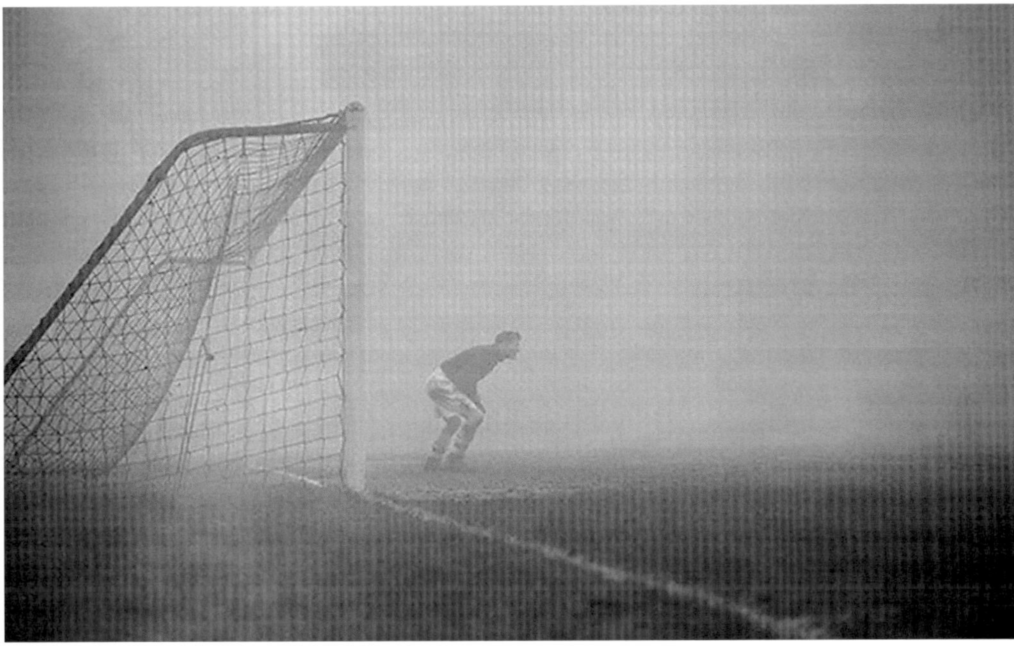

Eingeschränkte Sicht.

Der britische Empfang der Gäste war relativ trocken; Fahnen, Musik und Blumen waren nicht zu sehen. Britische Offizielle schüttelten sich selbst die Hände und luden dann Journalisten ein, Fragen an die Spieler von Dynamo zu stellen, die sich damit überfallen fühlten und kurzerhand gar nichts sagten. Nachdem die Mannschaft in der vom britischen Fußballverband als Unterkunft vorgesehenen Gardekaserne Schimmel an den Wänden und weder Kissen noch Bettwäsche in den Betten vorfand, zog sie in die sowjetische Botschaft (später in ein gutes Hotel) und stellte eine Liste von 14 Forderungen auf. Sie wollte fortan nur in der Botschaft essen, da die Spieler Angst hatten, vergiftet zu werden. Zudem forderten sie einen sowjetischen Schiedsrichter für das Spiel gegen den aus ihrer Sicht stärksten Gegner – und das war Arsenal. Fast alle Forderungen wurden von der englischen Seite erfüllt, auch die nach einer 50:50-Aufteilung der Einnahmen der Tournee. Das erste Spiel fand vor mindestens 85.000 Zuschauern[16] gegen Chelsea statt – die Menschen drückten Eingangstore mit ihrem Gewicht zu Boden, um Einlass zu finden, und standen direkt um das Spielfeld herum. Das Publikum bedachte mit Applaus, dass jeder Dynamo-Spieler einem englischen Spieler einen Blumenstrauß überreichte. Die Engländer hingegen standen mit leeren Händen da. Die sowjetischen Spieler wechselten ständig die Position und liefen in verschiedenen Linien. Ein spannendes Spiel endete 3:3. Nach dem Abpfiff stürmten Zuschauer das Spielfeld und nahmen die Russen feiernd auf die Schultern. Es folgte ein 10:1 gegen Cardiff City, das zu dieser Zeit in der englischen Third Division spielte. Radio Moskau übertrug live.

16 Offiziell durften 70.000 Zuschauer ins Stadion. Quellen sprechen von bis zu 120.000 anwesenden Personen.

Am 21. November 1945 sollte in London das Spiel gegen Arsenal folgen, das u. a. Spieler von Stoke City, Queens Park Rangers und Burnley ausgeliehen hatte, da einige der eigenen Spieler noch in der Armee zu dienen hatten. Da das Highbury Stadium noch ein Luftschutzzentrum aus dem Krieg war, musste auf die White Hart Lane als Austragungsort ausgewichen werden. Warteschlangen waren bereits um Mitternacht am Tag vor dem Spiel entstanden – aus Sicherheitsgründen wurde das Stadion schon früh geöffnet. Ein starker Nebel hatte sich ausgebreitet. Der als Schiedsrichter angeforderte Russe Nikolay Latyshev, der mit Dynamo reiste, entschied sich, das Spiel trotzdem vor 55.000 Zuschauern anzupfeifen – bei einem Pflichtspiel wäre es niemals dazu gekommen. Dass das Publikum kaum etwas sehen konnte, wurde in Kauf genommen. Die Spieler von Arsenal protestierten gegen die Austragung unter diesen Bedingungen. Dies führte dazu, dass beide Seiten die Regeln missachteten und agierten wie sie wollten, um das gewünschte Ergebnis zu erzielen.
Merkwürdig war, dass die beiden englischen Linienrichter auf Anweisung des Schiedsrichters auf derselben Seite ihrer Pflicht nachkamen, während der Referee selbst die andere Seite überwachte. Im Nebel ereigneten sich einige harte Zweikämpfe, die mit Platzverweisen hätten geahndet werden können. Konnten die Zuschauer in den ersten 45 Minuten noch das Geschehen erahnen, so waren für sie in der zweiten Hälfte nicht einmal mehr die Konturen der Spieler zu sehen. Die seltsamen Vorkommnisse wurden immer zahlreicher. Ein klares Abseitstor zählte. Als Arsenal monierte, dass Dynamo schon länger zu viele Spieler auf dem Spielfeld hatte, wurden zwölf (manche Quellen nennen 15) gezählt. Ein scheinbar berechtigtes Tor von Arsenal wurde zurückgenommen. Obwohl Arsenals George Drury des Feldes verwiesen wurde, tauchte dieser wieder auf dem Platz im Nebel auf. Der Schlussmann von Arsenal soll nach einem Pfostenschuss bewusstlos gewesen und solange von einem Zuschauer im Tor vertreten worden sein. Das Spiel endete mit Streit, Vorwürfen und Gegenvorwürfen. Dynamo siegte mit 4:3 (Halbzeit 3:1). Die Briten bezeichneten das Spiel als „Farce im Nebel“.

Ein weiteres Spiel vor 92.000 Zuschauern bei den Glasgow Rangers – die Eintrittskarten wurden auf dem Schwarzmarkt für das Zehnfache vom Originalpreis gehandelt – endete 2:2, ein letztes gegen Aston Villa fiel aus. Die Moskowiter, die schnellen, einfallsreichen und spritzigen Fußball gezeigt hatten, kehrten ungeschlagen zurück und wurden als „Meister des Sports“ ausgezeichnet. Die Rückkehr „glich Szenen, die an die Rückkehr von Soldaten aus dem Krieg erinnerten – wie sie es nur wenige Monate zuvor getan hatten“, schrieb der russische Sportjournalist Vladislav Ryabov. Bald darauf folgte der Beitritt der UdSSR zur FIFA.

Videoimpressionen:
https://www.youtube.com/watch?v=CE5tUCv5438&t=2s

Die Geschichte der Dynamo-Tournee wurde unter dem Titel „Eleven silent men“ verfilmt. Der russische Film von 2022 hat eine Länge von 121 Minuten.

Ein Bollwerk und ein plötzliches Ende

Curaçao – Auswahl des niederländischen Verbandes

Freundschaftsspiel, Willemstad, Curaçao 1949

Curaçao ist eine 444 Quadratkilometer große, etwa 60 Kilometer nördlich von Venezuela in der Karibik liegende Insel, die als eine der drei ABC-Inseln (Aruba, Bonaire, Curaçao) zum Königreich der Niederlande gehört. Heute leben hier über 150.000 Menschen.
Die Curaçao Football Association wurde 1921 gegründet und war von 1932 bis 1941 und 1946 bis 1958 FIFA-Mitglied. Dabei wurde der Mitgliedsantrag 1932 erst eingereicht, nachdem ein Streit mit dem Koninklijke Nederlandse Voetbalbond (KNVB) ausgeräumt war, der den Inselverband nicht anerkennen wollte. In dem dazwischen liegenden Zeitabschnitt hatte der auch die Insel Aruba vertretende Nederlands Antilliaanse Voetbal Bond Mitgliedsstatus bei der FIFA. 1958 übernahm die Nederlands Antilliaanse Voetbal Unie, nachdem die lokalen Inselverbände zusammengingen und auch Bonaire abdeckten. Auch für die Inseln Saba, Sint Eustatius and Sint Maarten war dieser Verband nun zuständig. 1986 splittete sich Aruba dann ab.

Zum 25-jährigen Bestehen wurde im Juni 1946 ein Turnier veranstaltet, für das Aruba, Niederländisch-Guayana (heute als Surinam bekannt), Kolumbien und Feyenoord Rotterdam anreisten. Höhepunkt des Turniers wurde das Spiel von Curaçao gegen Feyenoord, das u. a. mit dem damaligen KNVB-Kapitän Bas Paauwe und dessen späteren Nachfolger in dieser Funktion, Arie de Vroet, antrat. Curaçao siegte mit 4:0. Feyenoord lud die Gastgeber für das folgende Jahr in die Niederlande ein. Bei der Europatournee von Curaçao standen neun Spiele gegen Vereinsmannschaften an, von denen die Insulaner vier gewannen, vier verloren und eines Unentschieden spielten. Bei einem von zwei Spielen gegen Feyenoord kamen 54.000 Zuschauer, die ein spannendes 3:3 erlebten.

Die guten Ergebnisse aus dieser Tournee führten dazu, dass eine Delegation des niederländischen Fußballverbands 1949 nach Curaçaos Hauptstadt Willemstad aufbrach. Doch ein erstes Spiel gegen eine Auswahlmannschaft lief völlig anders als sich das beide Seiten gedacht hatten. Der Schiedsrichter fällte eine umstrittene Elfmeterentscheidung gegen die Gastgeber, die dazu führte, dass alle zehn Feldspieler sich aus Protest zu ihrem Torhüter auf die Torlinie stellten. Die komplette Mannschaft weigerte sich, davon abzulassen. Der englische Amateur-Nationalspieler Ivan Sharpe, der dem Spiel beiwohnte, schrieb in seinen Memoiren: „Schließlich trat ein Anführer der holländischen Reisegruppe ein und sorgte mit Zustimmung des Schiedsrichters dafür,

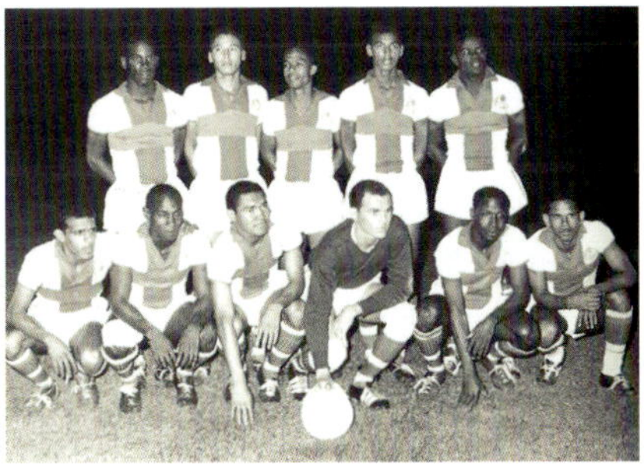

Die Mannschaft der Niederländischen Antillen als Nachfolger von Curaçao 1950.

dass der Elfmeterschütze das Tor verfehlen würde. Er sollte den Ball in Richtung der Eckfahne schießen. Diese Entscheidung wurde dem Kapitän der Mannschaft von Curaçao mitgeteilt, der sich in der Mitte der Mannschaft vor dem Tor befand. Er wurde gebeten, seine Spieler, mit Ausnahme des Torhüters, zum Verlassen der Torlinie aufzurufen. ‚Nein, nein, nein!', antwortete er. ‚Sie würden mir nicht glauben, und ich kann es ihnen nicht verdenken. Wenn mein eigener Bruder mir sagen würde, dass er einen Elfmeter an die Eckfahne schießen würde, würde ich ihm auch nicht glauben.'" Das Freundschaftsspiel wurde abgebrochen.

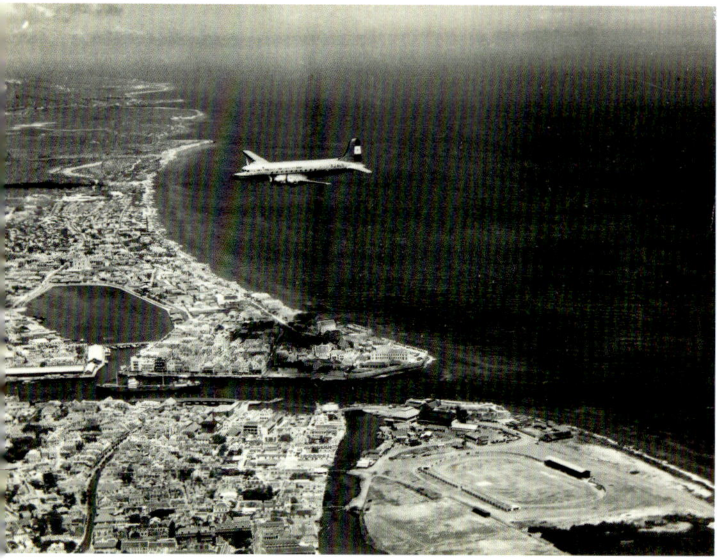

Ein Flugzeug der niederländischen Fluggesellschaft KLM im Anflug auf Willemstad über das Fußballfeld hinweg.

Bei den Zentralamerika- und Karibikspielen errang Curaçao 1950 die Goldmedaille. Es gelang die Qualifikation für die Olympischen Spiele 1952 in Helsinki, bei denen das erste Spiel gegen die Türkei knapp verloren ging und das Turnier damit bereits beendet war. Das Abschneiden der Nationalmannschaft konnte sich in den internationalen Wettbewerben lange sehen lassen, auch auf Klubebene. 2017 errang Curaçao erstmals die Karibikmeisterschaft. 2019 wurde auch das Viertelfinale des Gold Cups (CONCACAF-Meisterschaft) erreicht.

Offizielle Freundschaftsspiele zwischen Curaçao bzw. den Niederländischen Antillen und dem europäischen Nationalverband gab es bisher drei. Die Niederländer gewannen 1958 bzw. 1962 in Rotterdam bzw. Amsterdam mit 8:1 bzw. 8:0. In Willemstad gab es 1960 ein 0:0.

Eine weitere Elfmeterentscheidung mit Konsequenzen:

Es gibt jene Fälle, bei denen Elfmeterentscheidungen des Schiedsrichters dazu führen, dass das betroffene Team sich benachteiligt sieht und das Spielfeld verlässt. So auch bei den Zentralamerikanischen und Karibischen Spielen von 1938 in Panama. Zwischen Kolumbien und Costa Rica stand es 1:2, auch durch einen Elfmeter für Costa Rica in der 43. Minute. Als in der 69. Minute wieder gegen Kolumbien auf den Punkt gezeigt wurde, verließen die Südamerikaner das Spielfeld. Der Elfmeter wurde ausgeführt – auf ein leeres Tor. Danach wurde das Spiel abgepfiffen. Das Endergebnis wird in manchen Quellen mit 1:2, in anderen mit 1:3 angegeben.

Das Wunder von Belo Horizonte

USA – England

Vorrunde Weltmeisterschaft, Belo Horizonte, Brasilien 1950

Eine der größten Fußballsensationen fand am 29. Juni 1950 im Estádio Independência im brasilianischen Belo Horizonte statt. Bei der Fußballweltmeisterschaft trafen in der ersten Runde die Vereinigten Staaten und England aufeinander. Die ungewöhnlichen Begleitumstände qualifizieren das Spiel, in diesem Buch berücksichtigt zu werden.

Die Engländer um Stanley Matthews traten zum ersten Mal bei einer Weltmeisterschaft an. Zuvor herrschte bei den Briten einfach die Meinung, niemand sei es wert, gegen sie anzutreten, weil sie das Spiel erfunden hätten. Ohnehin seien sie das weltbeste Team. Aufgrund dieses Hochmuts und wegen eines Streits über Zahlungen an Amateurspieler hatte England bislang an keiner FIFA-WM teilgenommen. England qualifizierte sich nun über die British Home Championship 1949/50, setzte sich also gegen Schottland, Wales und Nordirland durch.
Das Team der USA, in denen der Fußball nun wirklich keine Popularität genoss, bestand aus jungen Halbprofis, die sich vor der Qualifikationsrunde zu dem Turnier quasi nicht kannten, darunter vier Töpfer, ein Leichenwagenfahrer (der italienischstämmige Torhüter Franck

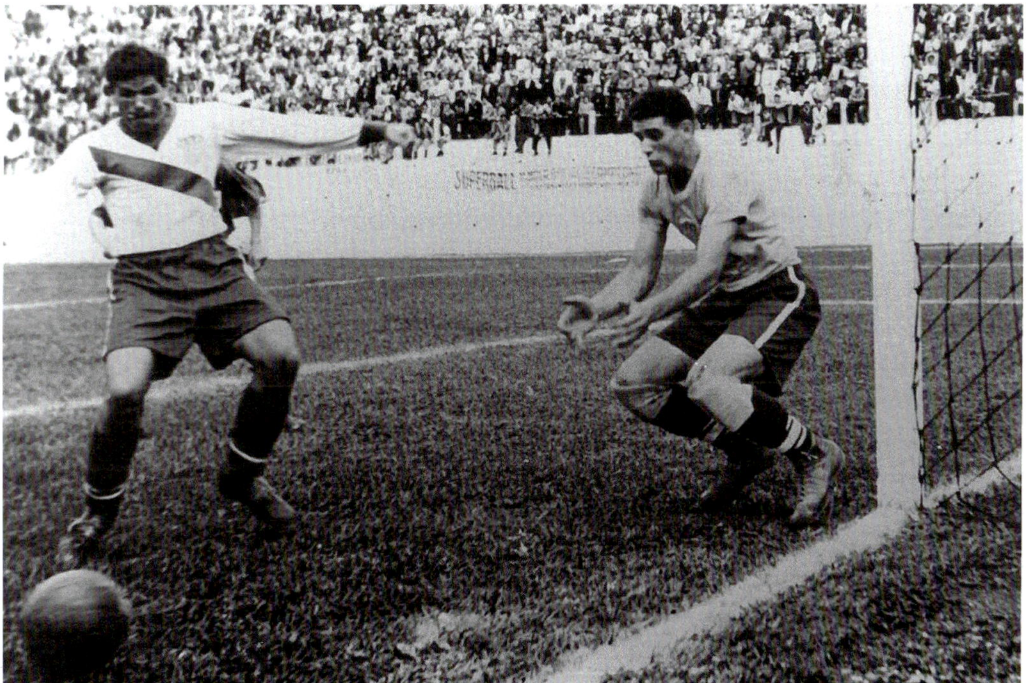

US-Keeper Frank Borghi bringt die englischen Stürmer zur Verzweiflung.

Borghi), ein Lehrer, ein Briefträger und ein Tellerwäscher aus Haiti (Joe Gaetjens). Der Spieler Ben McLaughlin musste auf das Turnier verzichten, weil sein Arbeitgeber ihm nicht freigab. Der zweite Platz in der NAFC Championship (hinter Mexiko und vor Kuba) reichte dem Land, um in Brasilien antreten zu können. Der finale Kader konnte vor der Abreise nach Brasilien nur eine einzige Trainingseinheit durchführen. Was sollte für die Engländer hier schiefgehen? US-Coach Bill Jeffrey erklärte der Presse: „Wir haben keine Chance." Seine Spieler seien „Schafe, die bereit sind, geschlachtet zu werden".

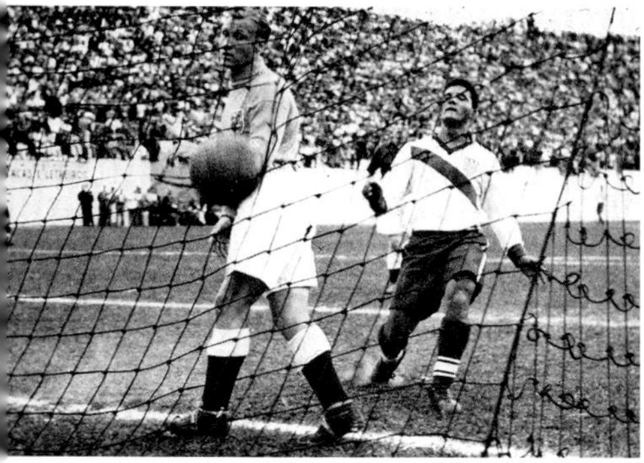

Tor für die USA.

In der Gruppe mit Spanien und Chile hatte es bereits für beide Teams ein Spiel gegeben: England siegte gegen Chile mit 2:0, Spanien gegen die USA mit 3:1. Die Wettquoten lagen bei 500:1 für England. Die Briten konnten eine Nachkriegsländerspielbilanz von 23 Siegen, vier Niederlagen und drei Unentschieden aufweisen. Für das Spiel wurden 10.000 Karten verkauft und 3.000 an Mitglieder des Stadioneigentümers Sete de Setembro Futebol Clube verteilt. Matthews wurde gegen die USA nicht eingesetzt, sondern sollte für die schwierigeren Spiele geschont werden.[17] Die Daily Express verkündete: „Es wäre fair, den USA drei Tore Vorsprung zu geben."

In den ersten zwölf Minuten kamen sechs Schüsse auf das Tor der Amerikaner, zwei gingen an den Pfosten, einer ging knapp über das Gehäuse und einer wurde sehr gut von Borghi abgewehrt. In der 25. Minute gab es eine erste Möglichkeit durch die USA. Weitere Versuche der Engländer scheiterten. In der 37. Minute wehrte Englands Schlussmann Bert Williams einen Schuss von Walter Bahr fast ab – doch Gaetjens tauchte nahe dem Elfmeterpunkt auf und streifte das Leder mit dem Kopf so sehr, dass der Ball die Richtung änderte und am mit Schwung heranfliegenden Schlussmann vorbei ins Tor flog. Auf den Rängen gerieten die Zuschauer ins Toben, als der Underdog die Führung erzielte. Das Publikum unterstützte aus Eigennutz die USA, hoffte es doch, dass die Engländer den Brasilianern auf deren Weg damit nicht mehr in die Quere kommen konnten – schließlich sollte nur der Sieger der Vierergruppe weiterkommen. Angelockt durch den erregten Radiokommentar, drängten immer mehr Zuschauer ins Rund.
In der zweiten Hälfte zeigten sich die USA selbstbewusst. England drückte, war aber nicht erfolgreich. Nach einem Freistoß der Briten kratzte Borghi noch im letzten Moment einen Flugkopfball von der Linie. Fast fiel in der 85. Minute noch das 2:0, doch Alf Ramsey grätschte

17 Matthews hätte zehn Tage vor dem Spiel in Belo Horizonte auch an einem Testspiel einer aus Engländern bestehenden Tourneemannschaft (nicht der Nationalmannschaft) teilgenommen, das in New York City gegen die bei der WM antretende US-Mannschaft ausgetragen wurde, wäre Matthews hier nicht verletzt gewesen. Die Engländer siegten mit 1:0. Es war jene einzige Trainingseinheit der US-Spieler vor der Abreise nach Brasilien.

seinerseits noch einen Ball im letzten Moment vor dem Passieren der Linie zur Seite. Die USA waren der Gewinner. Die Zuschauer strömten auf das Spielfeld und nahmen die Sieger auf die Schulter.

Die Zeitungen in England prangerten die Leistung ihrer Spieler an oder hoben das englische Kricketteam in den Vordergrund, das am selben Tag seine erste Heimniederlage überhaupt gegen die Westindischen Inseln kassierte. Es gibt aber auch die Legende, dass Zeitungen glaubten, die Mitteilung des Resultats von 1:0 für die USA sei ein Tippfehler gewesen, weshalb diese das Ergebnis mit 10:0 oder 10:1 für England vermeldeten – ein Mythos, der nicht belegt werden kann. Ein weiterer Mythos ist, dass die Engländer, die an diesem Tag erstmals ein blaues Trikot trugen, nie wieder ein blaues Trikot überstreiften. Aber Legendenbildung gehört zu solchen Geschichten.

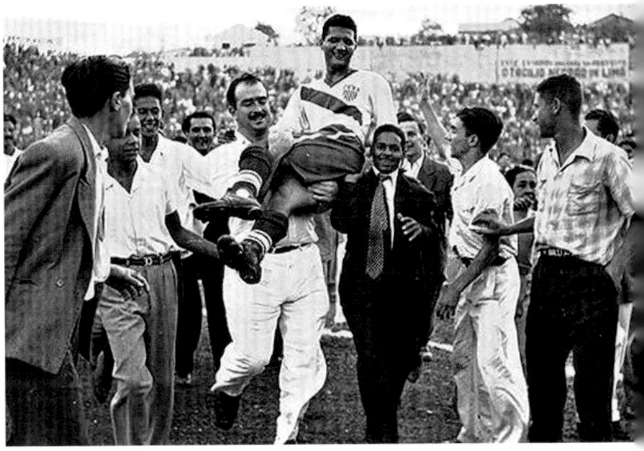
Das Wunder von Belo Horizonte ist geschafft.

Die USA verloren noch gegen Chile (2:5). Auch die Spanier schlugen England (1:0), das mit einem Sieg noch ein Entscheidungsspiel hätte erzwingen können.

Als die FIFA durch einen Bericht von France Football erfuhr, dass manche der US-Spieler gar nicht die US-Nationalität hatten (auch ein Belgier und ein Engländer wurden eingesetzt), erwog sie, das Resultat aufzuheben, doch sie tat es schlussendlich nicht. Eine Anhörung im Dezember sprach die USA von jeglichem Fehlverhalten frei. Die drei in dem Spiel eingesetzten Spieler ohne US-Pass hatten ihre Absicht erklärt, die US-Staatsbürgerschaft zu erwerben und erfüllten damit die damaligen Erfordernisse.

Der Held des Wunders, Joe Gaetjens, wurde 1964 auf Haiti von Schergen des neuen Diktators François Duvalier verschleppt und getötet. Das Land sollte von politischen Gegenspielern – und in Gaetjens sah man einen solchen – gereinigt werden. Zu dem Spiel ist das Buch „The Game of their lives“ von Geoffrey Douglas erschienen. Es gibt zudem eine US-Verfilmung namens „Miracle match“ mit Gerard Butler und Patrick Stewart aus dem Jahr 2005.[18]

18 Auch auf Deutsch verfügbar unter den Titeln „Das Spiel ihres Lebens“ bzw. „Das Wunder von Belo Horizonte“.

Die Täuschung

Türkei – Spanien

Qualifikation Weltmeisterschaft, Rom, Italien 1954

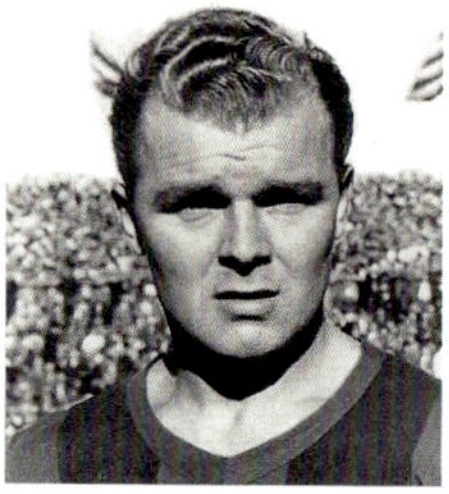

László Kubala.

László (so der Vorname laut Geburtsurkunde), genannt Ladislav, Kubala wurde am 10. Juni 1927 in Budapest geboren. Seine Eltern stammten aus dem damaligen Teil der Tschechoslowakei. Sein Vater war polnisch-slowakisch, seine Mutter ungarisch-slowakisch. Er selbst sah sich als Weltbürger, als er seine Nationalität einmal erklären sollte. Mit 18 Jahren nahm ihn Ferencváros Budapest unter Vertrag. Im nächsten Jahr erhielt er seinen Einberufungsbescheid. Er floh in die Tschechoslowakei und unterschrieb bei SK Bratislava. Er spielte sechsmal für die tschechische Nationalmannschaft und schoss vier Tore. Bald erhielt er auch dort seinen Einberufungsbescheid. So ging er wieder zurück nach Ungarn, wo er sich Vasas Budapest anschloss, da das von den Kommunisten als faschistisch verstandene Ferencváros vielen Einschränkungen unterzogen wurde. Nachdem sich die Kommunisten festigten, floh Kubala erneut, diesmal nach Italien, wo er mit anderen ungarischstämmigen Spielern die Mannschaft Hungaria gründete, die Testspiele bestritt und dabei selbst Real Madrid sowie die sich auf die Weltmeisterschaft 1950 vorbereitende spanische Nationalmannschaft schlug. Er wurde schließlich Spieler des FC Barcelona und der spanischen Nationalmannschaft.[19] Mit dieser wollte er zur Weltmeisterschaft 1954 in die Schweiz fahren.

Die FIFA teilte die Länder in der Qualifikation zur Weltmeisterschaft geographisch einander zu. So trafen in der Zone Europa / Afrika / Vorderasien die 24 Europäer plus Ägypten, die Türkei und Israel in einer Vierer-, fünf Dreier- und vier Zweiergruppen aufeinander.[20] In der Gruppe 6 trafen Spanien und die Türkei aufeinander. Die Spanier glaubten, ein leichtes Spiel gegen die wenig bekannte Türkei zu haben. Das Hinspiel in Madrid, bei dem Kubala noch ausgesetzt hatte, da Trainer Luis Iribarren der Meinung gewesen war, dass Kubala gegen einen Gegner von geringerer Qualität nicht gebraucht würde, gewannen sie am 16. Januar 1954 mit 4:1. Doch das Rückspiel am 14. März in Istanbul entschieden die Türken in einem großen Kampf mit 1:0 für sich. Kubala, den die Türken fürchteten, wurde von allen Seiten attackiert und musste aufpassen, sich nichts zu brechen. Die Spanier waren geschockt. Da die erzielten Tore in Summe beider Spiele noch keine Rolle spielten, musste ein Entscheidungsspiel ausgetragen werden, das für den 17. März in Rom angesetzt wurde.

19 Insgesamt spielte er 19 A-Länderspiele für Spanien. Auch zwei Europaauswahlspiele und vier Begegnungen für die Auswahl Kataloniens finden sich in seiner Karriere.

20 Da das Turnier gleichzeitig als British Home Championship galt, kamen alle vier britischen Teams in einer Gruppe zusammen. Die beiden Erstplatzierten dieser Gruppe und alle anderen Gruppensieger erreichten die Endrunde.

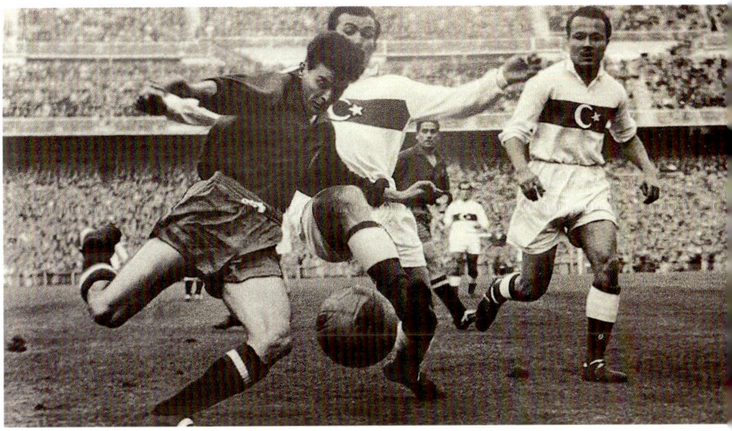

Zehn Minuten vor dem Anpfiff betrat ein FIFA-Funktionär die Kabine der Iberer und präsentierte ein Dokument, das ihnen untersagte, ihren in Ungarn geborenen Starspieler Kubala einzusetzen. Begründet wurde dies mit seinen früheren Einsätzen für das Nationalteam Ungarns. Spaniens Spieler Adrián Escudero erzählte später: „Tatsache ist, dass Laszi und ich gemeinsam herausgefunden haben, dass etwas im Gange war, denn während wir in kurzen Hosen im Tunnel waren, kam der Masseur Rafa und sagte Kubala, er solle zurückgehen, weil es ein Problem mit seiner Akte gebe. Er ging zurück, und Minuten später gingen wir auf das Spielfeld, und Pasieguito [Spieler; Anm. d. Autors] tat das Gleiche an seiner Stelle. In der Halbzeitpause stellten wir uns alle dieselbe Frage: Wie zum Teufel können sie ihn daran hindern, hier zu spielen, wenn er vor drei Tagen in Istanbul gespielt hat? Und wenn es dort einen Verstoß gab, warum wurde Spanien nicht bestraft?“[21]

Kubala wurde also aus dem Team genommen. Seine verunsicherten Kameraden zeigten daraufhin ein schlechtes Spiel. Es gelang nur ein 2:2, bei dem der Ausgleich auch erst spät fiel.[22] Die Spanier sahen sich durch den 65-jährigen[23] (!) Schiedsrichter Giorgio Bernardi aus Italien um zwei Tore betrogen. Erst wurde ein Tor wegen angeblichem Abseits nicht gegeben, dann wurde eines wegen eines vermeintlichen Handspiels aberkannt.

Damit musste ein Los gezogen werden, um eine Entscheidung für den Qualifikationsplatz herbeizuführen. Der 14-jährige Luigi Franco Gemma, Sohn eines Stadionangestellten, spielte mit verbundenen Augen die Fee und zog das Los zugunsten der Türkei. Escudero: „Wir schlossen uns in der Umkleidekabine ein und waren völlig entmutigt, weil wir dachten, dass wir nichts mehr tun könnten, dass alles so schlecht gelaufen war, dass der Junge

21 Die spanische Sportzeitung AS schrieb 2009: „Das Telegramm stammte aus der Hand eines italienischen Funktionärs, der bei der FIFA auf dem Vormarsch war, Ottorino Barassi, und die Version des damaligen Präsidenten Dávila, der Tage später zurücktrat, lautete, dass ihm das Telegramm im Hotel übergeben wurde. Anderen Quellen zufolge wurde es ihm eine halbe Stunde zuvor im Stadion überreicht. Wie dem auch sei, sein Text kam auf Französisch an: ‚Attention equipe espagnole situation jouer Kubala.‘“

22 Spanien ging in der 11. Minute durch José Luis Artetxe mit 1:0 in Führung. Burhan Sargın, genannt Canavar, glich in der 25. Minute aus. Suat Mamat sorgte in der 64. Minute für das 2:1 für die Türkei. Adrián Escudero stellte den 2:2-Endstand in der 78. Minute her.

23 Das Höchstalter für FIFA-Schiedsrichter lag früher bei 50 Jahren, wurde dann in der Folge kontinuierlich zuerst auf 48, dann 47 Jahre und 1992 auf 45 Jahre herabgesetzt. Seit 2016 gibt es für FIFA-Schiedsrichter keine Altersbegrenzung mehr.

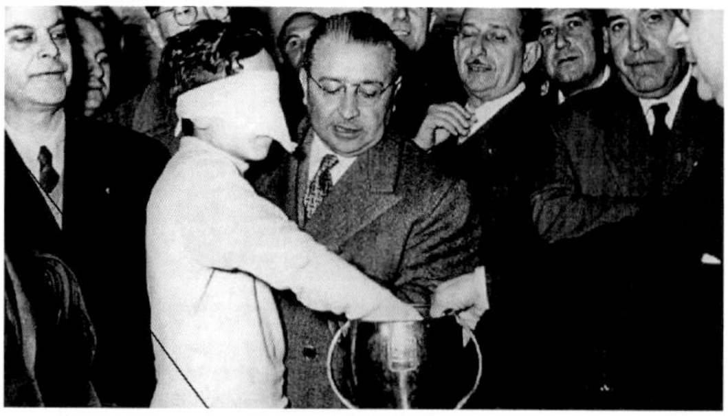

Das Los entscheidet.

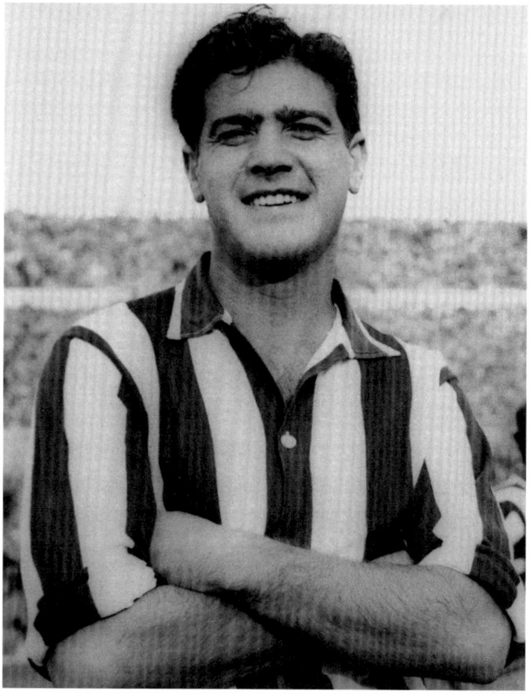

Adrián Escudero

unseren Namen nicht wählen würde. Und natürlich hat er die Türkei gewählt. Die Enttäuschung war riesengroß. Wir fühlten uns hilflos. Es war dramatisch."

Am folgenden Tag bestritt die FIFA, vor dem Entscheidungsspiel jemanden in die Kabine der Spanier geschickt zu haben. Kubala sei fraglos spielberechtigt gewesen. Noch einmal Escudero: „Seit dem verlorenen Rückspiel in Istanbul hatten wir das Gefühl, dass dieses Unentschieden nicht gut ausgehen würde, dass wir in eine Falle tappen würden. Und im Laufe der Jahre hat uns niemand wirklich erklärt, was passiert ist, vor allem nicht das Nichterscheinen Kubalas auf dem Spielfeld; es hieß, dass Minuten vor dem Spiel ein Telegramm eingegangen sei und die Verbandsführung Angst bekommen habe. Es ist schon lange her, dass das alles passiert ist, aber wir haben es nie aus dem Kopf bekommen, dass unsere Direktoren nicht wussten, wie sie dem gerecht werden sollten, dass sie überfordert waren, dass man vermutete, dass sie unter Druck aus Ungarn standen. Niemand hat uns das offiziell erklärt. Auch wir, die Spieler, waren im Spiel in Istanbul nicht gut, das ist die Wahrheit, aber in Rom hätten wir es verdient zu gewinnen."

Kubala nahm nie an einer WM-Endrunde teil. 1999 wurde er anlässlich der 100-Jahr-Feier des FC Barcelona von den Fans zum besten Spieler aller Zeiten gewählt, noch vor Johan Cruyff und Diego Armando Maradona. Sportjournalisten wählten Kubala zum zweitbesten spanischen Spieler des 20. Jahrhunderts, hinter Alfredo Di Stéfano.

Die Hitzeschlacht von Lausanne

Österreich – Schweiz

Viertelfinale Weltmeisterschaft, Lausanne, Schweiz 1954

Es war die Zeit, als Auswechslungen noch nicht erlaubt waren, Spieler bei Verletzungen also weiterspielen oder ohne Ersatz aus dem Spiel genommen werden mussten. Und es war die Zeit, als der Modus der Weltmeisterschaften noch zusätzlich anzusetzende Entscheidungsspiele bei Punktgleichheit vorsah. Beide heute nicht mehr denkbare Regeln spielten keine unbedeutenden Rollen bei diesem hochklassigen Spiel mit am Ende zwölf Toren (Rekord für Weltmeisterschaften) bei extremen Temperaturen.

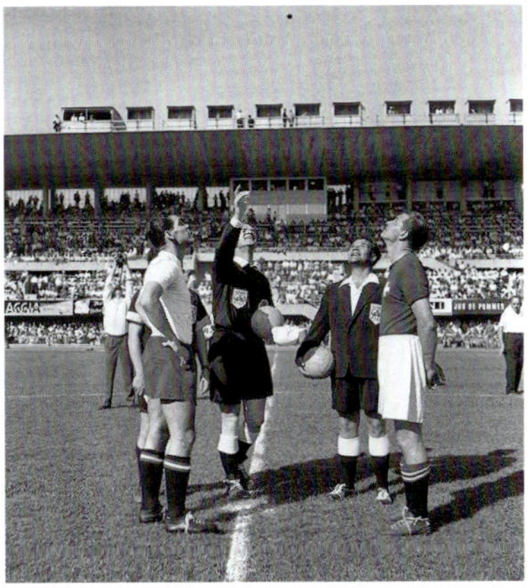

Ein hoher Münzwurf zu Beginn der Partie zwischen der Schweiz und Österreich.

Österreich hatte sich in der Qualifikation in zwei Spielen mühelos gegen Portugal durchgesetzt. Die Schweiz als Gastgeber der Welttitelkämpfe 1954 ist automatisch qualifiziert gewesen. Die Endrunde wurde in der Vorrunde mit vier Vierergruppen begonnen, wobei die Plätze 1 und 2 den Einzug in das Viertelfinale bedeuteten. Dabei trug jedes Team in dieser Gruppenphase – heute ebenfalls undenkbar – jeweils nur zwei Spiele aus, es spielte also nicht jeder gegen jeden. Die Österreicher siegten 1:0 gegen Schottland und 5:0 gegen die Tschechoslowakei und mussten nicht gegen den noch amtierenden Weltmeister Uruguay antreten. Die Schweiz besiegte Italien mit 2:1 und unterlag England mit 0:2, musste aber auch nicht gegen Belgien antreten. Ein Entscheidungsspiel gegen die punktgleichen Italiener wurde angesetzt, das die Schweizer mit 4:1 gewannen – ein großer Erfolg für das Alpenland. Doch damit mussten sie bereits drei Tage später im Viertelfinale antreten, während die Österreicher fünf Tage regenerieren konnten, bevor beide Länder sich im Viertelfinale gegenüberstanden.

40 Grad Celsius im Schatten zeigte das Thermometer am 26. Juni im Stade Olympique de la Pontaise in Lausanne an, die Luftfeuchtigkeit betrug 81 %. Fraglos waren die Österreicher, die die besseren Einzelspieler hatten, der Favorit. Doch die Taktik der Schweizer schien aufzugehen. Die Helvetier ließen die östlichen Nachbarn im Mittelfeld spielen, verhinderten aber schlau deren Angriffsspiel und konterten.

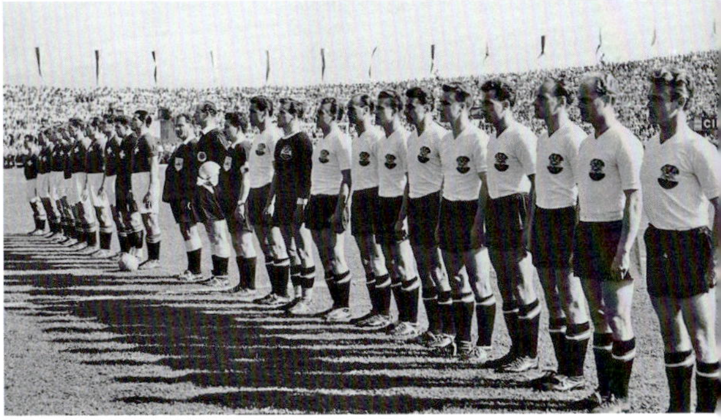

Mannschaftsaufstellung.

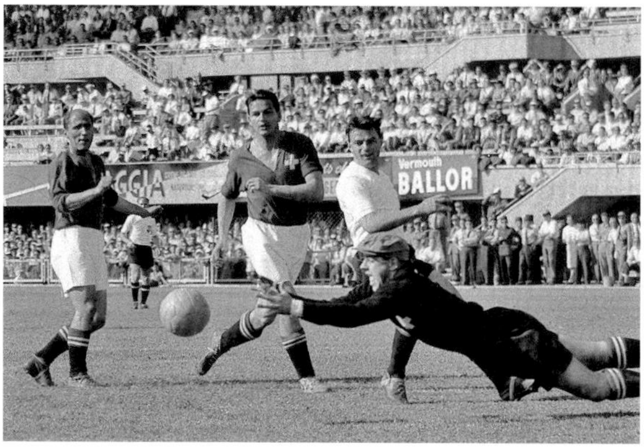

In der 16. Minute fiel das 1:0 für die Schweiz, als ein Schuss von Robert Ballaman vom Innenpfosten ins Netz flog. Eine Minute später verpasste Österreichs Abwehrchef Ernst Happel einen Steilpass, den Josef Hügi zum zweiten Tor der Schweizer nutzte. Nur zwei weitere Minuten später hieß es nach einem Volleyschuss von Hügi 0:3![24] Eine Zeitung aus Österreich, „Die Presse", schrieb zu diesem Moment: „Es war uns Österreichern, als sei vor der Weihnachtsbescherung der Christbaum abgebrannt. Am besten, so schien es uns, Augen zu schließen und nichts mehr zu denken, nichts mehr zu sehen von dieser Tragödie." Austria-Lenker Ernst Ocwirk schrie nun: „Jetzt schiaß'n mia" und gab die Richtung vor. Aus der zweiten Reihe trafen Theodor Wagner in der 25. Minute zum 1:3, Alfred Körner in der 26. Minute zum 2:3 und wieder Wagner in der 27. Minute zum 3:3. Sechs Tore in elf Minuten! Eugène Parlier im Tor der Schweizer, dem die Sonne ins Gesicht schien, sah dabei nicht gut aus. Und es ging so weiter: Ocwirk in der 32. Minute zum 4:3, Körner in der 34. Minute zum 5:3. Ballaman verkürzte in der 39. Minute auf 4:5. Ein Strafstoß in der 42. Minute wurde sogar noch durch Körner verschossen.

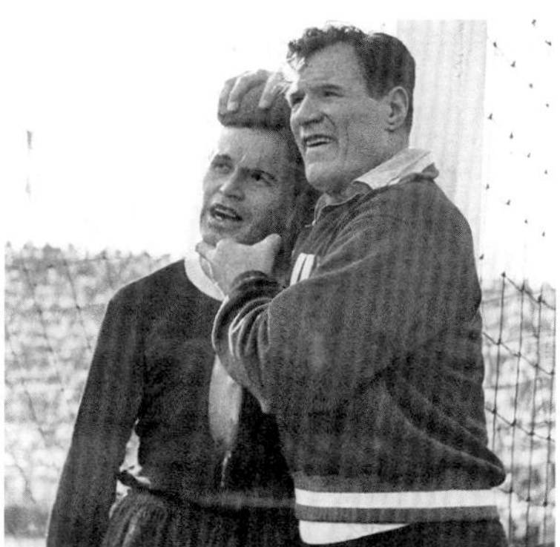

Schmied wird mit einem Schwamm gekühlt.

Doch mehr als ernsthafte Probleme hatte der Schlussmann im Tor der Österreicher. Kurt Schmied zog sich – trotz Sonne im Rücken – einen Sonnenstich zu. Er bekam die Geschehnisse auf dem Platz kaum mit. Er taumelte tranceähnlich zwischen den Pfosten hin und her. Von den Gegentoren und auch den anschließenden Treffern habe er nichts registriert, hieß es, als er zur Pause in die Kabine ging – und diesen Gang schaffte er nur mühsam. „Geheimnisvolle Impulse regierten sein Handeln", schrieb später der Journalist Martin Maier. Josef Ulrich, der Masseur der Österreicher, hatte sich hinter das Tor gestellt und versuchte, den nahezu orientierungslosen Schmied zu dirigieren. Mit Schwämmen und Wasser versuchte er, den Tormann während der Begegnung zu kühlen. Ein Wechsel von Schmied war nicht möglich. Er schleppte sich zur zweiten Hälfte erneut auf das Spielfeld. Zuvor erlitt er in der Kabine einen Kreislaufkollaps und brach ohnmächtig zusammen.

24 Hans Rüegsegger, Konditionstrainer der Schweizer, eilte bereits zum Telefon, um den Aufenthalt seines Teams in der dortigen Sportschule zu verlängern.

In der zweiten Hälfte wurde das Spiel immer schwerfälliger. Die schwierigen Bedingungen zollten ihren Tribut. Als Wagner in der 53. Minute das 6:4 für Österreich erzielte, war der Wille der zuvor noch die Offensive suchenden Eidgenossen gebrochen. Hügi verkürzte zwar nochmal in der 58. Minute zum 6:5, doch Erich Probst stellte in der 76. Minute den alten Zwei-Tore-Abstand wieder her. Kurt Schmied, der gar nicht mehr spielfähig war und während des Spiels auch „zweimal danebengehaut“ hat (Zitat Alfred Körner), wurde als Held gefeiert. Natürlich hatten die Schweizer die Lage von Schmied erkannt und aus allen Lagen geschossen, aber es reichte nicht, um das Spiel noch einmal zu drehen. Ernst Happel wich Schmied nicht von der Seite und entschärfte die Situationen immer wieder.

Auch der Schweizer Spielführer Roger Bocquet ist zeitweise orientierungslos über das Spielfeld geirrt und erkundigte sich in der Pause nach dem Spielstand. Auch bei ihm wurde über einen Sonnenstich spekuliert, wobei bei Bocquet allerdings ein Hirntumor entdeckt wurde. Sein Mitspieler Charles Casali erinnerte sich viele Jahre später: „In der Halbzeit hat man ja alles gemacht, mit Sauerstoff, mit Trinken. Doping kannten wir ja noch nicht. Mal fragte einer der Presse, was ich esse, dass ich so eine Kondition habe, dann sagte ich, Rösti, Blut- und Leberwürste, und ich rieb die Beine immer mit Schnaps ein, dann ist man viel weniger empfindlich.“

Österreich ging (obwohl nach der Partie gegen die Schweiz entkräftet) als Favorit in das Halbfinale gegen Deutschland, das sich überraschend gegen Jugoslawien durchgesetzt hatte. Doch die Österreicher gingen erstaunlich deutlich mit 1:6 unter.

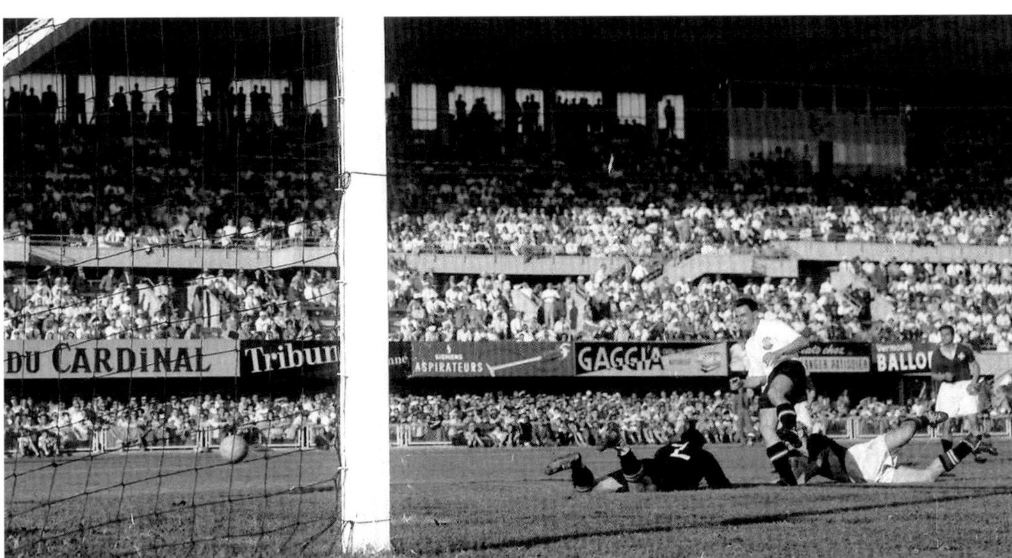

Tor für Österreich.

Unbekannte Flugobjekte

AC Florenz – US Pistoiese

Freundschaftsspiel, Florenz, Italien 1954

Zwischen den beiden Serie-A-Spielen des AC Florenz bei SPAL Ferrara und daheim gegen Udinese Calcio Ende Oktober 1954 stand im heimischen Stadio Artemio Franchi ein Freundschaftsspiel gegen Viertligist US Pistoiese an, zu dem etwa 10.000 Zuschauer gekommen waren. Es waren wenige Minuten in der zweiten Hälfte gespielt, als das Publikum und auch die Mannschaften im Stadion plötzlich verstummten. Über dem Rund wurden nicht identifizierbare Objekte gesichtet. Die Menge kam wieder zu sich, doch niemand achtete mehr auf das Spielfeld. Auch die Spieler bewegten sich nicht mehr. Alle blickten in den Himmel. Florenz' Nationalspieler Ardico Magnini erzählte später: „Ich erinnere mich an alles von A bis Z. Es war etwas, das wie ein Ei aussah und sich langsam, langsam, langsam bewegte. Alle schauten nach oben, und da war auch etwas Glitzerndes, das vom Himmel herunterkam, silbernes Glitzern. Wir waren erstaunt, so etwas hatten wir noch nie gesehen. Wir waren absolut schockiert." Florenz-Fan Gigi Boni: „Sie bewegten sich sehr schnell und dann blieben sie einfach stehen. Das Ganze dauerte nur ein paar Minuten. Ich würde sie gerne als kubanische Zigarren beschreiben. Sie erinnerten mich einfach an kubanische Zigarren, so wie sie aussahen." In einer BBC-Dokumentation meinte Boni, er hätte Jahre damit verbracht, diese Szenerie wiederholt im Kopf zu erleben: „Ich glaube, sie waren außerirdisch. Das ist es, was ich glaube, und es gibt keine andere Erklärung, die ich mir geben kann." Magninis Spielerkollege Romolo Tuci ergänzte vor den Kameras der BBC: „In jenen Jahren redeten alle von Außerirdischen, alle sprachen von UFOs, und wir hatten die Erfahrung, wir sahen sie, wir sahen sie direkt, in echt."

Tatsächlich gab es an diesem Tag aus vielen toskanischen Städten UFO-Meldungen. In Florenz selbst sollen schon vor dem Stadion Flugobjekte für etwa 15 Minuten lang am Dom sichtbar gewesen sein. Nach dem Vorfall vom Stadion soll es für 30 Minuten einen „Schneefall" von Fäden eines unbekannten weißlichen und klebrigen Materials gegeben haben – die Presse bezeichnete dieses als „Engelshaar". Roberto Pinotti, später Präsident des Nationalen UFO-Zentrums Italiens, erlebte die Ereignisse in Florenz als zehnjähriger Junge und meinte zur BBC: „Die Spieler und die Öffentlichkeit waren fassungslos, als sie diese Objekte über dem Stadion sahen. Damals sprachen die Zeitungen von Außerirdischen vom Mars. Heute wissen wir natürlich, dass dem nicht so ist – aber wir können daraus schließen, dass es sich um ein intelligentes Phänomen handelte, ein technologisches Phänomen und ein Phänomen, das mit nichts, was wir auf der Erde kennen, in Verbindung gebracht werden kann … Ich erinnere mich, dass ich am hellichten Tag die Dächer der Häuser in Florenz eine Stunde lang mit dieser weißen Substanz bedeckt sah, die sich dann wie Schnee verflüchtigte."

Die Organisation CICAP, die ungewöhnliche Phänomene wissenschaftlich erklären möchte, berichtete 2018 in ihrer Untersuchung des Falls, dass der Vorfall mit einem „Ballon-Effekt" zu tun habe, einer Technik zur Fortbewegung in der Luft, die von bestimmten Spinnenarten eingesetzt wird. Diese Spinnen produzieren durch ihre Drüsen lange weißliche Fäden, die sogleich ein großes dreieckiges Netz bilden, das wie ein Fallschirm wirkt, an dem sie sich festhalten können, um in der Luft zu schweben und sich im Flug bis zu Tausenden von Kilometern fortzubewegen, wobei sie die Luftströmungen und elektrischen Felder der Erde nutzen. Die Wanderungszeit der Spinnen soll zeitlich zu den Sichtungen in Florenz passen. In der Dokumentation der BBC aus dem Jahr 2014 ist die Ursache für die Meldungen immer noch nicht geklärt. Der Wissenschaftsjournalist Philip Ball meinte, er würde Berichten über ein seltsames Ereignis wie dieses nicht trauen, wenn er nicht die Daten dazu gesehen hätte. Er pflichtete jedoch bei, dass damals untersuchte Elemente des „Engelshaars" nicht mit der Spinnentheorie übereinstimmen.

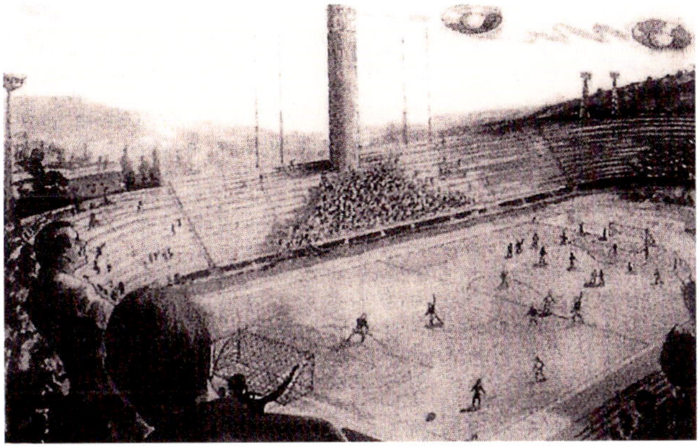

Darstellung der Sichtungen über dem Stadion in Florenz.

Einwurf: Spielunterbrechungen

Vorhang auf! Manege frei für die unglaublichsten Spielunterbrechungen ... Beginnend mit den lebendigen tierischen Vertretern, die das Spielfeld trotz der Bemühungen durch Spieler oder Stadionpersonal nicht räumen wollen. Hund, Katze, Hühner, Alpaka, ein Elefant aus einem Wanderzirkus, eine Horde Kängurus, eine Schlange oder eine Riesenheuschrecke ... Ein Volk Bienen stürzte sich in Südafrika beim Pokalviertelfinale zwischen Mamelodi Sundowns und Platinum Stars im August 2014 auf ein TV-Mikrofon hinter einem Tor, woraufhin das Spielfeld geräumt wurde, dann eine Tüte um das Mikrofon gelegt, dieses weggetragen und anschließend mit dem Inhalt eines Feuerlöschers eingenebelt wurde. Zehn Minuten dauerte das Intermezzo. Schon beim Weltmeisterschaftsqualifikationsspiel 2009 zwischen Mexiko und El Salvador hatten Bienen ein Tor besetzt.

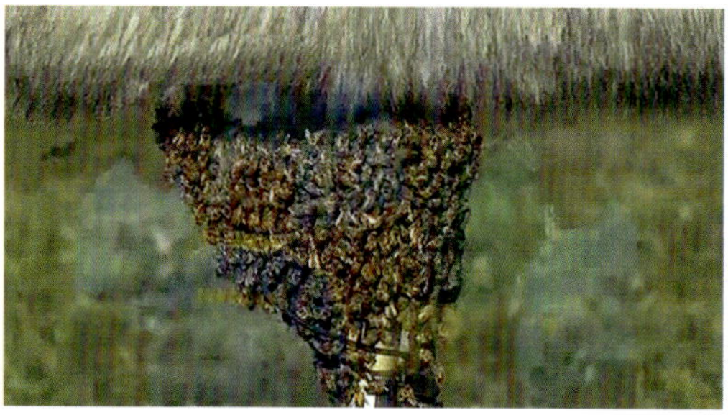

Bienen beim Pokalviertelfinale in Südafrika.

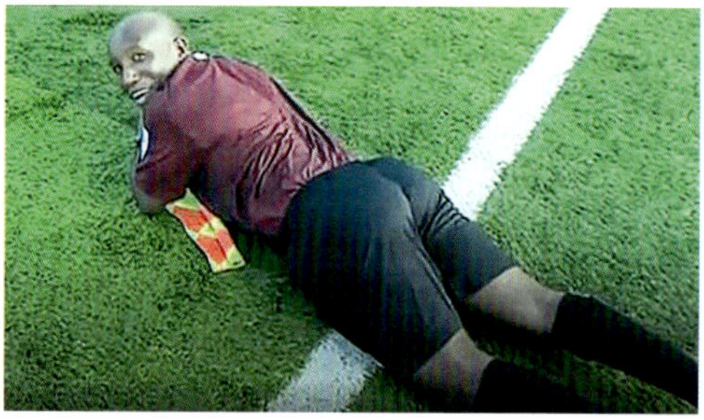

Tansania 2019, Young Africans – Iringa United: Bei einem Insektenangriff schützen sich Spieler und Schiedsrichterteam auf dem Boden.

Von den Tribünen kommt hin und wieder etwas auf das Spielfeld geflogen: Kissen, ein Fisch, ein Schweinskopf, Obst, Tennisbälle, Schneebälle, Flaschen, Steine, Eisen, selbst Granaten und natürlich Feuerwerkskörper. Während des Viertelfinales der asiatischen Champions League zwischen Sepahan FC aus dem Iran und al-Ahli aus Saudi-Arabien wurde das Spiel unterbrochen, als ein Anhänger einen kleinen Sprengsatz in Richtung des Schiedsrichterassistenten geworfen hatte. Sepahan-Spieler Adel Kolahkaj hob ihn unbedacht auf und warf ihn einfach vom Spielfeld. Beim Aufkommen auf dem Boden explodierte er dann. Die Spieler verließen für fünf Minuten den Platz.

Demonstranten nerven das Publikum, wenn sie sich an Torpfosten fesseln, um auf etwas aufmerksam machen zu wollen. Egoistische Flitzer stürmen das Spielfeld, um selbst berühmt zu werden,[25] und setzen dem Ganzen die Krone auf, wenn sie Selfies mit Spielern machen

25 Der berühmteste Flitzer ist der Katalane Jimmy Jump, der durch das Flitzen hohe Schulden angehäuft hatte. Er trat erstmals bei einem Spiel 2002 in Barcelona in Erscheinung und tauchte danach immer wieder bei Fußballbegegnungen, aber auch anderen Veranstaltungen auf, von der Formel 1 bis zum Eurovision Song Contest. Mal nahm er Kontakt zu Spielern wie Luís Figo, Lionel Messi und Cristiano Ronaldo auf, mal teilte er politische Botschaften mit.

wollen. Zwei frustrierten Fans von Absteiger Norwich City reichten 22 desillusionierende Minuten im ersten Saisonspiel gegen Colchester United 2009, um beim Rückstand von 0:4 (Endstand 1:7) über den Platz zu laufen und dem Manager ihre zerrissenen 350-Pfund-Saisonkarten vor die Füße zu schmeißen – Norwich stieg trotzdem zum Saisonende wieder auf … Einen nackten Flitzer brachte Adrian Basta von Asteras Tripolis 2008 gegen Panathinaikos Athen zu Fall, woraufhin der Spieler eine Rote Karte erhielt.

Beim Bundesligaspiel am 22. Oktober 2022 zwischen Borussia Mönchengladbach und Eintracht Frankfurt fiel ein Führungsseil der TV-Kamera auf den Platz, die für die fahrende Kamera über dem Spielfeld benutzt wird. Siebeneinhalb Minuten Reparaturarbeiten folgten. Kurioser ist es schon eher, wenn der Elfmeterpunkt erst wieder neu aufgemalt werden muss, wie geschehen zwischen Derby County und Manchester City im Jahr 1977.

Schiedsrichter Ayra Gamez unterbrach am 14. Januar 2006 das Spiel von Betis Sevilla gegen Atletico Madrid und zeigte acht der zehn- bis zwölfjährigen Balljungen, die wenig Motivation zeigten, die Rote Karte. Daraufhin mussten diese das Stadion verlassen, was sie unter Tränen taten.

Das Wetter bringt Starkregen, Nebel, Schneefall, Hagel, Wind, Sturm und Gewitterblitze mit sich. Da fliegt der Abschlag des Torwarts schon mal durch die Luft wieder zurück ins eigene Tor. Oder ein Torgehäuse macht sich selbständig und fliegt davon. Gefährlich wird es auch, wenn die Werbebanden durch einen Sturm über den Platz geweht werden und Spieler treffen. Es gibt aber auch noch Phänomene, die in den europäischen Breitengraden eher unbekannt sind. So färbte sich plötzlich im August 2017 der Himmel blutrot, die Sonne war nicht mehr zu sehen. Der algerischen Stadt Ain Oussera näherte sich ein Sandsturm. Zuschauer und Spieler riefen Alarm und tasteten sich zu einem sicheren Unterschlupf, bis das kurze Spektakel vorbei war und auch das Fußballspiel wieder fortgesetzt werden konnte.

Videoimpressionen:
https://www.youtube.com/watch?v=u5efBI1bkYQ

Im grönländischen Meisterschaftshalbfinale spielten am 29. August 2005 gerade der FC Malamuk aus Uummannaq und Nagdlunguaq-48 aus der Hauptstadt Nuuk nahe der vereisten Baffin Bay gegeneinander. Das Spielfeld hat die Besonderheit, dass es nur über das Wasser mit Booten erreicht werden kann. Entsprechend wurde ein Bootsanlegeplatz errichtet. Knapp 1.000 Zuschauer hielt der ungewöhnliche Anreiseweg nicht davon ab, dem Spiel beizuwohnen. Plötzlich rief ein Fan eine Warnung. Ein riesiger Eisberg hatte sich der Anlegestelle genähert und bedrohte die vielen dort liegenden Boote. Daraufhin rannten alle Zuschauer, aber auch Spieler und Schiedsrichterteam zu ihren Booten, flohen mit ihnen auf das Wasser und kehrten zurück, nachdem der Eisberg, der viele Brocken Eis hinterlassen hatte, vorbeigeschwommen war.

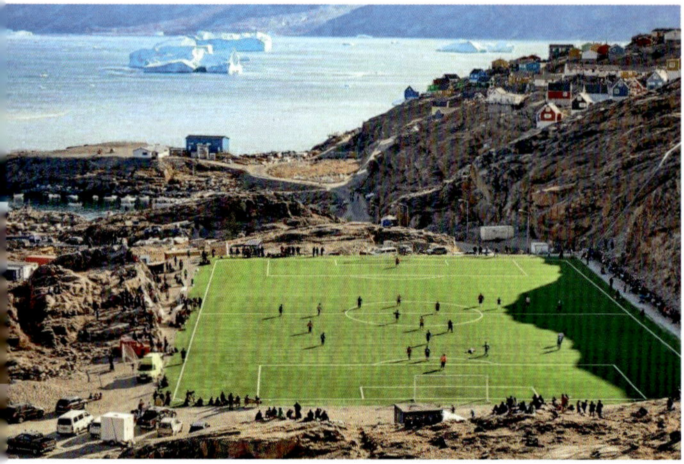

Das Spielfeld im grönländischen Uummannaq.

Statt 90 Minuten dauerte ein Spiel in der ukrainischen Premier League im August 2022 viereinhalb Stunden. Rukh Lwiw und Metalist Charkiw spielten im Ukrajina-Stadion in der westlichen Stadt Lwiw. Es wurde um 15:00 Uhr Ortszeit angepfiffen und um 19:27 Uhr beendet, wobei es drei Unterbrechungen gab, nachdem Sirenen jeweils vor einem Luftangriff warnten. Aus Sicherheitsgründen waren Zuschauer nicht zugelassen. Solche Fälle sind auch aus dem 2. Weltkrieg bekannt, als in Großbritannien Spiele ausgetragen wurden, während die deutsche Luftwaffe Angriffe flog. So waren beispielsweise bei einem Spiel zwischen Charlton Athletic gegen den FC Millwall nur noch 60 Sekunden zu spielen, als die Sirenen ertönten. Granatsplitter flogen von den nahen Flugabwehrkanonen auf das Stadion The Valley. Nach der Entwarnung wurde das Spiel vor den zuvor in Deckung gegangenen Zuschauern zu Ende gespielt.

Das Europa-League-Spiel zwischen F91 Dudelange aus Luxemburg und FK Qarabağ Ağdam aus Aserbaidschan wurde 2019 für 25 Minuten unterbrochen, nachdem eine Drohne mit der Flagge der zwischen Aserbaidschan und Armenien umstrittenen Region Bergkarabach auf das Spielfeld geflogen war. Auf dem Parkplatz des Stadions hatte der Vorfall zu Schlägereien geführt. Armenische Ultras übernahmen die Verantwortung.

Zu einer Explosion einer Brotfabrik kam es 2016 hinter dem Stadion von Zweitligist FC Braşov in Rumänien, das gerade gegen Râmnicu Vâlcea spielte. Nachdem das Dringendste „nebenan" in die Wege geleitet worden war, wurde das Spiel weitergeführt.

Es gibt Spiele, die unterbrochen und an einem anderen Tag fortgesetzt werden statt komplett neu angesetzt zu werden. Dazu gehören ein Spiel von Sheffield Wednesday im November 1898 gegen Aston Villa, das mit leichter Verspätung mit einem Ersatzschiedsrichter begonnen hatte und wegen Dunkelheit abgepfiffen und für die verbliebenen zehn Minuten im März 1899 fertig gespielt wurde, und eines aus Portugal im Dezember 1995 zwischen GD Chaves und Sporting Lissabon (zwei Minuten Flutlichtausfall), wofür Sporting im neuen Jahr neu anreisen musste.[26]

26 Weitere Beispiele: ein Spiel 1989 zwischen CA Osasuna und Real Madrid (47 verbliebene Minuten) und das spanische Pokalfinale 1995 zwischen Deportivo La Coruña und FC Valencia (sintflutartiger Regen; elf Minuten); 2014 begann das Spiel von GD Estoril Praia gegen PSV Eindhoven in der Europa League am 28. November und wurde nach Unbespielbarkeit des Platzes mit der zweiten Hälfte am Folgetag beendet; in Ecuador

Am 21. April 1999 musste Fabián Binzugna dringend die Toilette aufsuchen. Der Torhüter von Deportivo Morón stand gegen Defensa y Justicia auf dem Platz. Sein Verein hatte bereits dreimal gewechselt. Er bat Schiedsrichter Rubén Fanale, die Partie zu unterbrechen. Und dieser willigte ein. „Wenn er auf die Toilette muss, warten wir auf ihn, er ist der Torhüter", erklärte Fanale angesichts der Krämpfe, die Binzugna quälten. Auf dem Weg in die Kabine half der Fitnesstrainer, Handschuhe und Overall auszuziehen. Doch an den Toiletten gab es ein unerwartetes Problem. Die drei gerade zuvor ausgewechselten Spieler besetzten das stille Örtchen. Doch einer überließ ihm schnell den Platz zur Erleichterung, sodass die Begegnung zügig fortgesetzt werden konnte.

Am 2. April 2024 wurde in der englischen Premier League das Spiel zwischen dem Bournemouth FC und Crystal Palace FC zwei Minuten nach Spielbeginn vom Schiedsrichter unterbrochen, damit sich der muslimische Spieler Dango Ouattara aus Burkina Faso während des heiligen islamischen Festes Ramadan, bei dem Gläubige bei Sonnenstrahlen nicht essen und trinken dürfen, nach dem gerade erfolgten Sonnenuntergang an der Seitenlinie stärken konnte. Die Aktiven warteten als Zeichen des Respekts, bis die von Betreuern gereichte Verpflegung verzehrt war. Alles dauerte nur wenige Sekunden und wurde von Applaus des Publikums begleitet.

Der diesen Einwurf abschließende Vorfall verdient ein paar Worte mehr. Asunción, Paraguay, 17. Februar 1959. Am Rande der Hauptstadt fand das Spiel zwischen dem Club General Genes und Club Oriental statt. Alfredo Lird, ein fanatischer Anhänger der Heimmannschaft, war Pilot und flog mit seinem Kleinflugzeug, einer brasilianischen Paulistinha CAP-4, während der Begegnung immer wieder in geringer Höhe über das Spielfeld. Heimtorhüter Roberto „Tico-tico" Trigo war davon genervt. Bei einem Abstoß nahm er die Maschine bewusst ins Visier – er wollte dem Piloten einen „mitgeben" – und traf mit dem Ball den vorderen Propeller, wodurch das Flugzeug beschädigt wurde, an Höhe verlor und nicht unweit von ihm abstürzte. „Tico-tico" war darüber so erschrocken, dass er die Flucht antrat und sich in seinem Haus nahe dem Platz unter dem Bett seiner Großmutter Josefa versteckte. Pilot Lird hatte Glück. Ein Strauch federte den Sturz ab – er kam mit ein paar Verletzungen davon. Er eilte zum Haus von „Tico-tico", um ihn zu beruhigen, und wurde von Doña Josefa mit einem Besen als Abwehrmittel empfangen, der eine Verhaftung des „Täters" verhindern sollte. Lird erklärte seine positiven Absichten und konnte „Tico-tico" dazu bewegen, auf das Spielfeld zurückzukehren. Denn dort sollte die Begegnung fortgesetzt werden, nachdem sich die Spieler versichert hatten, dass es keine schwerwiegenden Verletzungen gegeben hatte.

traf es 2016 die Begegnung zwischen SD Aucas und River Ecuador, bei der ein Wespenschwarm Zuschauer, Spieler und Schiedsrichter verjagte; im afrikanischen Confederations Cup 2019 Asante Kotoko (Ghana) – FC San Pédro (Elfenbeinküste) (Regen; zweite Halbzeit).

Erfolgreiche Taktik

Sowjetunion – Indonesien

Olympische Spiele, Melbourne, Australien 1956

Das Olympische Fußballturnier von Melbourne war in seiner Gesamtheit bereits höchst ungewöhnlich. Schon vor dem Finalturnier im November und Dezember 1956 ging es los. Erstmals war ein Qualifikationsturnier notwendig, nachdem gleich 28 Nationen gemeldet hatten. Neben Gastgeber Australien hatten drei Teams Freilose. Dann hagelte es Absagen, die dazu führten, dass von den zwölf Duellen im K.-o.-Modus nur fünf zustande kamen. Aber auch die qualifizierten Länder reisten nicht alle nach Australien an. China sagte ab, weil Taiwan als Teilnehmer der Spiele zugelassen wurde; Ägypten beschäftigte die Suezkrise; Ungarn zog aufgrund des Einmarschs der Sowjetunion, der zur Niederschlagung des Ungarn-Aufstands führte, zurück; für andere Länder spielten bei der langen Anreise die Finanzen eine Rolle. Und so fielen von den acht Achtelfinalpartien gleich fünf aus. Indonesien profitierte beispielsweise vom Rückzug Südvietnams. Die Sowjetunion um ihren legendären Torhüter Lev Yashin musste gegen die Deutsche Amateurnationalmannschaft antreten und siegte mit 2:1.

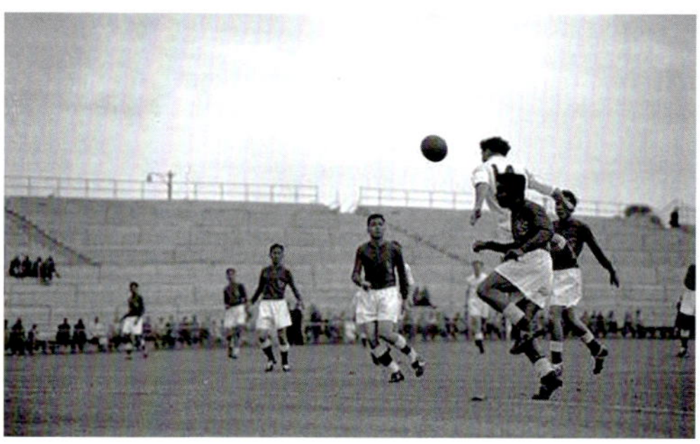

Indonesien präsentiert ein Abwehrbollwerk.

Im Viertelfinale kam es im Olympic Park vor 3.228 Besuchern zu einer denkwürdigen Begegnung zwischen der Sowjetunion und Indonesien. Während Jugoslawien die USA mit 9:1 putzte, Bulgarien Großbritannien mit 6:1 und Indien Australien mit 4:2, ergab sich bei dem zuerst genannten Spiel zwar auch ein einseitiges Bild, doch das Endresultat passte so gar nicht in den Reigen.

Der Underdog, dessen Spieler zu 50 % chinesischer Herkunft waren und der durch den Verzicht der Mannschaft aus Taiwan ohne zu spielen die Qualifikation überstand, durfte nun erstmals antreten und präsentierte an diesem 29. November 1956 in der australischen Mittagshitze eine ausgereifte Taktik: eine Neunerkette. Ein Stürmer wartete am Mittelkreis, ansonsten bildeten alle anderen neun Feldspieler ein Bollwerk im eigenen Strafraum.

Das Spiel wurde – nimmt man manipulierte Spiele, die an anderer Stelle in diesem Buch thematisiert werden, unterklassige Spiele und das letztliche Ergebnis mal außen vor – das einseitigste der Fußballgeschichte. Die Sowjetunion belagerte den Strafraum der Indonesier. Eine Flanke nach der anderen kam vor das Tor, doch etwas Zählbares sollte dabei nicht herauskommen. 27 Eckbälle und 68 erfolglose Torschüsse hatte die UdSSR. 0:0 lautete das Endergebnis nach 120 Minuten inklusive Verlängerung. „Wir haben es so ausgespielt, dass viele unserer Spieler nach dem Spiel Sauerstoff bekamen, weil sie müde waren", sagte Maulwi Saelan, Torhüter der indonesischen Nationalmannschaft. FIFA-Präsident Sir Stanley Rous wurde 1984 rückblickend zur Leistung der Indonesier im ersten Spiel wie folgt zitiert: „Ich habe noch nie ein so perfektes Defensivspiel gesehen."

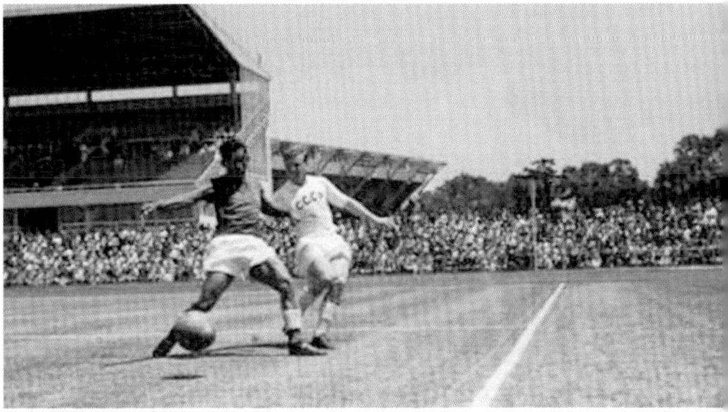

Es musste eine Entscheidung geben. Zu dieser Zeit sah das Reglement ein Wiederholungsspiel vor. Dieses wurde zwei Tage später angepfiffen. Auch hier hatte es der haushohe Favorit schwer, doch am Ende stand ein 4:0 zu Buche. Im Halbfinale gelang den Sowjets ein 2:1 n. V. gegen Bulgarien. Im Finale vor 86.716 Zuschauern im Melbourne Cricket Ground holte sich die Mannschaft durch ein 1:0 gegen Jugoslawien die Goldmedaille. Aufgrund des Einmarschs in Ungarn, durch den manche Länder aus Protest grundsätzlich ihre Teilnahme an den Spielen abgesagt hatten, sowie die Tatsache, dass westliche Länder im Gegensatz zu sozialistischen Staaten durch den Amateurstatus nicht mehr ihre besten Spieler schicken konnten, war es allerdings auch der bis dahin unpopulärste Olympiasieg.

Noch eine erfolgreiche Taktik:

2021 zeigte die Mannschaft der Takagawa Gakuen High School nicht eine grundsätzliche Taktik für das ganze Spiel, aber doch eine situationsbedingte Verwirrungstaktik, als vor einem Freistoß fünf Spieler an der Strafraumgrenze Ringelreihen tanzten. Nachdem die Flanke hereinsegelte, war ein Spieler mit dem Kopf erfolgreich.

Videoimpressionen:
https://www.facebook.com/watch/?v=447097933570852

Integration in Kriegszeiten

SCU El Biar – Stade Reims

Coupe de France, Toulouse, Frankreich 1957

Nach der Kolonialisierung Algeriens im Jahr 1837 integrierte Frankreich das algerische Territorium durch die Aufnahme der Départements Algier, Oran und Constantine. Nach dem 2. Weltkrieg klammerte sich das geschwächte Frankreich an sein Kolonialreich, mit dem nationale Kontinuität und internationales Prestige verbunden wurden. Doch die Bindung funktionierte nicht wirklich. Für Algerien bedeutete das einen von 1954 bis 1962 anhaltenden Krieg. Auf den Ausbruch des algerischen Aufstands durch die Nationale Befreiungsfront (FLN) reagierte Frankreich mit Methoden der „Befriedung" und „Aufrechterhaltung der Ordnung", die an die der deutschen Besatzer erinnerte. Der Sport war eines der wichtigsten Elemente der kolonialen Kultur im „französischen" Algerien, dessen Funktion darin bestand, die institutionellen und emotionalen Bindungen dieser Kolonie an das „Mutterland" aufrechtzuerhalten und zu stärken. Dadurch spielten die algerischen Klubs von 1954 bis 1960 auch im französischen Pokal (zunächst starteten drei, dann fünf pro Jahr) und feierten dort beeindruckende Erfolge. So wie Gallia Sports d'Alger, das selbst CA Paris ausschaltete und damit eine 0:8-Niederlage von Racing Universitaire d'Alger gegen Stade Rennes UC rächen wollte. Im Finale der letzten 64 Klubs im Januar 1958 in Algier spielte der Klub 1:1 n.V. und im damals noch vorgesehenen Wiederholungsspiel 0:1. Rennes war auf Algerien abonniert, hatte schon im Januar 1955 im 1/64-Finale Oran Idéal Sportif Mostaganem mit 3:0 geschlagen und kehrte im Januar 1959 für ein 1/32-Finale gegen Sidi Bel Abbes in Oran ein viertes Mal nach Algerien zurück.

Der Sporting Club Union d'El Biar aus einem Vorort von Algier und beheimatet in der algerischen Division d'Honneur drang bis in das Sechzehntelfinale der Coupe de France 1956/57 vor, nachdem die Zweitligisten SO Montpellier mit 2:0 und AS Aix-en-Provence mit 1:1 n.V. und 1:0 im Wiederholungsspiel jeweils in Algier ausgeschaltet wurden. Spielertrainer auf Seite der Algerier war Guy Buffard, selbst ein Fan vom nun folgenden Gegner Stade Reims, dem Tabellenzweiten aus der obersten Liga Frankreichs, der im Vorjahr im Europapokal der Landesmeister erst im Finale von Real Madrid (3:4) gestoppt wurde. Gegen die glorreichen Nationalspieler Robert Jonquet, Jean Vincent, Armand Penverne, Michel Hidalgo, Léon Glovacki und René Bliard hatten die algerischen Amateure keine Chance. Hochmotiviert ging Guy Buffard an die eigentlich unlösbare Aufgabe heran. Er hat selbst für die französische Armee gedient und den Algerienkrieg erlebt – das bevorstehende Fußballspiel wurde zu einem neuen Trauma für ihn. Stade Reims trat am 4. Februar gegen den absoluten Außenseiter mit Ausnahme des beim Wehrdienst unabkömmlichen Just Fontaine in Bestbesetzung an. Spielort war Toulouse.

El Biar führte zur Pause durch Tore von Guy Buffard (4. Minute) und Guy Almodovar (20. Minute)! Die Stimmung war surreal, da die Begegnung einerseits aufgrund von Kompli-

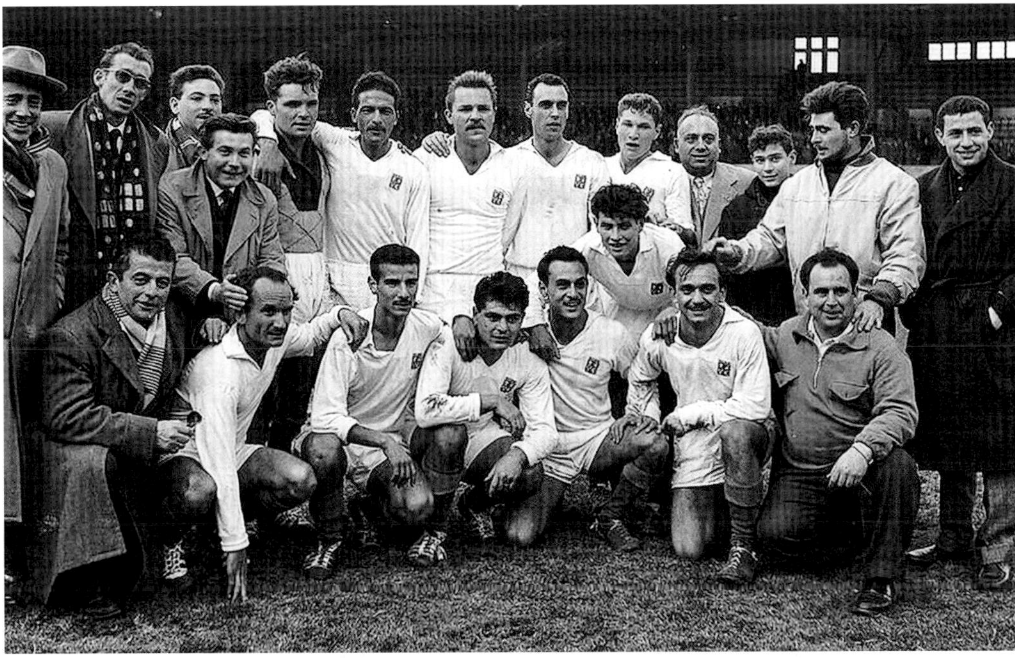

Die Mannschaft von El Biar nach dem Erfolg im Jahr 1957.

kationen im Zusammenhang mit dem Konflikt in Algerien in Toulouse ausgetragen wurde und andererseits, weil sich daher nur sehr wenige Fans im Stadion befanden. In der zweiten Hälfte überstand der Underdog den Sturmlauf des Favoriten. Letztendlich gewann El Biar mit 2:0. Dieser Sieg von El Biar gilt als Vorläufer des sogenannten „France black, blanc, beur", da sich die Mannschaft aus „Pieds-noirs" (Schwarzen), Algeriern und anderen nordafrikanischen Spielern, insbesondere Tunesiern, zusammensetzte. Bei der Rückkehr der Mannschaft wurde das Flugzeug von den jubelnden Fans fast umgeworfen, die nach dem Sieg ihres Teams euphorisch waren. Im Achtelfinale in Nizza verlor El Biar bald darauf gegen Lille OSC mit 0:4. Diese Spiele wurden zu einer Zeit ausgetragen, in der die „Schlacht von Algier" stattfand, bei der französische Fallschirmjäger Jagd auf Mitglieder der FLN machten und zahlreiche Anschläge die Stadt erschütterten. Zehn Tage nach dem Spiel gegen Reims kam es in der Nähe des Stadions von El Biar zu einer Bombenexplosion, bei der etwa zehn Menschen starben und etwa zwanzig verletzt wurden. Trotzdem brachte El Biar dem algerischen Volk auch während des Krieges Glück und erfüllte sogar die Hoffnungen der Bevölkerung.

Der französische Pokal sollte die Einheit des Landes inmitten des Krieges bekräftigen, woraufhin der französische Verband ab 1954 jedes Jahr ein „großes Spiel" nach Algerien verortete. So gab es 1954 Union Athlétique Sedan-Torcy – Red Star Paris (1/16-Finale) in Oran, 1955 Racing FC Besançon – FC Metz (1/32) in Algier, 1956 OGC Nizza – Le Havre AC (1/8) in Oran, 1958 FC Sète – Olympique Marseille (1/32) und Stade Reims – Limoges FC (1/16) in Oran, 1958 Racing Paris – US Forbach (1/16) und FC Sochaux – Stade Rennais (Halbfinale) 1959 in Oran, bevor 1960 FC Sète – Limoges FC (Achtelfinale) in Oran ausgetragen wurde.

Die wachsende Spannung ließ nach 1960 keine weiteren Spiele mehr zu. Abgesehen von El Biar im Jahr 1957 überstanden die insgesamt 17 verschiedenen algerischen Vereine zwischen 1954 und 1962, als die Verträge von Évian, der erste Schritt zur Unabhängigkeit Algeriens, die Teilnahme am französischen Pokal beendeten, nie die Runde der letzten 32. Mit RAC Casablanca, MAS Fès, WAC Casablanca, US Marocaine aus Marokko sowie Stade Tunisien, CS Hammam Lif und Espérance ST aus Tunesien nahmen 1954 bis 1966 auch sieben weitere nordafrikanische Klubs an der Coupe de France teil.[27]

Im April 1958 verließen zehn algerische Profispieler die französischen Ligen, um die berühmte Fußballmannschaft der (auch in Frankreich einen Guerillakrieg führenden) FLN zu gründen, eine „Exilnationalmannschaft" mit Sitz in Tunis. Diese Demonstration des nationalistischen Willens schaffte es bis auf die Titelseite der L'Èquipe. In den folgenden vier Jahren bestritt diese Auswahl etwa 80 Spiele in Osteuropa, Asien (etwa Vietnam und China) und Afrika. Besucht wurden Staaten, die im Fall der Unabhängigkeit Algeriens sozialistische Bruderstaaten sein sollten. Die FIFA reagierte mit einer Sperre aller an diesen Begegnungen beteiligten Spieler, nicht nur der Algerier. 1962 erklärte Algerien nach über 130 Jahren Kolonialherrschaft seine Unabhängigkeit. Mit der FLN existierte ein Einparteienstaat. Als sportlicher Meilenstein Algeriens gelten die in der Hauptstadt Algier 1975 ausgetragenen Mittelmeerspiele, bei denen Algerien vor 70.000 Zuschauern das Fußballfinale gegen Frankreich am Ende noch drehen konnte und 2:1 n. V. gewann.

„Integrationsbemühungen" weiterer Länder:

Portugal ließ von 1957/58 (ab Halbfinale) und von 1968/69 bis 1973/74 (ab Viertel-/Achtel- bzw. Sechzehntelfinale) jeweils ein angolanisches Team am portugiesischen Pokal teilnehmen, zudem von 1964/1965 bis 1973/74 einen Vertreter aus Guinea-Bissau, der sich in einigen der Jahre aber zunächst noch in einer Ausscheidung gegen ein Team der Kapverdischen Inseln bewähren musste, und von 1957/58 bis 1973/74 ein Klub aus Mosambik, der sich zum Teil mit einem Klub aus Angola und 1962/63 sogar in einem Dreierturnier zusätzlich noch mit einem Verein aus São Tomé e Príncipe messen musste.

27 Die Versuche einer Bindung der Kolonien mittels Fußball unternahm Frankreich auch in anderen Regionen. So wurde von 1947 bis 1959 der Coupe d'Afrique Occidentale Française im französischen Westafrika veranstaltet, das Benin (damals Dahomey), Burkina Faso (damals Obervolta), Guinea, die Elfenbeinküste, Mali (damals Soudan), Mauretanien, Niger und den Senegal umfasste. Ein ähnliches Turnier wurde 1958/59 für Französisch-Äquatorialafrika (Zentralafrikanische Republik, Tschad, Kongo-Brazzaville und Gabun) organisiert.

Auch andere Besatzer integrierten eroberte Gebiete, so ließ Italien (in Afrika auch fußballerisch in Eritrea, Somalia und Äthiopien präsent) 1938 und 1939 US Tripolina aus Tripolis (Libyen) in der obersten italienischen Amateurliga antreten.
Spanien erweiterte zur Zeit des Protektorats Spanisch-Marokko (bestehend aus einem Landstreifen entlang der marokkanischen Mittelmeerküste und einem zwischen der Kolonie Spanisch-Sahara und dem französischen Marokko; 1912–1956) das spanische Ligasystem um dieses Gebiet. Der Maghreb Athlétic de Tétouan stieg als Überraschungsmeister der Segunda División (südliche Gruppe) 1951 in die Primera División auf und bot vor allem zu Hause auch Atlético und Real Madrid Paroli.
Auch Marokko wäre der Vollständigkeit halber zu nennen, das Vereine aus der von Marokko besetzten Westsahara in marokkanischen Ligen (CSE Laâyoune und JS d'El Massira sogar in der höchsten Klasse) mitspielen ließ, ebenso aber auch vier Klubs aus der zwischenzeitig besetzten spanischen Enklave Ifni.[28]

Um Unabhängigkeit bemühte Gebiete nutz(t)en häufig eine eigene Auswahl, um ihre nationalistischen Bemühungen zu unterstreichen. Das Baskenland trägt seit 1915 solche Spiele aus, anfangs wiederholt gegen Katalonien, 1937 mit einer Tournee in Frankreich und gegen Klubs aus Moskau. 1938/39 nahm es als CD Euzkadi in der mexikanischen Hauptstadtliga teil und wurde dort Zweiter. 1979 gab es zudem beispielsweise ein Länderspiel gegen Irland.

28 Wollte man einen großen Überblick über Fußballvereine aus annektierten oder besetzten Gebieten geben, so wären noch viel mehr aufzuzählen, wobei hier auf eine tiefere Darstellung verzichtet werden soll: Österreichs „Anschluss“ 1938 an Deutschland, ebenso die Einverleibung von Klubs aus der Tschechoslowakei (Sudetenland, Böhmen und Mähren), Frankreich (Elsass und Lothringen), Luxemburg, Teilen Polens und aus dem östlichen Belgien. Ungarns Fußball nahm zwischen 1929 und 1944 Klubs aus Rumänien, Jugoslawien (Kroatien, Slowenien und Serbien) und der heutigen Slowakei und Ukraine auf. Italienischen Fußball gab es auf den griechischen Inseln Rhodos und Kos nach der Besetzung im italienisch-türkischen Krieg von 1912 (Rückgabe 1947). Bulgarien besetzte 1941 bis 1943 nordgriechische und heutige nordmazedonische Gebiete. Klubs aus dem heutigen Bosnien und Herzegowina und Serbien mussten 1940 bis 1944 in Kroatien antreten und solche aus dem Kosovo in Albanien. Teams aus Moldawien, Polen und der Ukraine mussten in den Jahren 1912 bis 1914 im russischen System spielen. 1935/36 traten südkoreanische Vereine im japanischen Emperor's Cup an. Eritreische Klubs wurden in das äthiopische Fußballsystem integriert und sicherten sich von 1948 bis 1987 eine Reihe Titel. Tibet muss seit der Annektierung durch China 1951 im chinesischen Meisterschaftssystem antreten. Indien annektierte Französisch-Indien 1956 und die portugiesischen Kolonien wie Goa 1962 sowie Sikkim 1975 durch ein Referendum. Den Fußball in Osttimor und Westpapua übernahm Indonesien. Palästinensische Klubs spielten früher, manche noch heute, in Israel, andere (aus der West Bank) wurden dem Fußball in Jordanien angeschlossen oder (aus dem Gazastreifen) dem in Ägypten. Südafrika ließ vor der Unabhängigkeit von Namibia Vereine aus dem annektierten Südwestafrika bei eigenen Wettbewerben antreten (u.a. SK Windhoek). Unberücksichtigt bleiben in der Aufstellung „freiwillige“ Teilnahmen an Meisterschaften anderer Länder.

Die Siegesfeier, die keine Siegesfeier war

FC Santos – CA Peñarol

Finale Rückspiel Copa de Campeones, Santos, Brasilien 1962

Als die Zeitung O Estado de S. Paulo am 3. August 1962 titelte „Unentschieden für Santos: Sie sind Meister von Amerika“, war dies nicht nur eine eher nüchtern gehaltene Schlagzeile über ein sportliches Großereignis – es war eine Falschmeldung, die weder von den Journalisten der Zeitung noch von den Besuchern des Fußballspiels, die bis in die Morgenstunden hinein auf den Tribünen den Triumph ihres Klubs feierten und den Klassiker „E-cam-pe-ao ...“ sangen, als fehlerhaft erkannt werden konnte. Das Spiel des Vorabends wurde zu einer Kuriosität des Weltfußballs, die ihresgleichen sucht.

CA Peñarol aus Montevideo hatte Südamerikas höchsten internationalen Wettbewerb für Klubmannschaften 1961 gewonnen und sich damit für die Neuauflage von 1962 qualifiziert. Damals konnte sich für die Copa de Campeones (die heute Copa Libertadores heißt) – abgesehen vom Titelverteidiger – nur ein Klub pro Land qualifizieren, womit in der Regel die Landesmeister belohnt wurden. Der FC Santos trat mit Legenden wie dem fabelhaften Coutinho, der Lichtgestalt Pelé und dem große Pepe als brasilianischer Meister an, setzte sich in der als Gruppenphase ausgespielten ersten Runde mit drei Siegen und einem Unentschieden gegen Cerro Porteño aus Paraguay und Deportivo Municipal aus Bolivien durch und schaltete Universidad Católica aus Chile im Halbfinale mit einem 1:1 in Santiago de Chile und einem 1:0-Sieg vor eigenem Publikum aus. Peñarol blieb als Titelverteidiger die erste Runde erspart und traf direkt im Halbfinale auf den Meisterschaftszweiten Uruguays, Club Nacional de Futbol, den eigenen Lokalrivalen aus Montevideo. Peñarol verlor erst bei Nacional 1:2, gewann daheim 3:1[29] und spielte dann in einem entscheidenden dritten Spiel 1:1, das den Ausschlag für Peñarol gab, weil bei einem Unentschieden die bessere Tordifferenz aus den ersten beiden Spielen relevant wurde. Peñarol stand damit zum dritten Mal in Folge im Endspiel.

Am 28. Juli kamen die Finalisten zum ersten Aufeinandertreffen in Montevideos Estadio Centenario zusammen. Das „Ballet blanco“ aus Santos trat ohne Pelé an, gewann aber vor 48.105 Zuschauern dank zweier Treffer von Coutinho bei einem Gegentreffer von Alberto Spencer mit 2:1.

Das Rückspiel am 2. August im Estadio Vila Belmiro in Santos wurde vor 18.000 Zuschauern angepfiffen. Den Gastgebern sollte nach dem Hinspiel ein Unentschieden zum Titel reichen. Schiedsrichter war mit dem Chilenen Carlos Robles der gleiche Mann, der auch schon das erste Spiel geleitet hatte. Und dieser wurde zu einer Hauptfigur der Ereignisse. Spencer traf in der 14. Minute zur Führung der Uruguayer, Santos‘ Kapitän Dorval gelang in der 17. Minute

29 Die aus beiden Spielen aufaddierte Tordifferenz spielte zu dieser Zeit keine Rolle, nur dass beide Teams je einmal gewonnen hatten.

der Ausgleich. Mengálvio traf für die Brasilianer in der 35. Minute zum 2:1, Spencer wiederum konnte für Peñarol in der 49. Minute ausgleichen. Nur zwei Minuten später war die Welt in dem Stadion eine ganz andere: José Sasía hatte zum 3:2 für die Gäste getroffen, krönte damit die hervorragende Leistung von Peñarol an diesem Tag, löste damit bei den Anhängern von Santos aber auch großen Unmut aus. Es flogen Geschosse auf das Spielfeld. Ein Stein traf Montevideos paraguayischen Spielführer Juan Vicente Lezcano. Ein Linienrichter wurde durch ein Projektil verletzt. Eine schwere Flasche bekam Schiedsrichter Robles ab, der dadurch bewusstlos wurde.

Robles wachte in der Umkleidekabine auf und wurde von brasilianischen Offiziellen umringt, die ihn unter Druck setzten, das Spiel wieder anzupfeifen. Später tauchte sogar eine Behauptung auf, der Unparteiische sei dafür mit einer Waffe bedroht worden. Tatsächlich entschied Robles, das Spiel fortzusetzen, doch insgeheim traf er eine andere Entscheidung, die er in seinem Spielbericht notierte …

Über eineinhalb Stunden war das Spiel unterbrochen gewesen, als wieder angepfiffen wurde. 39 Spielminuten kamen nun noch hinzu, während denen Pagão (andere Quellen nennen Pepe) zum 3:3-Ausgleich traf. Über vier Stunden soll das ganze Spiel gedauert haben, mehrere Unterbrechungen inklusive. (Dies hatte einen Eintrag für das längste offizielle Fußballspiel in das Guinness-Buch der Rekorde zur Folge.) Der Anhang von Santos war mit dem Abpfiff aus dem Häuschen. Nun begann die große Feier über den Gewinn der Copa de Campeones …

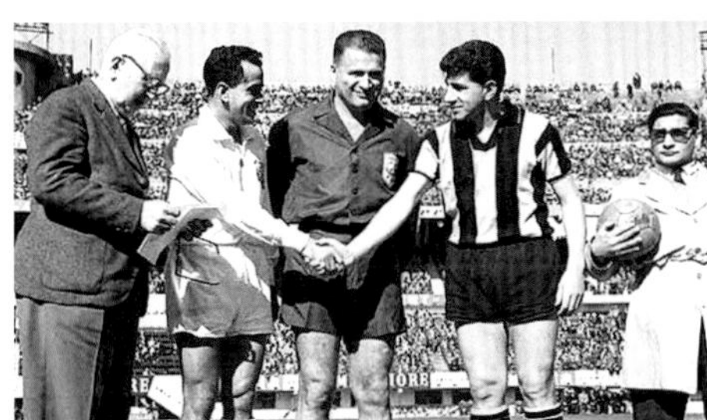

Alles auf Null. Drittes Spiel mit dem eingeflogenen holländischen Schiedsrichter Leopold Horn in Buenos Aires.

Im Spielbericht vermerkte der Schiedsrichter aber, dass das Spiel nach der langen Unterbrechung von ihm auf „freundschaftlicher“ Basis weitergeführt worden sei. Damit hatte Peñarol die Partie über 51 Spielminuten mit 3:2 gewonnen. Gemäß den Regularien war ein drittes Aufeinandertreffen zur Entscheidung fällig, dessen Austragung sich Santos zunächst verweigerte. Dieses wurde dann aber doch – neu angesetzt – am 30. August im Estadio Monumental im argentinischen Buenos Aires absolviert. 60.000 Zuschauer füllten die Tribünen, als Santos – nun endlich wieder mit Pelé an Bord – durch ein Eigentor des Uruguayers Omar Caetano in Führung ging und Pelé das Ergebnis noch dank zweier Tore auf ein 3:0 nach oben schraubte, womit Santos zum zweiten Mal den Titel in diesem Wettbewerb erringen und nun beim Anhang der Brasilianer die wirkliche Siegesfeier ihren Lauf nehmen konnte.

Ausgeliefert

Lincoln City – Coventry City

3. Runde FA Cup, Lincoln, England 1963

Der Winter 1962/63 war in England einer der kältesten überhaupt. Am 2. Weihnachtsfeiertag 1962 deckte der Schnee das Land zu und blieb in vielen Orten bis Ende März liegen. Arktische Winde sorgten mancherorts für Schneeverwehungen bis über sechs Meter Höhe. Teilweise wurden -19 Grad Celsius gemessen. Am 5. Januar 1963 begann die 3. Runde des FA Cups. Doch von den 32 Begegnungen konnten nur drei ausgetragen werden. Zu den abgesagten Begegnungen gehörte die Partie zwischen Lincoln City und Coventry City.

Nachdem am 28. Dezember bereits Lincolns Spiel in Aldershot wegen des starken Schneefalls verschoben werden musste, waren die Hoffnungen groß, dass das FA-Cup-Spiel gegen Coventry in der Sincil Bank durchgeführt werden könnte. Am 2. Januar war der Platz zwar hart, aber schneefrei. Am folgenden Tag legte sich eine Schneedecke auf das Spielfeld. Am Tag darauf wurde das Spiel auf den 9. Januar verlegt. Tauwetter am 7. Januar ließ die Hoffnung auf eine Austragung steigen, doch am Folgetag gab es neuen Schneeschauer. Eine Eisschicht unter dem Schnee hätte ein Spiel zu gefährlich gemacht. Neuer Termin: 16. Januar. Am 11. Januar wurde das Ligaspiel gegen Chesterfield abgesagt. Am 15. Januar bearbeiteten städtische Mitarbeiter das Spielfeld mit einer Walze. Doch in der Nacht auf den 16. kam neuer Schnee. Schnell wurde klar: Ein neuer Termin wurde benötigt, nun der 21. Januar. Zuvor fand ein Auswärtsspiel in Oldham statt, das nach einer Bahnfahrt erst 50 Minuten vor Anpfiff erreicht wurde und bei umstrittenen Bedingungen 1:4 verloren ging. Am 21. Januar war das Spielfeld in Lincoln immer noch in einem hoffnungslosen Zustand. Neuer Termin: 26. Januar – das anstehende Ligaheimspiel gegen Gillingham wurde gleich mit abgesagt. Es wurde nicht besser. Neuer Termin: 30. Januar. Am 28. Januar bildeten sich Wasserlachen auf der Spielfläche. Die Absage war nur noch Formsache.

Um das bevorstehende Ligaspiel in Barrow ggf. retten zu können, wurde Dünger auf die Eisflächen gestreut, doch nächtlicher Frost und neuer Schnee verhinderten die Austragung erneut. Der neue Termin am 4. Februar war bei zwei bis drei Zentimetern Schnee auf verkrusteter Fläche nicht zu halten, auch nicht der nächste Termin am 6. Neuer Termin: 11. Februar. Zuvor ereilte das Ligaspiel in Hartlepool ebenfalls das Schicksal einer Absage. Aber auch das FA-Cup-Spiel erhielt wieder einen neuen Termin, diesmal den 13. Februar. Aber die zehnte Verschiebung wurde zur Gewissheit – neuer Termin: 18. Februar. Am 15. Februar wurde

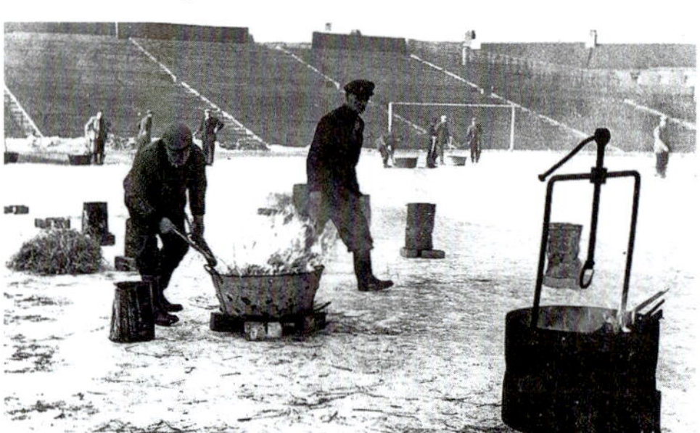

Im Roker Park in Sunderland bemühen sich Helfer, den Platz spieltauglich zu bekommen.

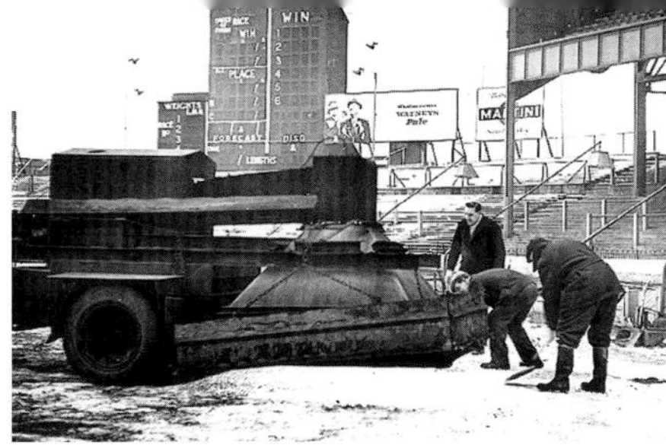

An der Stamford Bridge nutzt der FC Chelsea ein großes Gerät, mit dem eigentlich der Teer auf Straßen gebrannt wird.

das Ligaspiel gegen Darlington abgesetzt. Keine Hoffnung für das FA-Cup-Spiel: Das Spiel wurde um zwei Tage verlegt und am Folgetag gleich wieder. Der Platz sei in einem „schockierenden Zustand". Neuer Termin: 25. Februar. Nachdem Sand auf dem Platz verteilt wurde, fand am 23. Februar das Ligaspiel in Workington statt und endete mit einem Unentschieden. Die Eisschicht in Lincoln war weiter vorhanden – das Spiel gegen Coventry wurde wieder abgesagt, der nächste Termin zwei Tage später ebenso. Vor dem Ligaheimspiel gegen Mansfield rückten Freiwillige an und bearbeiteten die Spielfläche mit einer Bohrmaschine und einem Kompressor, doch die nächste Verschiebung war nicht zu vermeiden. Wieder wurden Schaufeln und Bürsten bemüht, um das durch die Bohrer aufgebrochene Eis abräumen zu können. Mittlerweile war Lincoln mit zehn Spielen im Rückstand.

Am 2. März war das Spielfeld, abgesehen von einem 16,5-Meter-Streifen über die gesamte Spielfeldbreite im Schatten einer Tribüne, frei von Schnee und Eis. Über 30 Jungen im Alter von zwölf bis 14 Jahren verbrachten das gesamte Wochenende damit, auch noch dieses letzte Stück freizubekommen. Der neue Spieltermin vom 4. März konnte aber wieder nicht eingehalten werden, nachdem die Spieler am Morgen selbst das verbliebene Eis gesäubert hatten und das Eis am Nachmittag mit zwölf Brennern aufgeweicht wurde. Neuer Termin: 6. März. Am 5. März war das Spielfeld vollkommen eisfrei. 63 Tage und 15 Spielverschiebungen hatte es gedauert, bis das Spiel zur Austragung kommen konnte! Schon nach 15 Sekunden fiel das 1:0 für Coventry. Am Ende gingen die Gäste mit 5:1 als Sieger vom Platz.

66 Tage dauerte es insgesamt, bis die Runde des FA Cups ausgespielt war. Ein Wiederholungsspiel zwischen dem FC Middlesbrough und den Blackburn Rovers setzte am 11. März den Schlusspunkt. Alles in allem wurden 261 Spiele verschoben, gleich die Hälfte der 32 Partien fiel zehnmal oder öfter dem Wetter zum Opfer. Die Klubs sorgten sich um die Fitness ihrer Spieler und vereinbarten Freundschaftsspiele in Irland, wo die Platzbedingungen weniger extrem gewesen sind. Andere Vereine suchten andere Wege. In Blackpool wurden im Kampf um bessere Platzbedingungen Flammenwerfer eingesetzt, bei Chelsea kam ein Teebrenner zum Einsatz. In Halifax verwandelte der Klub das Spielfeld in eine Schlittschuhbahn und kassierte Eintritt. In Brighton ging eine Idee nach hinten los: Ein örtlicher Bauunternehmer bot an, die vereiste Spielfläche mit seinem Asphaltfertiger aufzutauen. Als er ans Werk ging, zerstörte er die Fläche. Brighton stieg am Ende ab. Der Winter ging als „Big Freeze of 1963" in die britische Geschichte ein.

Der Fall Lincoln City – Coventry City von 1963 ist aber kein Rekord – dieser liegt allerdings auch in Großbritannien. Schottland 1979: Das Spiel FC Falkirk – Inverness Caledonian Thistle wurde durch die Wetterproblematik insgesamt 29-mal abgesagt …

Der Münzwurf

FC Liverpool – 1. FC Köln

Viertelfinale Europapokal der Landesmeister, Rotterdam, Niederlande 1965

Im wichtigsten internationalen Vereinswettbewerb spielten 1964/65 auch der FC Liverpool als amtierender Meister der englischen Football League First Division und der 1. FC Köln als Meister der Bundesliga. Die Engländer hatten auf dem Weg ins Viertelfinale souverän KR Reykjavik und den RSC Anderlecht ausgeschaltet, die Kölner taten sich schwerer, bezwangen aber doch Partizani Tirana und Panathinaikos Athen. Gegen die Engländer um Bill Shankly war der deutsche Vertreter mit Spielern wie Heinz Hornig, Wolfgang Overath und Wolfgang Weber der Underdog.

Das Hinspiel am 10. Februar verlief vor 39.139 Zuschauern torlos. Die Kölner bestimmten das Spiel, während sich die Briten zurückzogen. Das Rückspiel am 3. März wurde 15 Minuten vor Spielbeginn wegen einer Schneedecke vom Schiedsrichter abgesagt und am 17. März nachgeholt. Auch dieses endete 0:0. Liverpool konnte die eigene Dominanz nicht in Tore umsetzen. Damit griff die Regel, dass ein Entscheidungsspiel an neutralem Ort anzusetzen war. De Kuip in Rotterdam wurde von der UEFA ausgewählt. Der Anreiseweg war für die Kölner damit kürzer. Ungefähr 20.000 Anhänger folgten dem Team am 24. März in die Niederlande.

Der FC Liverpool ging nach 21 Minuten dank Ian St. John in Führung, unmittelbar nachdem sich Wolfgang Weber das Wadenbein gebrochen hatte. Auswechslungen waren noch nicht vorgesehen. So humpelte Weber fortan über das Spielfeld. Die Engländer erhöhten

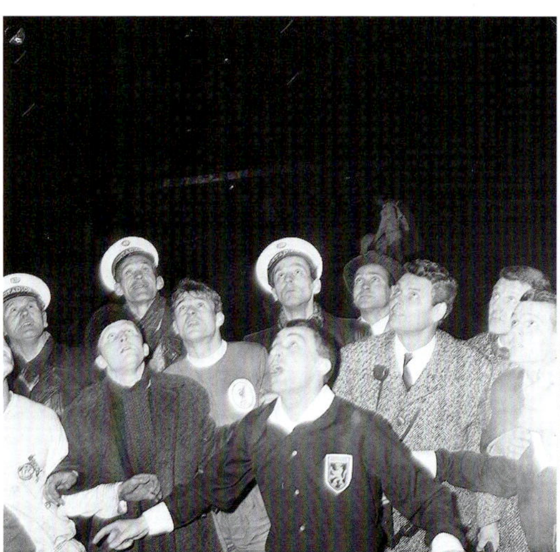

Münzwurf in Rotterdam. Alle schauen nach der Münze in der Luft.

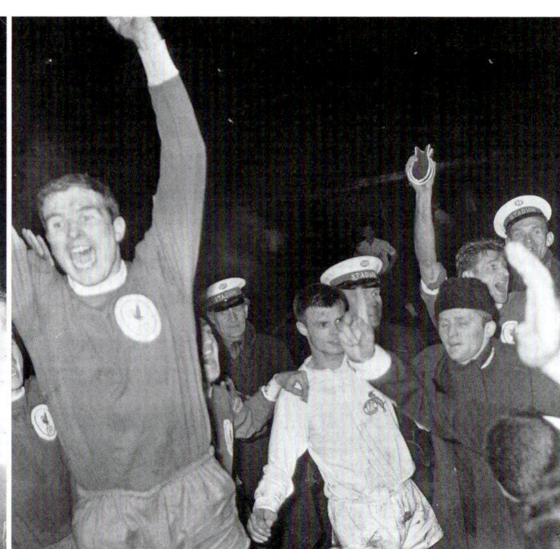

Der Schiedsrichter blickt noch nach der Münze, Liverpool feiert schon.

in der 36. Minute durch Webers Gegenspieler Roger Hunt, aber ein Kopfballtreffer von Karl-Heinz Thielen sorgte vor der Pause noch für den Anschluss. Kurz nach der Pause gelang Hannes Löhr der Ausgleich. Eine Tätlichkeit von Ron Yeats an Löhr blieb in der 70. Minute ungesühnt. Ein regelkonformes Tor durch Heinz Hornig wurde nicht gegeben. Es ging in die Verlängerung, in der sich auf dem inzwischen schlecht zu bespielenden Boden nicht mehr viel ereignete.

Elfmeterschießen gab es noch nicht. Der Sieger war per Münzwurf zu ermitteln. Eine kleine Holzscheibe mit roter und weißer Seite wurde von Schiedsrichter Robert Schaut hochgeworfen. Er entschied, dass Rot für Liverpool stehen würde. Als die Scheibe den Boden erreichte, blieb diese im Morast des Rasens fast senkrecht auf der Kante stecken. Liverpools Spielführer erkannte, dass sich die Scheibe deutlich erkennbar auf die für die Engländer ungünstige Seite neigte. So drängte er den Schiedsrichter, den Wurf zu wiederholen, was dieser auch tat. Und nun war die rote Seite zu sehen. Der FC Liverpool stand im Halbfinale, in dem er dann gegen Inter Mailand ausschied.

Videoimpressionen:
https://www.youtube.com/watch?v=-P8zft3Yc1M

Los- beziehungsweise Münzwurf-Entscheidungen gab es viele, folgende waren noch kurios:

Bei den Mittelmeerspielen 1967 in Tunis endete das Finale zwischen Italien und Frankreich 0:0 nach Verlängerung. Der Schiedsrichter führte einen Münzentscheid herbei, der zu Gunsten von Italien ausfiel, doch das Organisationskomitee hob diese Entscheidung auf und erklärte beide Mannschaften zu Siegern.

Im Mitropa Cup 1934 traf der Budapester Verein Hungária FC auf Sparta Prag. Hinspiel 4:5. Rückspiel: 2:1 für die Ungarn. Ein Entscheidungsspiel wurde angesetzt, das die Tschechen mit 5:3 gewannen. Doch dann wurde Protest eingelegt. Sparta hätte mit Ferdinand Faczinek einen nicht spielberechtigten Mann eingesetzt. Das Komitee erklärte alle drei Spiele für null und nichtig und setzte die erste Runde für beide Vereine komplett neu an. Nun gewannen beide ihre Heimspiele mit 2:1. Nachdem das neue Entscheidungsspiel 1:1 endete, entschied eine Münze für Sparta.

Ungewöhnlich war eine Regel im tschechischen Pokal: Škoda Pilsen traf im Finale der Saison 1970/71 auf Sparta Prag B. Einem 1:1 und einem 3:3 folgte ein Elfmeterschießen, das beim Stand von 5:5 beendet wurde und dem eine Losentscheidung zu Gunsten von Pilsen folgte, das dann noch gegen den slowakischen Pokalsieger um den tschechoslowakischen Pokal antrat.

1957 trafen im Europapokal der Landesmeister SC Wismut Karl-Marx-Stadt und Gwardia Warschau in der Vorrunde aufeinander. Die Polen gewannen das erste Spiel in Warschau mit 3:1, die Deutschen das zweite mit dem gleichen Resultat. Das Entscheidungsspiel in Berlin stand nach 90 Minuten 1:1. Die Verlängerung musste nach nur neun Minuten wegen Dunkelheit abgebrochen werden. Im Klubhaus wurde eine Münze geworfen – besser gesagt mehrere Münzen: Die erste kullerte vom Tisch und wurde merkwürdigerweise nicht gefunden … Ob da ein Fuß auf ihr stand? Das gleiche Schicksal erfuhr die zweite geworfene Münze. Danach drückten alle ihre Bäuche an den Tisch. Die Entscheidung fiel schließlich zu Gunsten von Wismut. In der folgenden Runde war für die DDR-Mannschaft gegen Ajax Amsterdam Endstation.

Es geht aber auch ganz anders: Als Anfang 1970 die Argentinier von Estudiantes de La Plata im Luis Otero Cup gegen den FC Valencia 0:0 spielten und es kein Elfmeterschießen gab, entschied der Unparteiische, dass ein Münzwurf den Sieger bringen sollte. Noch bevor die Münze gelandet war, begann der argentinische Spielführer, Oscar Malbernat, ausgelassen zu feiern. Die ganze Mannschaft stimmte ein, nahm die Trophäe und zog davon. Was die Münze anzeigte, ist der Überlieferung zufolge nicht bekannt …

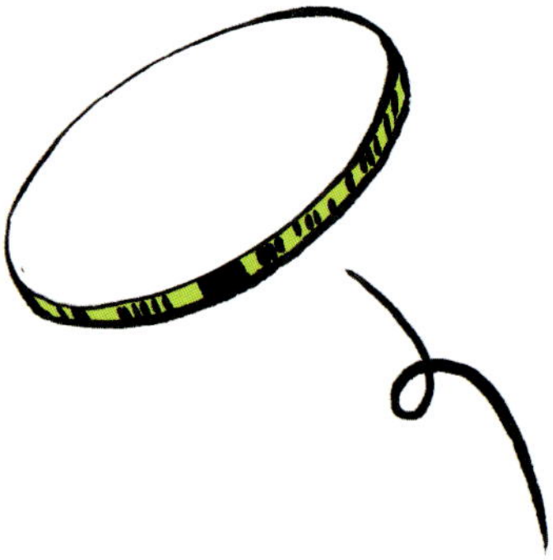

Die Schlacht von Montevideo

Racing Club – Celtic Glasgow

Weltpokal, Montevideo, Uruguay 1967

Im Weltpokalfinale trafen alljährlich der Europapokalsieger der Landesmeister aus Europa und der Sieger der Copa Libertadores aus Südamerika in Hin- und Rückspiel aufeinander. Die Tordifferenzen hatten keine Bedeutung, sollten beide Mannschaften jeweils einmal gewonnen haben – hier würde dann ein drittes Spiel in einem neutralen Land, aber auf dem Kontinent ausgetragen werden, auf dem das zweite Spiel stattfand. Soweit grob das Regelwerk.

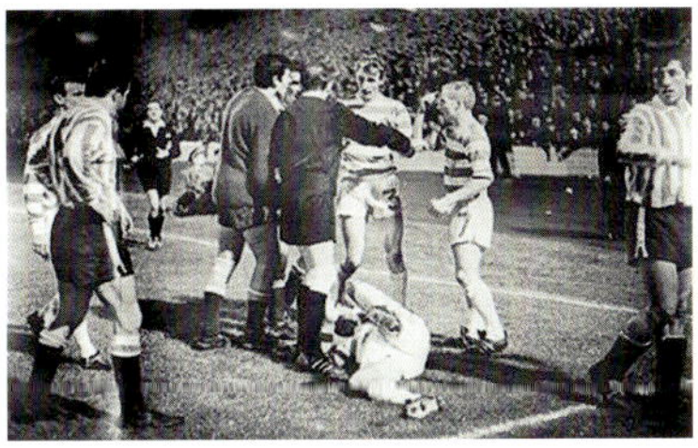

Ein Schotte liegt am Boden.

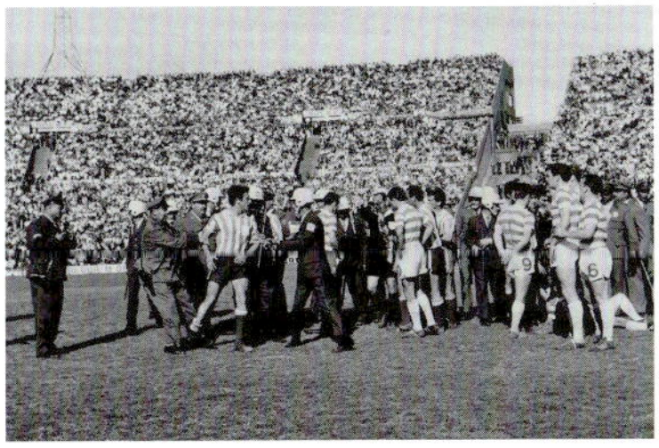

Die Polizei greift ein.

Für Celtic Glasgow war 1967 das Jahr der Wunder. Das schottische Team gewann alles, was es zu gewinnen gab: die schottische Liga, den Cup, den Ligapokal, den Glasgow Cup und den europäischen Landesmeisterwettbewerb, der durch einen 2:1 Sieg gegen Inter Mailand in Lissabon gesichert werden konnte. Fortan wurde das siegreiche Team als die „Lisbon Lions" bezeichnet.

Racing Club, einer der großen Klubs aus Buenos Aires, holte sich 1966 den Titel in der heimischen Primera División. Die Mannschaft der Argentinier war im Frühjahr 1967 bei einer Reise zu einem Spiel der Copa Libertadores fast durch einen Flugzeugabsturz in Kolumbien ums Leben gekommen[30] und dadurch so sehr zu einer verschworenen Gemeinschaft geworden, dass das Team es schaffte, sich bis in das Finale des Wettbewerbs zu kämpfen und dort nach drei Spielen gegen Nacional aus Montevideo den Titel zu holen. Von dieser Gemeinschaft wollten die Südamerikaner auch im Weltpokal zehren.

Das erste Spiel sollte am 18. Oktober 1967 in Glasgow vor über 83.000 Zuschauern stattfinden. Die südamerikanischen Spieler hielten sich nach ihrer Ankunft zurück und wurden als ruhig und höflich wahrgenommen. Mit fast unveränderten Aufstellungen im Vergleich zu ihren kontinentalen Triumphen gingen beide Mannschaften in die Begegnung – und damit jedes Team auch mit einem eigentlich gesperrten Spieler. Da die FIFA für diesen Wettbewerb keine Sanktionen vornahm, wollten beide Teams nicht auf ihre Spieler verzichten. Die Argentinier, die stark defensiv spielten, leisteten sich immer wieder Foulspiele. Und sie fielen

30 Eine detaillierte Erzählung der Geschehnisse rund um Racings Beinaheabsturz konnte ich bereits in meinem Buch „Fußballkatastrophen – Tragödien, Schicksale und skandalöse Verschleierungen" aus dem Jahr 2023 präsentieren.

dadurch auf, dass sie spuckten. Die Schotten fanden nicht in ihr Spiel. Zur Halbzeit kehrte Celtics Jimmy Johnstone mit von der Spucke seiner Gegner durchnässten Haaren in die Kabine zurück. Ein Kopfballtreffer durch Spielführer Billy McNeill nach einem Eckstoß in der 69. Minute sorgte für die 1:0-Führung von Celtic, die auch der Endstand wurde. Fast jeder Celtic-Spieler trug seine Blessuren davon, ein blaues Auge, ein Kopfstoß und ein heftiger Schlag auf ein Ohr inklusive. L'Équipe bezeichnete das Spiel als eine „wilde Schlacht".

Nach vier Niederlagen am Stück befand sich Racing vor dem Rückspiel am 1. November in Avellaneda vor 70.000 Zuschauern nicht gerade in Hochform. Beschrieb McNeill den Empfang in Buenos Aires nach 20-stündigem Flug noch zunächst als herzlich und freundlich, so empfand er die Anhänger im Stadion El Cilindro als „nothing short of horrific" (geradezu entsetzlich). Schon vor dem Anpfiff ging es los. Der schottische Schlussmann Ronnie Simpson wurde von der Tribüne aus mit einem Gegenstand am Kopf getroffen und musste ausgetauscht werden. Im Spiel zeigte sich Racing offensiv. Als Celtic ein Strafstoß zugesprochen wurde, drangen zahlreiche argentinische Fotografen auf das Spielfeld ein, um den Schützen zu irritieren. Doch Tommy Gemmell traf in der 23. Minute zum 0:1. Ein schönes Tor durch Norberto Raffo sorgte in der 34. Minute für den Ausgleich. Juan Carlos Cárdenas schaffte in der 48. Minute die 2:1-Führung für die Hausherren. Der uruguayische Schiedsrichter Esteban Marino konnte mit den Eskapaden der Argentinier besser umgehen als sein spanischer Kollege Juan Gardeazábal im Hinspiel. Nach dem Spiel stürmten argentinische Fans die Umkleidekabine der Schotten. Außerhalb des Stadions lieferten sich argentinische und uruguayische Fans eine Schlacht. Letztere waren zur Unterstützung von Celtic angereist. Celtic-Coach Jock Stein: „Wir wollen nicht für ein drittes Spiel nach Montevideo oder sonst wohin in Südamerika fahren. Aber wir wissen, dass wir es müssen."

Ein drittes Spiel wurde notwendig, und Montevideo wurde als Austragungsort bestimmt. Die Begegnung am 4. November vor etwas über 65.000 Zuschauern sollte als „Die Schlacht von Montevideo" in die Fußballgeschichte eingehen, andere bezeichneten sie auch einfach als „Fußballkrieg". Vor dem Hintergrund des gewalttätigen Auftretens der Argentinier wollten die Schotten unbedingt als Sieger hervorgehen. Auf diese Weise durfte Racing den Weltpokal einfach nicht gewinnen.

Der paraguayische Schiedsrichter Rodolfo Pérez Osorio unterbrach nach einer Reihe von Foulspielen von beiden Seiten früh das Spiel und kündigte an, Spieler des Feldes zu verweisen, sollten die Mannschaften so weitermachen. Der Appell blieb ungehört. Als Johnstone durch Juan Rulli zu Boden gestreckt wurde, kam es zwischen mehreren Spielern zu einem Handgemenge. John Clark nahm eine boxerähnliche Pose gegen Rulli und Basile ein. Die Bereitschaftspolizei lief auf das Spielfeld und beendete das Treiben. Lennox und Basile wurden des Feldes verwiesen. Lennox hatte gar nichts Strafwürdiges unternommen, war aber trotzdem zuvor vom Schiedsrichter angezählt worden. Lennox wurde letztlich durch einen Polizisten mit einem Schwert vom Platz vertrieben.

Racing-Torhüter Agustín Cejas wurde 1979 im Magazin „Soccer Monthly" zur Hinausstellung um Basile wie folgt zitiert: „Ein ganz normales Spiel für uns (!) ... Ich erinnere mich an das Play-off-Spiel in Montevideo. Mir wurde eine ‚pazifistische' Rolle zugeteilt. Ich musste niemanden schlagen, nur Torwart sein. Aber plötzlich schlug Basile den rothaarigen Johnstone mit einem höllischen Foul, einem der heftigsten, die ich je gesehen habe. Und der Schiedsrichter schickte Basile vom Platz. Ich ging lässig aus meinem Tor, die Hände auf dem Rücken, und ging langsam auf Johnstone zu. Er lag immer noch am Boden, als ich ankam, und ich habe ihm einen Tritt verpasst, weil er meinen Mannschaftskameraden des Feldes verwiesen hat."

Die Europäer verloren ihre Disziplin. In der 48. Minute schlug der von Rulli festgehaltene Johnstone aus Frust auf den Argentinier ein. Platzverweis Nr. 3. In der 55. Minute fiel durch einen Weitschuss von Cárdenas das 1:0 für Racing. In der 74. Spielminute folgte Platzverweis Nr. 4. John Hughes hatte gegen den am Boden liegenden Racing-Keeper Agustín Cejas getreten. In der 78. Minute dann Platzverweis Nr. 5. Diesmal traf es Rulli, der John Clark geschlagen hatte. In der 88. Minute gab es das nächste Handgemenge. Wieder stürmte die Bereitschaftspolizei auf den Platz. Bertie Auld wurde aufgefordert, das Spielfeld zu verlassen, was er verweigerte. Inmitten des totalen Chaos leistete sich Gemmell eine Tätlichkeit, als er einem Racing-Spieler in die Genitalien trat, was der Schiedsrichter nicht mitbekam. Und so endete das Spiel mit 4:2 Platzverweisen für Celtic bzw. nach Toren 1:0 zu Gunsten von Racing.

Eine Ehrenrunde der Siegermannschaft wurde mit Wurfgeschossen von uruguayischen Zuschauern bedacht. Die Argentinier mussten im Mittelkreis warten, bis sie von der Polizei sicher in ihre Kabine gebracht werden konnten.

Der Vorstand von Celtic drückte später seine Enttäuschung aus, wie sich die Spieler auf so ein Niveau haben herablassen können. Jeder Spieler erhielt eine Geldstrafe über 250 Pfund. Die Nachrichtenagentur Reuters beschrieb das Spiel als „eine Kneipenschlägerei, bei der die fußballerischen Fähigkeiten zu Gunsten von schwingenden Fäusten, fliegenden Stiefeln und eklatantem Bodychecking aufgegeben wurden". El Día aus Uruguay titelte: „Racing gewinnt den Weltkrieg".

Die Weltpokalendspiele setzten in den Folgejahren weitere Tiefpunkte. Beim Spiel zwischen Estudiantes aus La Plata und dem AC Mailand 1969 wurden der Mailänder Pierino Prati bewusstlos geschlagen und dessen Kamerad Nestor Combin von argentinischen Spielern Nase und Jochbein gebrochen, bevor er halb bewusstlos mit einer Bahre vom Spielfeld getragen und auch noch von der argentinischen Polizei unter einem Vorwand festgenommen wurde.

Videoimpressionen:
QR-Link: https://www.youtube.com/watch?v=qrZNg17-SVo (28:09 min)

Eine weitere Schlacht:

Als zwei Jahre vor der Austragung der Weltmeisterschaft von 1962 in Chile das Land vom größten jemals gemessenen Erdbeben[31] getroffen wurde, durch das ein Tsunami ausgelöst wurde, der im Pazifikraum für eine vierstellige Zahl von Toten und etwa zwei Millionen Obdachlose sorgte, verursachten zwei italienische Journalisten durch die Beschreibung Chiles als „von Armut geplagte Müllkippe voller leichter Mädchen“, dass in dem südamerikanischen Land der Zorn entfacht wurde. Chilenische Zeitungen verzerrten die Berichterstattung und heizten eine anti-italienische Stimmung weiter an. Als beide Länder am zweiten Spieltag der WM-Vorrundengruppe aufeinandertrafen, durch den Chile sich bereits das Erreichen der nächsten Runde hätte sichern können, ging es vor 66.000 Zuschauern drunter und drüber. Nach dem ersten Platzverweis in der 8. Minute für den Italiener Giorgio Ferrini wurden Polizisten benötigt, um den schreienden und um sich tretenden Spieler vom Platz zu holen. Nachdem der Chilene Leonel Sánchez den Italiener Mario David niedergestreckt hatte, der englische Schiedsrichter Ken Aston aber nicht einschritt, trat David Sánchez an den Hals (!) und wurde ebenfalls vom Platz geschickt. Die Brutalität nahm stetig zu. Sánchez setzte gegen den Italiener Humberto Maschio einen linken Haken. Spucken, Treten, Handgreiflichkeiten und die Polizei zweimal auf dem Platz. Chile gewann noch 2:0. Aston, der sich bei dem Spiel als „Schlichter in militärischen Manövern“ fühlte, schlug später für ein besseres Verständnis für Spieler und Publikum die Einführung von Gelben und Roten Karten vor.

31 Das Erdbeben von Valdivia am 22. Mai 1960, auch Großes-Chile-Erdbeben genannt, hatte die weltweit größte jemals aufgezeichnete Magnitude (Mw 9,5 auf der Momenten-Magnituden-Skala) und war das schwerste Erdbeben des 20. Jahrhunderts. Das Erdbeben löste einen Tsunami aus, der im gesamten Pazifikraum schwere Zerstörungen anrichtete. Es wurden 1.655 bis 5.700 Todesopfer geschätzt, zudem ca. 3.000 Verletzte und zwei Millionen Obdachlose.

Tournee wider Willen

Club Always Ready – Club Jorge Wilstermann

Copa Libertadores, La Paz, Bolivien 1968

1967 schaffte es der Club Always Ready aus Al Alto direkt neben der bolivianischen Hauptstadt La Paz in der nationalen Meisterschaft den zweiten Platz zu belegen. Mit drei Punkten Vorsprung holte sich der Club Jorge Wilstermann aus Cochabamba die Meisterschaft. Beide Vereine waren damit für die Copa Libertadores des Folgejahrs qualifiziert.

Bei der Auslosung der Vorrundengruppe 2 traf es die Bolivianer eigentlich gut. Gegner in der Vierergruppe waren Jorge Wilstermann sowie aus dem Nachbarland Peru Universitario de Deportes und Sporting Cristal, beide in Lima beheimatet. Die Reisekosten waren überschaubar, Langstreckenflüge wie in Gruppe 1 (Argentinier und Kolumbianer), Gruppe 3 (Ekuadorianer und Chilenen) und Gruppe 5 (Brasilianer und Venezolaner) blieben den Klubs erspart. Always Ready rüstete auf und tätigte einige Neuverpflichtungen, um in Südamerikas Topwettbewerb, für den sich der Klub zum ersten Mal und für Jahrzehnte auch zum letzten Mal qualifiziert hatte, bestehen zu können. Das erste Spiel am 24. Januar bestritt der Klub mit dem roten Diagonalstreifen auf weißer Grundfarbe (wie River Plate aus Buenos Aires) im Stadion Hernando Siles in La Paz gegen Universitario. Das Spiel ging mit 0:3 genauso klar verloren wie vier Tage später an gleicher Stelle mit 1:4 gegen Sporting Cristal. Im Februar gab es wiederum eine deutliche Niederlage im Estadio Félix Capriles in Cochabamba, wo Jorge Wilstermann mit 3:0 siegte. Es folgte die kostengünstige, etwa 1.600 Kilometer lange Reise per Bus nach Lima, wo beide Spiele im Estadio Nacional ausgetragen werden sollten. Hier wurden die letzten theoretischen Hoffnungen auf Platz 2 und damit ein Weiterkommen begraben, als das Team bei Sporting Cristal am 24. Februar immerhin mit einem 1:1 überraschte, aber drei Tage später bei Universitario mit 0:6 unterging. Das abschließende Heimspiel gegen Jorge Wilstermann sollte fünf Tage später, am 3. März, stattfinden. Doch das entpuppte sich plötzlich als Problem …

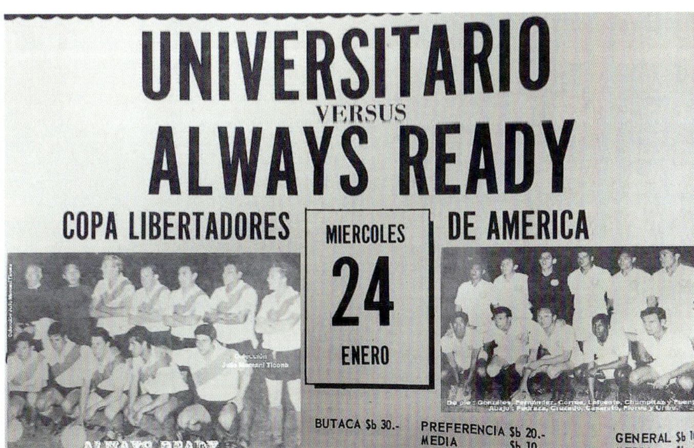

Spielankündigungsplakat Universitario – Always Ready.

Die Funktionäre hatten Unterkunft und Verpflegung für den Reisetross bezahlt, doch damit waren die Taschen leer. Geld für Benzin für die Rückreise nach La Paz stand keines mehr zur Verfügung. Und so vereinbarten die Verantwortlichen eine Reihe von Freundschaftsspielen, um Einnahmen zu sammeln. Zwei Wochen lang trat Always Ready in verschiedenen Andenstädten auf, um Geld einzuspielen, mit dem Benzin für die Busfahrt bis in die nächste Stadt gekauft werden konnte. Dadurch konnte das Spiel gegen Jorge Wilstermann erst einmal nicht ausgetragen werden.

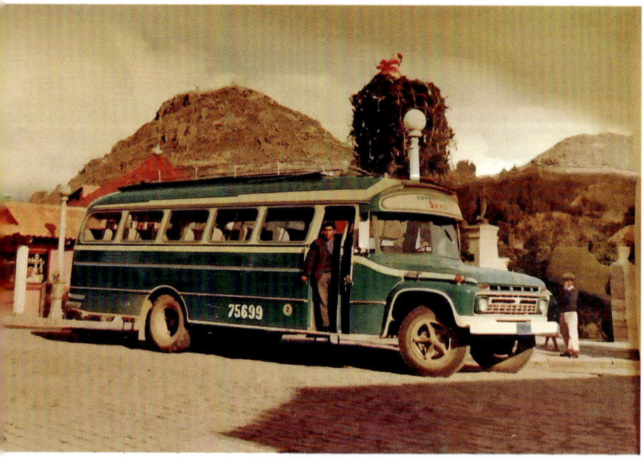

Öffentlicher Fernverkehr in Bolivien 1968.
(Ähnliche Modelle fuhren in Peru.)

Erst am 17. März fand die Begegnung statt. Ein 1:1 stand nach 90 Minuten zu Buche. Die CONMEBOL wollte sich die „ungerechtfertigte" Verspätung aber nicht bieten lassen und wandelte das Ergebnis in ein 1:0 für Jorge Wilstermann um.[32]

Es dauerte bis ins Jahr 2021, dass der Klub wieder auf die Bühne der Copa Libertadores zurückkehrte, diesmal mit besseren finanziellen Mitteln ausgestattet.

32 In manchen statistischen Übersichten ist noch das 1:1 verzeichnet. Quasi überall ist auch das falsche Spieldatum vom 3. März angegeben. Die Verlegung auf den 17. März wurde in diesen Fällen nicht dokumentiert. Auch findet man als Grund für die Ergebniskorrektur, dass ein Eigentor eines Wilstermann-Akteurs nachträglich nicht gewertet worden sei.

Nach der Dusche kommt die Polizei

Boca Juniors – Sporting Cristal

Gruppenphase Copa Libertadores, Buenos Aires, Argentinien 1971

An der 12. Auflage der Copa Libertadores, dem wichtigsten südamerikanischen Vereinswettbewerb, nahmen 21 Mannschaften teil. In der ersten Gruppenphase teilten sich die Teams auf fünf Vierergruppen auf. In Gruppe 1 trafen Universitario de Deportes und Sporting Cristal (beide aus Lima in Peru) auf die argentinischen Klubs Rosario Central aus Rosario und Boca Juniors aus Buenos Aires. Nur der Gruppenerste konnte sich für die folgende Runde qualifizieren. Nach sieben von zwölf zu spielenden Begegnungen war der Tabellenstand wie folgt:

1. Universitario de Deportes, 4 Spiele, 5:3 Punkte, 5:4 Tore
2. Sporting Cristal, 3 Spiele, 3:3 Punkte, 3:2 Tore
3. Boca Juniors, 3 Spiele, 3:3 Punkte, 2:3 Tore
4. Rosario Central, 4 Spiele, 3:5 Punkte, 7:8 Tore

Vor den letzten fünf Spielen hätte noch jeder der vier Klubs der Gruppe weiterkommen können. Am 1. März hatte Sporting Cristal im Heimspiel 2:0 gegen die Boca Juniors gesiegt. Dabei hatten die Peruaner mit aller Härte gespielt. Entsprechend unbehaglich war den Argentiniern vor dem Rückspiel am 17. März in der mit 60.000 Zuschauern ausverkauften „Bombonera“ vor eigenem Publikum zumute. Sporting Cristal ging in der 17. Minute durch Juan Orbegozo in Führung. Mit einem Doppelpack in der 22. und 24. Minute durch Jorge Coch und Ángel Clemente Rojas gelang es den Boca Juniors, das Spiel zu drehen. Die Tabellenführung war zum Greifen nah. Einen Schuss aus der Distanz von Alberto Gallardo konnte Boca-Keeper Rubén Sánchez in der 69. Minute nicht festhalten. Carlos Gonzáles Pajuelo nutzte die Gelegenheit und staubte ins leere Tor ab. Es stand 2:2. Die Anspannung stieg. Die Emotionen auf Seiten der Gastgeber suchten Ventile. Der in den Sturm geschickte Boca-Verteidiger Roberto Rogel packte Cristals Fernando Mellán am Hals und beförderte ihn zu Boden. Schiedsrichter Otero aus Uruguay entschied auf Freistoß für Cristal, während Rogel einen Strafstoß verlangte. Aus einem bisherigen Schubsen wurde nun eine Schlacht.

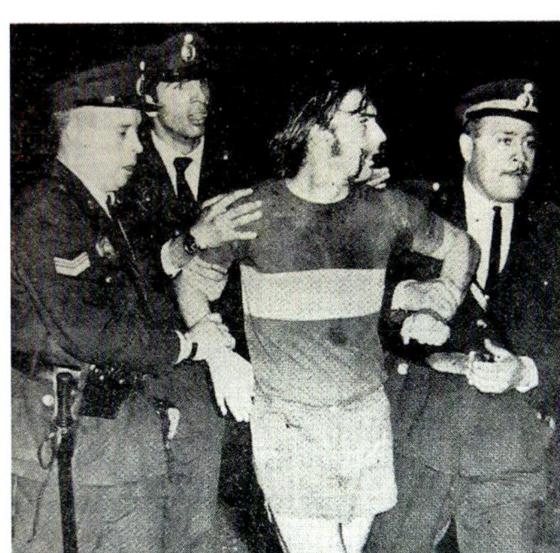
Ein Boca-Spieler wird abgeführt.

Der Argentinier Rubén Suñé schlug den Peruaner Gallardo nieder und ging mit einer herausgerissenen Eckfahne auf ihn los. Der Angegriffene brach daraufhin Suñé mit einem Sprung gegen den Kopf das Jochbein. Eloy Campos wurde

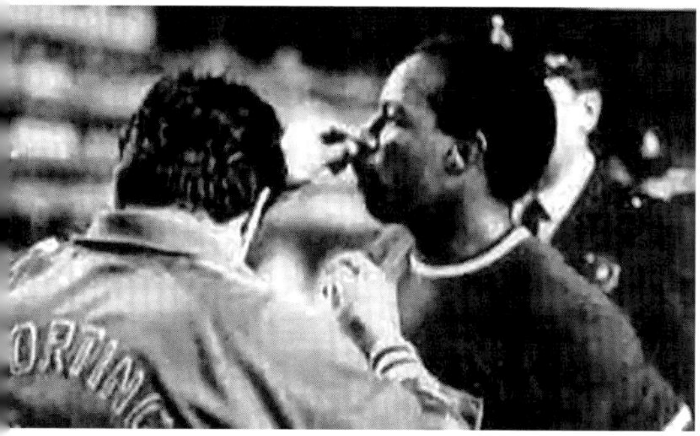

Alberto Gallardo von Sporting Cristal wird versorgt.

von den Argentiniern erst zu Boden geworfen, dann wurde extrem auf ihn eingetreten. Dabei wurde ihm der Wangenknochen gebrochen. Der Peruaner Orlando de la Torre kämpfte tapfer mit zwei oder drei Boca-Spielern gleichzeitig – seine verzweifelte Mutter, die das Spiel live im Fernsehen verfolgte, starb daraufhin an einem Herzinfarkt. Schließlich konnte die Polizei die Kämpfe abbrechen. Der Unparteiische zückte gegen 19 Spieler die Rote Karte. Lediglich die beiden Torhüter und ein Verteidiger von Cristal wurden verschont. Damit lag der Referee nicht in allen Fällen richtig: Cristals Ramón Mifflin wurde mit einer Roten Karte bestraft, obwohl er sich bei der Schlägerei relativ neutral verhalten hatte. Und Boca-Torhüter Rubén Sánchez blieb unbestraft, obwohl er an vorderster Front der Auseinandersetzung stand.

Natürlich musste das Spiel abgebrochen werden. In Peru bewarf eine Menschenmenge nach dem Spiel die argentinische Botschaft mit Steinen und forderte die Verhaftung der argentinischen Spieler. Nachdem die Spieler geduscht hatten, schritt die Polizei tatsächlich wieder ein. Gemäß der argentinischen Verordnung für Sportveranstaltungen wurden fast alle 19 herausgestellten Spieler zur Polizeistation abgeführt. Nur die drei Verletzten, Campos, Mellán und Suñé, wurden ins Krankenhaus gebracht. Alle Verhafteten wurden gemeinsam in eine Zelle gesteckt. Offizielle Vertreter beider Länder wurden aktiv. Sogar die Präsidenten Juan Carlos Onganía (Argentinien) und Juan Velasco Alvarado (Peru) tauschten sich am Telefon aus. Perus Verteidiger Julio Meléndez, der vom Schiedsrichter verschont wurde, erschien am folgenden Morgen auf der Polizeistation mit Kaffee und Gebäck für alle. Die Spieler wurden hier nun zu Freunden.

Weniger bekannt ist, was Schiedsrichter Otero widerfuhr. Der berichtete 1973 dem Magazin „El Gráfico“: „Als die Schlägerei ausbrach, traf ich mich mit dem Linienrichter und teilte dem Sportkommissar mit, dass das Spiel unterbrochen wurde, weil 18 Spieler des Feldes verwiesen worden waren. Danach wurde ich von der Polizei aus Sicherheitsgründen gezwungen, in den Tunnel zu gehen: brennende Lappen fielen auf das Spielfeld, und in einigen Bereichen wurde versucht, auf das Spielfeld einzudringen. Als ich in der Umkleidekabine zur Jungfrau betete, kam eine Privatperson, die sich als der ranghöchste Polizeibeamte im Stadion vorstellte.“ Diese Person sagte ihm: „Du bist der Einzige, der für alles verantwortlich ist, was passiert ist.“ Otero: „Ich war schockiert, weil ich dachte, die Spieler hätten sich geprügelt und nicht ich, aber offenbar war er anderer Meinung. Er teilte mir mit, dass er mich in Gewahrsam nehmen müsse und dass ich von nun an in Isolationshaft sei. Von dort wurde ich auf die Polizeiwache gebracht, wo ich verhört und aufgefordert wurde, zu gehen. Ich kehrte zum Hotel zurück. Als ich nach Montevideo zurückkehrte, traf ich Eduardo Rocca Couture, den Schatzmeister der Südamerikanischen Fußballkonföderation, der mir mitteilte, dass sie das ‚Band' wiederholt geprüft und keinen Fehler bei mir gefunden hätten ..."

Rubén Suñé von Boca meinte gegenüber „El Gráfico": „Es gibt keine logische Erklärung für das, was passiert ist. Wir haben die Kontrolle verloren, als wir überzeugt waren, dass wir das Spiel nicht mehr gewinnen können ... Als Rogel im Strafraum zu Fall gebracht wurde, haben wir einen Elfmeter gefordert, und als sie ihn uns nicht gegeben haben, haben wir angefangen, uns gegenseitig zu schlagen ... Ich erinnere mich, dass ich so verrückt war, dass ich Gallardo wie verrückt gejagt habe. Er hatte Angst, und er hatte Recht, denn ich glaube, wenn ich ihn erwische, würde ich ihn umbringen. In seiner Verzweiflung hat er mich getreten ... Ich wurde noch verrückter ... Danach wurde ich vom Strafgerichtshof für mehr als anderthalb Jahre gesperrt, aber ich wurde durch eine Amnestie gerettet."

Alberto Gallardo von Cristal: „Als die von Rogel ausgelöste Wut begann, riefen die Fans: ‚Und schlagen ... und schlagen Boca, schlagen!' Ich befand mich in der Nähe von Quesada, der am Boden lag und kurz davor war, von Suñé, der wütend war, mit Füßen getreten zu werden. Ich flehte Ihn an, es nicht zu tun, und Suñé reagierte darauf, indem er mich verfolgte. Ich wich ein paar Schritte zurück, versuchte zu entkommen, aber am Ende trat ich ihm ins Gesicht. Ich war sofort von Polizisten, Fotografen und anderen Spielern umgeben. Ich hörte sie schreien: ‚Auf den Nigger ... auf die 11, auf die 11!' Also beschloss ich, zur Auswechselbank zu laufen und von dort in die Umkleidekabine. Auf dem Weg dorthin zog ich mein Hemd aus. Als ich gerade duschte, erschienen die Polizisten, um uns in Gewahrsam zu nehmen. Zuerst habe ich mich geweigert, weil so etwas in Peru nie passiert, aber dann haben sie mich überzeugt und ich bin mitgegangen. Um die Mittagszeit wurden wir freigelassen. Wenn ich heute über alles nachdenke, was passiert ist, denke ich, dass das alles zum Fußball gehört, dass der Drang zu gewinnen dazu führt, dass man die Kontrolle verliert, wie es damals fast allen von uns passiert ist."

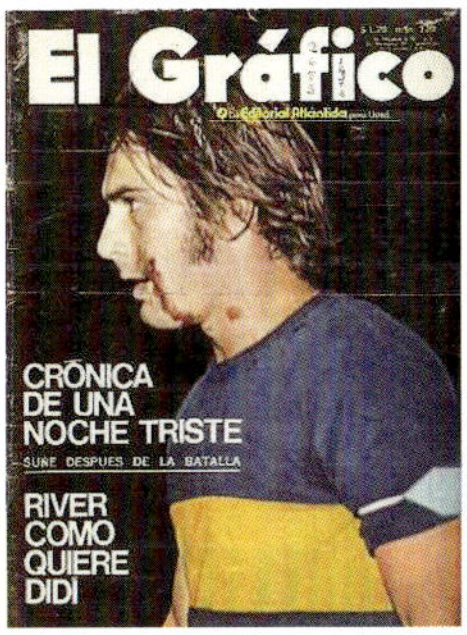

Die Mannschaft von Sporting Cristal kehrte nach Lima zurück und wurde empfangen, als wären die Spieler Kriegshelden. Hunderte von Landsleuten bekundeten ihre Solidarität mit Rufen, Gesängen und Plakaten.

Die des Feldes verwiesenen Spieler erhielten vom südamerikanischen Verband je nach Schwere ihrer Taten Spielsperren von ein bis sechs Begegnungen. Der argentinische Verband sprach eigene Sperren aus, u. a. gegen Suñé für 18 Monate, zog diese Strafen nach 45 Tagen aber wieder zurück, da der peruanische Verband keine Sperren gegen seine Spieler ausgesprochen hatte. Das Spiel wurde 2:2 gewertet. Die Funktionäre von Boca waren mit der Entscheidung des Verbandes nicht einverstanden. Sie ließen ihr Team zu seinen beiden ausstehenden Partien nicht mehr antreten, obwohl für Boca auch mit dieser Spielwertung theoretisch noch immer ein Weiterkommen möglich gewesen wäre. Profitiert hat dadurch

Universitario de Deportes, das die Gruppe gewann, allerdings die zweite Gruppenphase dann nicht mehr überstand.

Videoimpressionen:
https://www.ole.com.ar/boca-juniors/boca-sporting-cristal-libertadores-_0_luL88e9g.html

Noch mehr Verhaftungen:

Bei den Südpazifikspielen auf Westsamoa fiel im Finale am 15. September 1983 zwischen Tahiti und Fidschi das Tor des Tages in der letzten Minute zu Gunsten der Französisch-Polynesier. Daraufhin brach ein großer Kampf zwischen den Spielern aus. Ein Spieler von Fidschi, das in den fünf Spielen zuvor mit zusammen 29:2 Toren immer deutlich siegreich geblieben war, schlug einen Polizisten und wurde dafür inhaftiert. Der Schiedsrichter wurde verletzt und musste vom Spielfeld getragen werden.

Im Mai 1999 erfuhr Schiedsrichter Abassi Phiri in Sambia im Spiel zwischen Nampundwe FC und Kascol Rangers FC in Lusaka unerwartete Hilfe. Kascol führte seit der ersten Hälfte mit 1:0. In der 83. Minute wurde Kascol-Trainer George Mutelo nach einer Rangelei mit Phiri auf die Tribüne geschickt. Als Phiri dann in der Nachspielzeit auf einen Elfmeter für die Gastgeber entschied und die Gästespieler dagegen reklamierten, lief ein Polizist auf das Spielfeld, zog eine Pistole und hielt diese John Zulu, dem Kascol-Kapitän, an den Kopf. Dann wurde der Elfmeter ausgeführt, der den Ausgleich bedeutete. Als das Unentschieden feststand, sperrte der Uniformierte die widerspenstigen Gästespieler in einer der Umkleidekabinen ein, bis Polizeiwagen eintrafen und die Spieler zur örtlichen Polizeistation brachten.

Als nach dem iranischen Erstligaspiels Esteghlal Teheran gegen Aluminium Arak FC am 12. April 2024 eine unverschleierte Frau auf das Spielfeld stürmte, um Nationaltorwart Hossein Hosseini zu umarmen, worauf er mit einem kurzen Abklopfen auf ihre Schulter reagierte, wurde Hosseini von der Polizei verhaftet, für ein Spiel gesperrt und mit einer Geldstrafe von umgerechnet etwa 7.000 Euro belangt. „Was hätte ich machen sollen, sie umarmte mich halt", versuchte sich der „Übeltäter" nach dem Spiel zu rechtfertigen. Er sei überrascht worden und habe lediglich versucht, zu verhindern, dass die Ordner gewaltsam gegen die junge Frau vorgehen, so Hosseini.

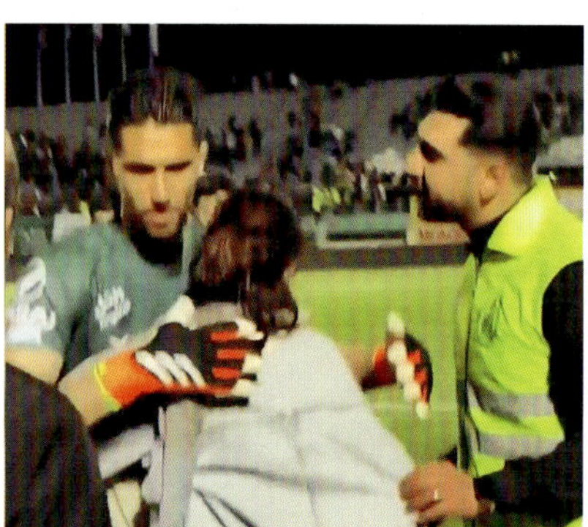

Der Moment der Tat Hosseinis.

Einwurf: Spielabsagen

Die gängigen Gründe für Spielabsagen sind Wetterkapriolen, ein durch eine andere Veranstaltung ramponierter Rasen oder vielleicht noch zu viele kranke Spieler bei einem Klub, doch in der Realität finden sich auch einige kuriose Fälle … Berücksichtigt sind in der Folge auch unfreiwillige Rückzüge aus Wettbewerben.

„Wir wurden angewiesen, zu Hause zu bleiben und alle Fenster zu schließen", berichtete ein Spieler von King's Lynn im Oktober 1937 der Presse in Norfolk, nachdem die örtlichen Behörden das Spiel der Linnets in der Eastern Counties League gegen das benachbarte Gorleston abgesagt hatten. Eine Gruppe Landwirte hatte im Übereifer ihren Mist ausgebracht und einen üblen Gestank in der Luft hinterlassen. „Es wäre so gewesen, als würde man in einer riesigen Kloake Fußball spielen", so der Manager von King's Lynn.

Bleiben wir bei Gerüchen. „Natürlich konnten wir auf diesem Platz nicht Fußball spielen", wütete der Manager von Sport Huáscar im Januar 1921, „überall war Schweinekot." Das Spiel der peruanischen Unterliga gegen Saenz Penahad musste um einen Tag verschoben werden, als die marodierenden Schweine aus einer örtlichen Farm entkamen und sich das Spielfeld aussuchten, um Amok zu laufen. „Die Spieler stanken zum Himmel, dank der ganzen Scheiße", schimpfte derselbe Huáscar-Boss 24 Stunden später.

Zu Beginn der Saison 1987/88 musste Liverpool bis zum 12. September warten, ehe es sein erstes Spiel in Anfield bestreiten konnte. Ein viktorianischer Abwasserkanal unter der Kop war zusammengestürzt und musste dringend repariert werden.

Nach dem Zwangsabstieg der Glasgow Rangers infolge einer Insolvenz im Jahr 2012 in die 4. Liga waren die unterklassigen Gegner mit der Problematik immenser mitreisender Auswärtsfans konfrontiert. Die Stadien dieser Vereine hatten einfach keine ausreichende Kapazität, um große Mengen an Zuschauern unterzubringen. Für Elgin City sollte am 25. November 2012 der große Tag des Heimspiels gegen die Rangers kommen, das im Fernsehen übertragen werden sollte. Der Borough Briggs Ground fasste gerade einmal 4.500 Plätze. Aufgrund eines Fehlers wurden 25 % mehr Karten als vorhandene Plätze verkauft. Der Klub hatte Befürchtungen, was passieren würde, wenn 1.000 Inhabern von Eintrittskarten der Zugang verwehrt werden würde.

Der Ire Kevin Walker stand vor einem Dilemma: Der vorgesehene Auftritt des Mittelfeldspielers des Zweitligisten GIF Sundsvall beim schwedischen „Pop Idol" sollte zeitgleich mit dem Ligaspiel gegen Assyriska Föreningen stattfinden. Doch er hatte Glück. Der TV-Sender TV4 besaß die Rechte sowohl an der Talentshow als auch für das Spiel im Oktober 2013 und verlegte die Begegnung. Walker gewann den Wettbewerb und imponierte als Spieler so sehr, dass er bald darauf beim Erstligisten Djurgårdens IF die Stiefel schnürte.

Für den Preis der peinlichsten Spielverschiebung hätte Manchester United gute Karten. Am 15. Mai 2016 sollte das letzte Spiel der Premier-League-Saison 2015/16 im Old Trafford stattfinden. Während die 75.000 Zuschauer zum Spiel gegen AFC Bournemouth ins Stadion strömten, wurde kurz vor Spielbeginn in einer der Toiletten ein „verdächtiger Sprengsatz" gefunden, der dann kontrolliert gesprengt wurde. Nachdem der Gegenstand gefunden worden war, hatte man einen Teil des Stadions evakuiert und das Spiel abgesagt. Tatsächlich hatte es sich um eine Bombenattrappe gehandelt, die bei einer Sicherheitsübung wenige Tage zuvor zum Einsatz kam und versehentlich vergessen wurde. Das Spiel wurde zwei Tage später nachgeholt.

Als Torquay United am 11. August 1999 in der ersten Runde des Ligapokals gegen den FC Portsmouth antreten sollte, verschob die Polizei von Devon das Spiel um eine Woche nach hinten, da sie nicht genügend Personal zur Verfügung hatte, um das Spiel und den erwarteten Zustrom von Besuchern zu bewältigen, die eine bevorstehende Sonnenfinsternis sehen wollten. „Eine totale Sonnenfinsternis ist ein einmaliges Ereignis", meinte der örtliche Polizeichef. „So etwas hat es seit 1927 nicht mehr gegeben."

Weil ein Bahnstreik angekündigt war, wurde die für den 17. September 2022 angesetzte Premier-League-Begegnung Brighton & Hove Albion gegen Crystal Palace abgesagt. Laut dem Vorstandsvorsitzenden des Gastgebers habe man zwar versucht, alle Hebel mit den Behörden in Bewegung zu setzen, aber gegen einen Streik komme man nun mal nicht an. Viele Fans könnten ohne Zug nicht zum Spiel und deren Sicherheit gehe vor.

Für den 6. Juni 2022 war in Hinblick auf die Weltmeisterschaft in Katar ein Testländerspiel von den Verbänden Kanadas und des Iran vereinbart worden. Der kanadische Premierminister Justin Trudeau hielt dies für eine schlechte Idee und verwies darauf, dass beide Länder seit 2012 keine diplomatischen Beziehungen mehr unterhielten. Der kanadische Verband sagt schließlich ab und begründete dies damit, dass „die unhaltbare geopolitische Situation des Gastgebers Iran zu erheblichen Meinungsverschiedenheiten geführt" hätte. Und weiter: „Canada Soccer wird seine Prozesse für die Ausrichtung von Länderspielen gründlich überprüfen …" Daraufhin bemühte sich der Verband um einen alternativen Gegner. Diesen glaubte man in Panama gefunden zu haben. Doch auch dieses Spiel wurde nicht angepfiffen. Die kanadische Nationalmannschaft, die zum zweiten Mal die Qualifikation für eine Weltmeisterschaft geschafft hatte, ging kurzerhand in einen Streik über. Zwei Stunden vor dem geplanten Anpfiff wurde eine Erklärung veröffentlicht, wonach man sich unter anderem bei den Prämien für die WM nicht mit dem Verband habe einigen können. In fünf aufgestellten Forderungen wurde auch kritisiert, dass die Standards im kanadischen Fußball durch den Verband nicht angehoben worden seien und es an einer gerechten Gehalts- und Bonusstruktur mit dem Frauenteam fehle. In Vancouver tummelten sich bestürzte Fans am Stadion.

Ein Imbiss vor dem Spiel führte dazu, dass sich 1963 sowohl der Schiedsrichter als auch ein Linienrichter vor dem La-Liga-Spiel zwischen Real Betis und Valencia heftig übergeben mussten. Als das unglückliche Duo in die Umkleidekabine zurückkehrte, wurden die Ersatzleute gerufen. Prompt steckten sie im Verkehr fest, und da keine anderen Offiziellen anwesend waren, musste das Spiel kurzerhand abgesagt werden.

Flutlichter waren zu Beginn der Sechzigerjahre noch nicht weit verbreitet. Als der AS Porto-Novo aus Dahomey (heute Benin) am 28. Juli 1964 im Afrikapokal der Landesmeister bei ASEC Mimosas aus Abidjan in der Elfenbeinküste antreten sollte, wurden die Spieler damit überrascht, unter Flutlicht zu spielen. Sie lehnten dies ab und fuhren wieder in die Heimat. Der Verein bekam aber eine zweite Chance und reiste dreieinhalb Monate später neu an.

Bei den Südpazifikspielen 1969 in Papua-Neuguinea hatte Französisch-Polynesien zwei Tage zuvor erst 7:0 gegen die Salomoninseln gewonnen, als das fünfte Spiel in sieben Tagen anstand. Doch gegen Neukaledonien kamen dann nicht mehr genug gesunde Spieler zusammen, um antreten zu können, nachdem inzwischen elf von 19 im Kader verletzt waren.

Im Januar 2012 verschob der Fußballverband von Zypern das Erstligaspiel zwischen Enosis Neon Paralimni und Ermis Aradippou auf unbestimmte Zeit. Die Wetten auf den Ausgang des Spiels seien „unangemessen exzessiv" gewesen. Der Verband forderte die Buchmacher auf, alle für das Spiel eingegangenen Wetten für ungültig zu erklären und bat die Regierung um Unterstützung. Der Verband verkündete: „Wir wiederholen unsere Entschlossenheit, das Problem der potenziellen Spielabsprachen zu beseitigen, und bitten gleichzeitig den Staat um Hilfe. Der zypriotische Fußballverband kann das Problem, das den Weltfußball in den letzten Jahren geplagt hat, nicht allein beseitigen."

In der Finalrunde der Zentralamerikanischen und Karibischen Spiele von 1970 in Panama verpasste es die Mannschaft der Niederländischen Antillen aufgrund einer neuen Anstoßzeit, vormittags zur Begegnung gegen Kolumbien vor Ort zu sein. Die Kolumbianer hingegen waren nicht zum ursprünglichen Spielbeginn am Nachmittag zugegen, als die Antillianer bereitstanden. Kurioserweise gab der gleiche Schiedsrichter, der am Vormittag Kolumbien als Sieger verkündete, am Nachmittag die Antillen als Gewinner aus. In einer salomonischen Entscheidung des Ehrentribunals gingen die Punkte an Kolumbien, wogegen die Antillianer noch vor den Kolumbianern die Silbermedaille erhielten.[33]

In der Qualifikation für die Olympischen Spiele 1964 in Tokio trafen die Griechen auf Großbritannien. Verloren sie das Auswärtsspiel noch mit 1:2, so brachten sie es im Rückspiel auf heimischen Boden zu einem erstaunlichen 4:1-Sieg. Zu den beiden letzten Spielen um das Olympiaticket gegen die Tschechoslowakei kam es aber nicht mehr, weil der griechische

33 Damit wurden in dieser Finalrunde alle Spiele von Kolumbien kurioserweise am grünen Tisch entschieden, nachdem die ersten beiden Spiele aufgrund eines nicht spielberechtigten Spielers mit 0:2 gewertet wurden.

Verband seine Olympiaelf selbst disqualifizierte. In dem Amateuren vorbehaltenen Wettbewerb hatten die Griechen zuvor Profis eingesetzt.

Im UEFA-Pokal der Saison 1975/76 traf Lazio Rom in der zweiten Runde auf den FC Barcelona. Lazio weigerte sich aus Sicherheitsgründen, beim Hinspiel in Rom am 22. Oktober anzutreten, da im Falle der Austragung politische Demonstrationen gegen Spanien erwartet wurden. Die UEFA wertete das Spiel mit einer 0:3-Niederlage der Römer.[34]

Bei der Universiade[35] 1947 in Paris wurden die beiden Nationen, die sich für das Spiel um den 3. Platz qualifiziert hatten, Niederlande und Luxemburg, von ihren Fahrern jeweils zu spät ins Stadion gefahren. Spielbeginn sollte um 14:45 Uhr sein, die Fahrer gingen von 16:15 Uhr aus. Da Luxemburg mit einem 18:00-Uhr-Zug den Weg zurück ins Großherzogtum antreten musste, fiel das Spiel einfach aus.

Als im Afrikapokal der Landesmeister 2003 der Highlanders FC aus Simbabwe den Anschlussflug von Mauritius nach La Réunion und damit das für den 26. April angesetzte Rückspiel bei SS Saint-Louisienne verpasste, wurde die Begegnung für den 17. Mai neu angesetzt, wogegen SSSL protestierte und einen Rückzug aus dem internationalen Wettbewerb im folgenden Jahr überlegte. In jener Neuauflage des Wettbewerbs entschloss sich La-Réunion-Vertreter US Stade Tamponnaisse mit Hinweis auf jene Verbandsentscheidung aus 2003, gegen AS Port-Louis 2000 aus Mauritius nicht anzutreten.

Finanzielle oder logistische Gründe sind bei internationalen Begegnungen häufig ein Rückzugs- oder Ausfallgrund. Al-Wahda Sanaa aus dem Jemen war beim AFC Cup 2004 auf Unterstützung durch das heimische Sport- und Jugendministerium angewiesen, um zum Spiel beim syrischen Namensvetter al-Wahda zu reisen. Da diese ausblieb und das Spiel ausfiel, gab es gleich noch eine Disqualifikation für den nächsten Wettbewerb, für den sich der Klub qualifizieren würde. 2002 machte Köpetdag Aşgabat aus Turkmenistan einen Rückzieher in der AFC Champions League gegen Al Sadd SC aus Katar. Die Kaizer Chiefs siegten im afrikanischen Pokalsiegerwettbewerb 2002 noch im Hinspiel gegen US Transfoot aus Toamasina in Madagaskar mit 4:0, doch als die Südafrikaner selbst nach Madagaskar reisen sollten, konnten sie dies nicht bewerkstelligen. Transfoot kam weiter. Den Transport nach Bujumbura in Burundi auf die Beine zu stellen, war für die Zentralafrikanische Republik in der Qualifikation zum Afrikanischen Nationenpokal 1998 ebenfalls eine unüberwindbare Hürde. Der Verband zog zurück. Burundi wiederum hatte in der Qualifikation zur Weltmeisterschaft 1998 Sierra Leone mit zwei 1:0-Siegen ausgeschaltet, verzichtete dann aber aufgrund eigener Logistikprobleme vor der folgenden Gruppenphase auf weitere Spiele. In der Qualifikation zu den African Games 2003 zogen Äthiopien, Sudan und Uganda zurück, weil sich der Gastgeber des Qualifikationsturniers, Ägypten, nicht an das Versprechen hielt,

34 In Spanien wurden am 27. September fünf ETA- und FRAP-Mitglieder wegen Terrorismus hingerichtet.
35 Welthochschulspiele.

für die Flugtickets der Spieler aufzukommen. Für das Versprechen hatte Ägypten von den anderen Ländern die Zusage erhalten, Ausrichter sein zu können.

Aber auch in Europa gibt es ähnliche Fälle. 1940 verzichte Levski Russe in Bulgarien auf die Finalteilnahme im Tzar Cup gegen FC 13 Sofia, da niemand die Reisekosten des Klubs für die inländische Reise übernehmen wollte. Im Europapokal der Pokalsieger 1993 kam RAF Yelgava aus Lettland nicht zum Vorrundenspiel bei HB Tórshavn auf den Färöerinseln an. Im UEFA-Pokal-Vorläufer Messepokal trat der Hamburger SV 1968/69 nicht zum Viertelfinalspiel bei Göztepe Izmir an. Die Verantwortlichen befürchteten, nicht rechtzeitig zum als wichtiger eingeschätzten Auswärtsspiel wenige Tage später bei Kickers Offenbach zurück zu sein. Der HSV verzichtete somit auf das Europapokalhalbfinale und schied kampflos aus.

Im asiatischen Landesmeister-Cup 1994/95 traf Mohun Bagan aus Bangladesch auf Thai Farmers Bank. Da die AFC das Rückspiel aufgrund der in Indien ausgebrochenen Pest von Bangladesch nach Malaysia verlegte, weigerte sich Mohun Bagan anzutreten. Durch das Ausbrechen der Schweinegrippe 2009 in Mexiko wurden die mexikanischen Vertreter Atlético San Luis und Guadalajara FC aus der 2. Runde der Copa Libertadores genommen. Nacional Montevideo und São Paulo FC kamen dadurch kampflos weiter – die Mexikaner erhielten dafür aber ein direktes Startrecht für die 2. Runde im Wettbewerb des folgenden Jahres.

Im Afrikapokal der Landesmeister 1981 zog al Ahly SC aus Kairo, das das Halbfinale erreichte hatte, nach der Ermordung des Präsidenten Anwar as-Sadat zurück. 2022 wurde ein Fußballwochenende in England aufgrund des Ablebens von Queen Elisabeth II abgesagt. In Kolumbien wurde die komplette Meisterschaft 1989 nach dem Mord an Schiedsrichter Álvaro Ortega abgebrochen. In Bulgarien betraf es das Spiel Litex Lowetsch gegen PFC Cherno More Varna nach dem Mord an Cherno-Präsident Ilija Pavlov am 7. März 2003.

In Nigeria wurde das Spiel zwischen Enyimba FC und Gombe United FC am 15. Juni 2003 abgesagt, nachdem bewaffnete Räuber ein Auto von Gombe auf dem Weg zum Auswärtsspiel überfallen und auch für zwei verletzte Spieler gesorgt hatten.

Zum Spiel bei Varzob Dushanbe im Asienpokal der Landesmeister 2000/01 trat FK Do'stlik aus Usbekistan nicht an. Grund waren die Kriegshandlungen in dieser Zeit in Tadschikistan. Die AFC hatte kein Verständnis und reagierte mit dem Ausschluss der Usbeken und einer 10.000-US-Dollar-Strafe. Auch die FIFA kannte kein Erbarmen, als in der Qualifikation zur Weltmeisterschaft 2022 Macau nach einem 1:0-Hinspielerfolg gegen Sri Lanka nicht zum Rückspiel antrat, weil es noch Sicherheitsbedenken in Folge des Terroranschlags in Sri Lanka am 21. April 2019 hatte. Der Sudan zog sich 1997 aus der Qualifikation zum Afrikanischen Nationenpokal 1998 aufgrund der Unruhen im Osten des eigenen Landes zurück. Weil die Regierung der Zentralafrikanischen Republik beim gleichen Wettbewerb ihrer Nationalmannschaft die Anreise zum Auswärtsspiel ins vom Bürgerkrieg betroffene Sierra Leone untersagte, wurde das Land disqualifiziert. Mekelle 70 Enderta aus Äthiopien verzichtete vor dem Erstrundenspiel in der afrikanischen Champions League 2020/21 gegen Al-Ahly Benghazi aus Libyen – Hintergrund waren die kriegerischen Auseinandersetzungen im äthiopischen Grenzgebiet zu Eritrea.

Der Sharjah FC aus den Vereinigten Arabischen Emiraten musste nach vier von sechs absolvierten Gruppenspielen in der asiatischen Champions League 2009 zurückziehen, da er an der Abstiegsrunde der eigenen Liga teilnehmen musste.

Politische Gründe für eine Absage werden in diesem Buch auch an anderer Stelle im Zusammenhang mit der Weigerung, gegen israelische Fußballer anzutreten, behandelt. Doch die Politik spielt(e) auch bei anderen Konstellationen eine Rolle. Bei den Mittelmeerspielen 1953–58 fielen beispielsweise die Partien zwischen Griechenland und der Türkei aus. Vor dem Afrika Cup 1996, der von Kenia nach Südafrika verlegt wurde, verzichtete Nigeria offiziell aufgrund fehlender Sicherheitsgarantien auf das Finalturnier, die Menschenrechtslage im Gastgeberland soll aber auch eine Rolle gespielt haben. In der Qualifikation zu den Afrikaspielen 1978 erklärte Äthiopien aus Protest gegen die Teilnahme von Somalia seinen Verzicht. In der Qualifikation zur Weltmeisterschaft 1934 ließ die polnische Regierung ihre Mannschaft nicht in die Tschechoslowakei fahren. Die Qualifikationspartie zur Weltmeisterschaft 1962 zwischen den Niederlanden und der DDR kam nicht zustande, weil das DDR-Team keine Visa erhielt. Im Qualifikationsturnier zum Afrikanischen Nationenpokal 1963 durfte Uganda nicht gegen Ägypten antreten, weil die Regierung Ugandas ihre Nationalmannschaft als „nicht stark genug, um unser Land zu repräsentieren" einschätzte.

Bei den Mittelmeerspielen 1963 in Italien musste das Spiel zwischen der Vereinigten Arabischen Republik[36] und dem Libanon im Stadio San Paolo in Neapel ausfallen, weil der Libanon nicht mit der Stadionauswahl einverstanden war …

Das Supercup-Finale in Dänemark 2003 zwischen dem FC Kopenhagen und Brøndby IF wurde nicht ausgetragen, da am vorgesehenen Spieltag das Stadion Parken aufgrund eines Robbie-Williams-Konzert nicht zur Verfügung stand und die Klubs sich nicht auf einen Ersatzort einigen konnten. Ein Madonna-Konzert sorgte in Frankfurt am Main dafür, dass das in Mitleidenschaft gezogene Spielfeld trotz Ausbesserungen nicht für die Partie am 12. September 2008 zwischen Eintracht Frankfurt und dem Karlsruher SC genutzt werden konnte.

Für die Olympischen Spiele 1988 in Seoul wurde auch Nordkorea einer Qualifikationsgruppe zugeordnet. Doch das Land trat gegen Malaysia und Thailand in Kuala Lumpur einfach nicht an, weil es darauf bestand, direkt qualifiziert zu sein, da es sich die Gastgeberrolle angeblich mit Südkorea teilen würde.

36 Staatenbund von Ägypten, Syrien und dem Königreich Jemen (Nordjemen), der 1961 aufgelöst wurde, aber 1963 auf Betreiben von Ägypten zusammen mit Syrien und dem Irak neu belebt wurde.

1948 wurde die Meisterschaft in Uruguay nach dem 10. Spieltag aufgrund eines Spielerstreiks abgebrochen und nicht wieder aufgenommen. Es wurde kein Titel vergeben.[37] Ein Streik der Spieler von Nacional Montevideo führte 1992 in der Supercopa Libertadores dazu, dass der Klub vor der ersten Viertelfinalpartie bei Racing Club aus Buenos Aires zurückziehen musste. Eine unvorstellbare Anzahl an Spielen ist durch Streiks der Schiedsrichter ausgefallen.[38] Als aber auch das Spiel zwischen Uruguays Nacional Montevideo und Argentiniens CA Newell's Old Boys aus Rosario am 19. Februar 1971 in der Copa Dos Ciudades durch einen Schiedsrichterstreik ausfallen sollte, übernahm kurzerhand ein Zuschauer die Spielleitung im Estadio Centenario.

Den al-Ahli Club aus Manama in Bahrain erwischte vor der Gruppenphase der asiatischen Champions League 2004 ein ungewöhnliches Hindernis, das ihn zum Verzicht auf die Teilnahme zwang: Der Nationalverband zog sieben seiner Spieler für die A- und die Olympianationalmannschaft ab.

Spielabsagen aufgrund von Unglücksfällen wie Vorfällen mit Flugzeugen, Zügen und Bussen[39], aber auch Anschlägen[40] und Stadionkatastrophen sollen nicht außen vorgelassen werden – doch verweise ich auch aufgrund des Umfangs auf mein 2023 hierzu veröffentlichtes Buch.[41] Tonga verzichtete auf sein Ausscheidungsspiel im Rahmen der Ozeanien-Qualifikation zur Weltmeisterschaft 2022 gegen die Cookinseln, das nach der Reorganisation infolge der Coronakrise in Doha ausgetragen werden sollte, nachdem der Vulkan Hunga Tonga-Hunga Ha'apai den Inselstaat verwüstet hatte.

Zu viele Coronaausfälle unter den Spielern sorgten in vielen Wettbewerben für Absagen, wodurch die Gegner die Punkte erhielten bzw. in die nächste Runde zogen.[42]

---

37 Es gibt weitere Fälle dieser Art. In Polen weigerten sich beispielsweise 1996 die Spieler von Sokół Tychy gegen Odra Wodzisław und jene von Stal Mielec gegen Cracovia Kraków anzutreten.

38 So kam es u. a. in folgenden Ländern zu Streiks der Unparteiischen: Angola 1992 (ein Spieltag), Guinea-Bissau 2013 (zwei Spiele), Malawi 2003 (zwei Spieltage) und 2006 (ein Spieltag), Mexiko 1979 (ein Spieltag/aus Protest gegen die Entlassung des Verbandsvorsitzenden Guillermo Aguilar Álvarez) und 2016 (ein Spieltag/aufgrund von Unstimmigkeiten mit dem Disziplinarausschuss des Verbands), Papua Neuguinea 1998 (ein Spieltag), Surinam 2014 (ein Spiel), Uruguay 2000 (ein Spieltag der 2. Liga/in Folge des Angriffs von Anhängern auf die Mutter des Schiedsrichters Gustavo Méndez), Vanuatu 2010 (ein Spieltag) und Zentralafrikanische Republik 2001 (zwei Spieltage).

39 AS L'Aquila 1936, AC Turin 1949, UD Melilla 1951, Juan Aurich 1953, Manchester United 1958, Nationalmannschaft Dänemark 1960, Green Cross 1961, António Varas 1965, The Strongest 1969, Pachtakor Taschkent 1979, Alianza Lima 1987, Samsunspor 1989, Nationalmannschaft Sambia 1993, Étoile Filante de Lomé 2011, Chapecoense 2016 und Étoile de Guinée 2020 ohne Anspruch auf Vollständigkeit.

40 Nationalmannschaft Togo 2010, Borussia Dortmund 2017 und JCCI FC 2020.

41 Übersicht und Berichte mit erstaunlichen Hintergründen siehe in meinem Buch „Fußballkatastrophen – Tragödien, Schicksale und skandalöse Verschleierungen".

42 Wie in der asiatischen Champions League 2020 al-Wahda (Vereinigte Arabische Emirate) und al-Hilal (Saudi-Arabien) und im AFC Cup 2021 Abahani Ltd. Dhaka (Bangladesch/wegen allgemeinem Lockdown), sowie in der afrikanischen Champions League 2020/21 Ashanti GB (Guinea) zu Gunsten von Stade Malien (Mali), FC Nouadhibou (Mauretanien) zu Gunsten von Asante Kotoko (Ghana) und dann selbst Asante Kotoko zu Gunsten von al-Hilal (Sudan) und im afrikanischen Konföderationspokal der gleichen Spielzeit AS Kigali (Ruanda) zu Gunsten von KCCA FC (Uganda).

Als die Sport Unie Brion-Trappers aus Willemstad (Curaçao) am 25. November 1953 in der heimischen Liga gegen Estudiantes antreten sollte, reiste der Gast nicht an – dieser lehnte den Schiedsrichter ab. Dumm lief es für das Schiedsrichterteam der Begegnung Hwange FC gegen Dynamos FC aus Harare am 15. Juli 2007 in Simbabwe, das mit dem Auto liegen geblieben war. Die Dynamos lehnten es ab, unter dem Ersatzschiedsrichterteam in Hwange anzutreten und gewannen die Neuansetzung zwei Wochen später.

Als im Dezember 2020 die Frauenmannschaften der chinesischen Universitäten Fuzhou und Jimei aufeinandertrafen, wurden sie gewarnt. Nach den Regularien des nationalen Bildungsministeriums war das Färben von Haaren verboten. Doch viele Spielerinnen hielten sich nicht daran. Da der Schiedsrichter sich weigerte, das Spiel anzupfeifen, besorgten sich die Studentinnen am nächstgelegenen Friseursalon schwarze Farbe. Doch auch nach dem Zurückfärben wurde eine Fuzhou-Spielerin abgelehnt, weil ihr Haar „immer noch nicht schwarz genug" gewesen sei. Damit hatte das Team nicht mehr genügend Spielerinnen zur Verfügung und konnte nicht antreten. Das Spiel wurde abgesagt. In den sozialen Netzwerken war die Empörung groß, doch die Universität akzeptierte dies und verkündete: „In den einschlägigen Dokumenten ist festgelegt, dass Spieler ihre Haare nicht färben, seltsame Frisuren haben oder irgendwelche Accessoires tragen dürfen." Hintergrund ist, dass die kommunistische Partei um Präsident Xi Jinping in China den Fußball als Vorzeigebeispiel für ihr Streben nach einer gleichförmigen Gesellschaft nutzt. Aus diesem Grund müssen die Spieler der Männernationalmannschaft bei Länderspielen auch ihre Tätowierungen bedecken.

Von Paraden nach ausgefallenen Spielen

Maccabi Tel Aviv – Aliyat Al-Shorta

Finale Champions' Cup, Bangkok, Thailand 1971

1967 wurde erstmals der wichtigste asiatische Wettbewerb für Vereinsmannschaften ausgetragen. Was heute wie in Europa den Titel „Champions League" trägt, war damals noch der „Champions' Cup". Der Fußball in Asien befand sich im Aufbau. Die Klubs hatten weniger Geld, um weite Reisen absolvieren zu können. Zudem gab es internationale Konflikte, die die Fußballwelt spalteten. So sollte Kuwait Gastgeber für das noch ohne Vorqualifikation ausgespielte Turnier sein. Da die Regelungen der Einwanderungsbehörde des Landes der Einreise des israelischen Teilnehmers im Wege standen, wurde das Turnier vom asiatischen Verband AFC in die thailändische Hauptstadt Bangkok verlegt. Für das Turnier im Nationalstadion in Bangkok wurden die Meister aus acht Ländern eingeladen: ROK Army aus Südkorea, Bangkok Bank FC aus Thailand, Aliyat al-Shorta aus dem Irak[43], Taj Club aus dem Iran, al-Arabi aus Kuwait, FC Punjab Police aus Indien, Maccabi Tel Aviv aus Israel und Perak FA aus Malaysia.

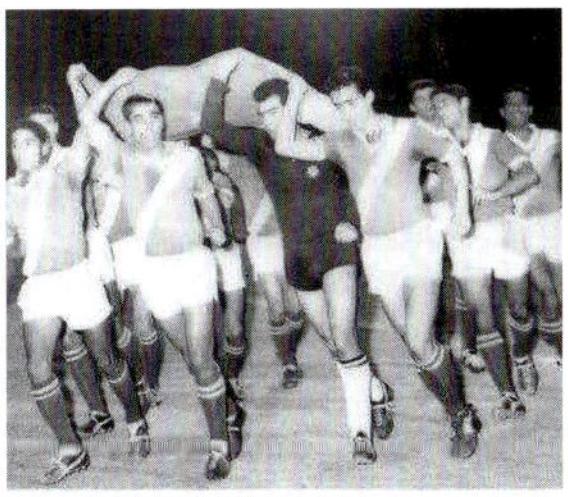

Das irakische Team präsentiert die palästinensische Flagge.

Zunächst absolvierten alle Teams ein Spiel, das der Eingliederung in die Gruppen dienen sollte. So besiegte Maccabi die Mannschaft von Perak mit 1:0. Zum ersten Gruppenspiel gegen Aliyat al-Shorta – eine der besten Mannschaften, die der Irak je hervorgebracht hatte – musste Maccabi dann aber nicht antreten, da der Polizeisportverein aus Bagdad aus politischen Gründen verzichtete. Er protestierte damit gegen die israelische Besetzung Palästinas. Das Spiel wurde mit 3:0 für die Israelis gewertet. Gegen die Inder von Punjab erreichte Maccabi ein 4:1, das gleiche Ergebnis stand gegen Bangkok Bank zu Buche. Damit stand das israelische Team bereits im Halbfinale gegen den südkoreanischen Armeevertreter. Mit 2:0 konnte Maccabi auch dieses Spiel siegreich gestalten.

Im zweiten Halbfinale hatten die Iraker die Iraner mit 2:0 aus dem Wettbewerb geschmissen. Als am 2. April nach dem Spiel um Platz 3 nun das Finale ausgespielt werden sollte, lief aber Aliyat al-Shorta wie im Gruppenspiel wieder nicht auf, sondern eine Bangkok-Auswahl für ein „Ausstellungsspiel" anstelle des Endspiels. Die irakische Mannschaft hatte den Organisatoren mitgeteilt, dass sie sich zurückziehen würde, wenn sie auf die israelische Mannschaft treffen würde. 24 Stunden vor dem Finale bestätigte Aliyat al-Shorta den Rückzug. Mac-

43 Im Irak gab es noch keine landesweite Liga, sodass das frischgebackene AFC-Mitglied Irak den Polizeisportverein Aliyat al-Shorta, den Meister der Bagdad-Liga, nach Bangkok schickte. Dieser Klub ist nicht zu verwechseln mit dem 1974 vom irakischen Olympischen Komitee gegründeten al-Shorta SC, der den zuvor genannten Klub in der neuen obersten irakischen Liga ersetzte, während der Polizeisportverein in die 2. Liga versetzt wurde, da fortan nur noch ein einziger institutioneller Verein in der 1. Liga spielen durfte.

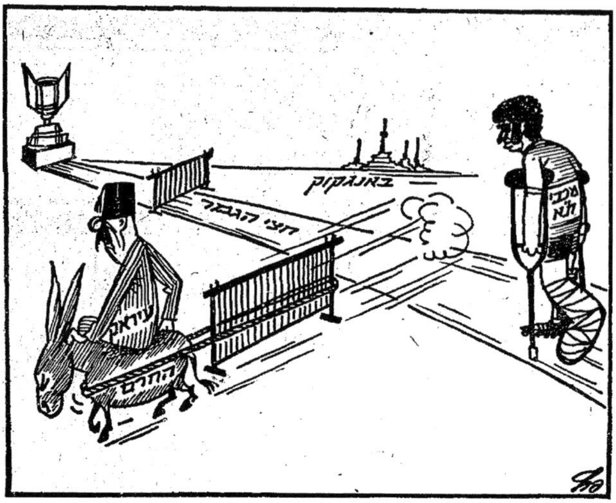

Karikatur einer jüdischen Zeitung zu den Umständen von Maccabi beim Turnier.

cabi war kampflos Sieger der Asienmeisterschaft für Vereine geworden und durfte sich die Krone aufsetzen. Man stelle sich vor, in Europa würde das Finale um die Champions League ausfallen …

Der Rückzug von Aliyat aus dem Finale traf die Organisatoren des Turniers finanziell hart. Das organisierte Ersatzspiel konnte die Verluste nur zum Teil ausgleichen. Während der Siegerzeremonie postierten sich Spieler von Aliyat al-Shorta und ihre kuwaitischen Kollegen von Al-Arabia um das Spielfeld und schwangen die palästinensische Flagge, während sie um das Spielfeld herumjoggten. Thailändische Zuschauer sollen sie mit großem Applaus empfangen haben. Die Aktion des irakischen Kapitäns Abid Kadhim und seiner Mannschaftskameraden im Suphachalasai-Stadion in Bangkok bei gleichzeitiger Opferung der Chance, die erste asiatische Vereinsmeisterschaft des Iraks zu erringen, wird als heldenhafter Schritt in der irakischen Sportgeschichte angesehen. Für einen der irakischen Spieler war es ein persönlicher Moment: Latif Shandel, der Torhüter der Reservemannschaft, der nach einer Infektion in seiner Jugend auf dem rechten Auge erblindet war und nur noch auf einem Auge sehen konnte, hatte seinen Vater 1948 im Palästinakrieg verloren. Nicht nur Maccabi wurde nach der Rückkehr nach Tel Aviv gefeiert. Die Iraker wurden mit einer Parade geehrt, bei der die Spieler vom Flughafen aus in einem offenen Bus durch die Straßen gefahren wurden.[44] Weitere Ehrungen folgten.

Diese Art des antiisraelischen Protests hatte sich 1971 nicht zum ersten Mal ereignet, sondern wiederholte sich regelmäßig. Bleiben wir beim Champions‘ Cup. 1967 wurde noch im K.-o.-System mit Hin- und Rückspiel gespielt. Doch durch Absagen wurde es ein ungleiches Turnier, bei dem der eine Finalist (Selangor aus Malaysia) insgesamt sieben Begegnungen und der andere (Hapoel Tel Aviv) nur eine, eben das Finale, bestritt. Hapoel Tel Aviv wurde für die erste Runde gegen den Vertreter des Iran ausgelost, doch daraufhin entsandte der iranische Verband kein Team. Auch in Runde 2 gab es keinen Gegner – der Grund ließ sich leider nicht recherchieren. In der dritten Runde, dem Halbfinale, sollte Indian Railways gegen Hapoel spielen – ohne dass dieses in den Runden zuvor antreten musste. Doch die Inder

44 Laut einem Bericht der irakischen Nachrichtenagentur (INA) sei beim Abflug der Iraker in Bangkok ein Sabotageversuch am Flugzeug unternommen worden. Doch der Agent sei noch im letzten Moment festgenommen und damit eine Katastrophe verhindert worden.

hatten aufgrund der extremen Reisekosten abgesagt. Wieder war Hapoel kampflos weiter und damit bereits im Finale, in dem Hapoel Selangor mit 2:1 besiegte und damit den ersten Klubtitel Asiens einkassierte.

In Bangkok spielte 1969 Maccabi Tel Aviv zum ersten Mal auf dieser internationalen Ebene, gewann die eigene Vorrundenfünfergruppe (u. a. gegen Persepolis aus Teheran) und besiegte Yangzee aus Südkorea im Finale. Es gab keine Zwischenfälle! Doch 1970 liefen die Libanesen von Homenetmen aus Beirut im Halbfinale gegen Hapoel Tel Aviv nicht auf. Im Finale siegte Taj Club aus dem Iran mit 1:0 gegen die Israelis. Das Spiel kam zustande, da Iran und Israel zu dieser Zeit diplomatische Beziehungen unterhielten.

1972 sollte das Turnier in Teheran mit sieben Klubs in zwei Vorrundengruppen ausgetragen werden. Aus Israel hatte Maccabi Netanya Startrecht. Nachdem aber die Rangers aus Hongkong aus finanziellen Gründen abgesagt hatten und al-Qadisiya aus Kuwait und Racing Beirut aus dem Libanon sich weigerten, wegen der Präsenz von Maccabi überhaupt anzutreten, obwohl die Israelis sogar in die andere Gruppe gelost wurden, wurde das Turnier gestrichen. Auf Jahre fand keine Neuauflage mehr statt. Erst 1985 ging es wieder unter einem neuen Namen weiter.

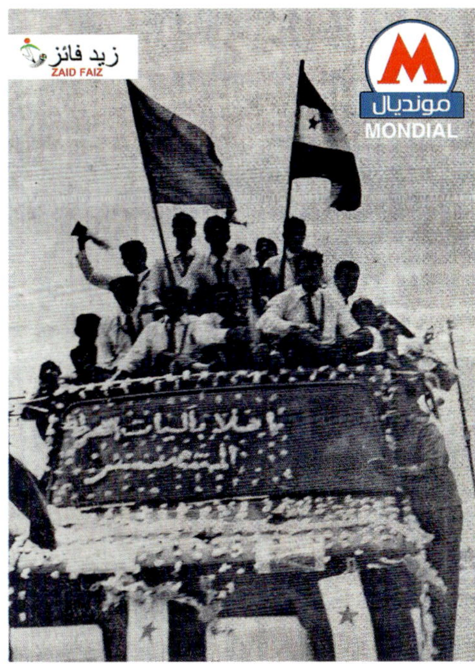

Die Iraker wurden nach ihrer Rückkehr als Helden gefeiert.

Das Fußballspiel begann auf dem Gebiet des heutigen Israels bereits 1912. Jüdische, arabische und britische Teams spielten nach dem Ersten Weltkrieg in Palästina. 1928 wurde ein palästinensischer Fußballbund gegründet, der 1929 in die FIFA aufgenommen wurde. Unter dem Namen Palästina/Eretz Israel nahm das Nationalteam an der Qualifikation zu den Weltmeisterschaften 1934 und 1938 teil. Die Meisterschaft wurde in der Palästina-Liga ausgespielt. Mit der Staatsgründung Israels 1948 wurde der israelische Fußballverband ins Leben gerufen, aber diese stoppte auch die Sportkultur der Palästinenser. Deren Politiker hatten ihre Landsleute schon 1946 aufgerufen: „Als Soldaten solltet Ihr auf dem Sportfeld viele Jahre aktiv sein.“[45]

45 Mit Rifaat Turk wurde 1976 erstmals ein arabischer Spieler ins israelische Nationalteam berufen. Inzwischen sind es fünf oder sechs arabische Spieler, die von der jüdischen Öffentlichkeit unterstützt werden, solange sie erfolgreich sind und sich auch unauffällig unterordnen. Äußern sie Kritik, ist die Akzeptanz jedoch vorbei. 2004 gewann erstmals ein arabischer Klub (FC Bnei Sachnin) den nationalen Pokalwettbewerb.

Nicht nur die Klubs, sondern auch die Nationalmannschaft Israels wurden mit Weigerungen, gegen sie zu spielen, konfrontiert. Das Land kam kampflos in die 1956 in Hongkong ausgetragene Endrunde zur Asienmeisterschaft, nachdem Afghanistan und Pakistan die Spiele gegen Israel verweigerten. Israel erreichte Platz 2 hinter Südkorea.
Die Qualifikation zur Weltmeisterschaft 1958 begann für Israel mit einem ausgefallenen Spiel gegen die Türkei. Diese weigerte sich anzutreten. Damit standen die Israelis bereits in der Finalrunde der asiatisch/afrikanischen Qualifikation. Aber auch die Gegner Sudan und Ägypten traten aufgrund des Nahostkonflikts[46] nicht an; Indonesien wollte nur auf neutralem Boden spielen.[47]
In der Qualifikation zur Asienmeisterschaft 1960 traten Iran und Pakistan neben Indien gegen die Israelis an, die die Gruppe gewannen und im Finalturnier in Südkorea wieder Platz 2 hinter Südkorea erreichten.
1964 wurde die Kontinentalmeisterschaft in Israel ausgetragen. Iran und Pakistan zogen aufgrund der Wahl des Austragungsortes zurück. Israel wurde Asienmeister vor Indien, Südkorea und Hongkong.
Als der Afrikanische Nationenpokal 1965 in Tunesien ausgetragen werden sollte, hatte sich Ägypten bereits für die Endrunde qualifiziert. Der tunesische Freiheitsheld und Präsident Habib Bourguiba in Jericho forderte die arabischen Länder auf, Israel als Staat anzuerkennen. Daraufhin zogen sich die Ägypter vom Finalturnier zurück.
Im Iran wurde die Asienmeisterschaft 1968 ausgetragen – Israel landete hinter dem Iran und Burma auf Platz 3. Im gleichen Jahr nahm Israel am Olympischen Fußballturnier in Mexiko-Stadt teil. In der Qualifikation hatten der Iran und Indien gegen Israel zurückgezogen, nur Ceylon trat an und wurde geschlagen. Erst ein Münzwurf im Viertelfinale gegen Bulgarien bedeutete das Aus.
1972 sollte die Asienmeisterschaft wieder in Israel ausgetragen werden, doch zwei Jahre zuvor trat Israel davon zurück, wodurch die Spiele an Thailand vergeben wurden. In der Olympiaqualifikation für München traten Indien und Indonesien diesmal gegen Israel an, für Letztere reichte es am Ende aber nicht.

46 Der Nahostkonflikt führte alleine bis Mitte der Achtzigerjahre zu sieben Kriegen sowie palästinensischen Aufständen: Palästinakrieg (November 1947 – Juli 1949 am Ende der britischen Mandatsherrschaft durch die Vereinten Nationen; endete mit Waffenstillstandsabkommen von Israel mit Ägypten, Libanon, Syrien, Irak und Jordanien), Sueskrise / Sinai-Krieg (Oktober 1956 – März 1957 nach Sperrung des Sueskanals für israelische Schiffe; Angriff Ägyptens durch Israel, England und Frankreich), Sechstagekrieg (Juni 1967; Israel wollte mit Angriff auf Ägypten, Syrien und Jordanien deren Angriff zuvorkommen; führte zur Besetzung von Gazastreifen, Sinai, Westjordanland und Golanhöhen), Abnutzungskrieg (Juli 1967 – August 1970; Ägyptens erfolgloser Versuch, den Sinai zurückzubekommen, unterstützt durch Sowjetunion und PLO), Jom-Kippur-Krieg (Oktober 1973; Ägypten und Syrien versuchten Rückeroberung von Gebieten), Operation Litani (März 1978; israelischer Einmarsch in den Libanon nach mehreren Anschlägen), Libanonkrieg 1982 (Juni – September 1982; israelischer Einmarsch in den Libanon nach mehreren von dort geführten Terrorattacken mit Eingriff in den libanesischen Bürgerkrieg).

47 Weil die FIFA Israel nicht komplett kampflos zur Weltmeisterschaft zulassen wollte, wurde ein K.-o.-Vergleich mit Hin- und Rückspiel gegen einen ausgelosten europäischen Gruppenzweiten angesetzt, den Wales für sich entscheiden konnte. Bei den im gleichen Jahr ausgetragenen Asienspielen, den einzigen, an denen Israel teilnahm, belegte die Mannschaft Platz 2 in der Vorrundengruppe hinter Südkorea und vor Singapur und Iran. Endstation war gegen Taiwan im Viertelfinale.

Die arabischen Länder hatten sich jahrelang geweigert, der Asiatischen Fußballkonföderation beizutreten, da Israel die Palästinenser 1948 aus ihrem Land vertrieben und ihnen ihre grundlegenden Menschenrechte vorenthalten hatte. 1967 besetzten die Israelis das Westjordanland und den Gazastreifen. Während es einen arabischen Boykott israelischer Interessen und damit verbundener Organisationen gab, nutzte die arabische Fußballgemeinschaft ihren zahlenmäßigen Vorteil innerhalb der AFC: Unter dem Vorwand, die Präsenz israelischer Mannschaften behindere die Entwicklung des asiatischen Fußballs, wurde Israel, das 1956 beigetreten war, 1976 aus der AFC ausgeschlossen.

Da sich die Ostblockstaaten gegen eine Aufnahme Israels in die UEFA stemmten, wurde der Staat fortan von der FIFA anderen Qualifikationsregionen zugeordnet.[48] Nach dem Ende des Kommunismus in Osteuropa konnte Israel dann doch noch in Europa starten.

In den 2010er Jahren bemühte sich die Vereinsführung von Aliyat al-Shorta darum, den Asienmeisterschaftstitel von 1971 zugesprochen zu bekommen, da Israel nicht mehr dem asiatischen Verband angehören würde. Bei der Bemühung blieb es.

Weitere Vorfälle mit israelischem oder palästinensischem Bezug:

Der Protest gegen israelische Sportler durch muslimische Gegner geht bekanntlich über den Fußball hinaus. Gefühlt finden keine Olympischen Spiele statt, ohne dass gemeldet wird, dass muslimische Sportler auf den Wettkampf – und sei es um Medaillen – gegen israelische verzichten.[49] Iranischen Sportlern ist es offiziell seit 1979 verboten, gegen Israelis anzutreten.

Im Fußball gibt es auch in der Neuzeit Beispiele für Protesthaltungen. So umging Ägyptens Superstar Mohamed Salah 2013 – noch in Diensten des FC Basel – mehrfach den Handschlag im Champions-League-Hinspiel in Tel Aviv und wurde dafür von der Regierung Ägyptens gefeiert.
2007 weigerte sich der Deutsch-Iraner Ashkan Dejagah, mit der deutschen U-21-Nationalmannschaft in Tel Aviv zu spielen, um seine noch im Iran lebende Verwandtschaft nicht zu gefährden. Für das Rückspiel meldete er sich verletzt ab.
Die Iraner Masoud Shojaei und Ehsan Hajsafi weigerten sich trotz angedrohter Strafen durch ihren Klub Panionios Athen 2017, mit ihrem Verein in der Europa-League-Qualifikation gegen Maccabi Tel Aviv anzutreten, spielten dann aber im Rückspiel in Athen, worauf der iranische Verband beide aus der Nationalmannschaft warf, da diese laut dem damaligen Vizesportminister Mohamed Resa Dawarsani „die rote Linie überschritten“ hätten.

48 Ostasien (WM 1978), Westeuropa (Olympia 1980, WM 1982, Olympia 1984), Ozeanien (WM 1986, Olympia 1988, 1990)
49 So traten beispielsweise der Algerier Fethi Nourine und der Sudanese Mohamed Abdalrasool bei den Olympischen Spielen 2021 in Tokio nicht gegen den israelischen Judoka Tohar Butbul an.

Die Austragung der U-20-Weltmeisterschaft war 2023 in Indonesien vorgesehen. Zwei Monate vor dem Turnier wurde es dem muslimisch geprägten Land von der FIFA entzogen, nachdem Politiker wie der Gouverneur von Bali ankündigten, „aus Solidarität mit Palästina" das Team aus Israel nicht zu empfangen, womit auch gemeint war, ihre Mannschaft nicht spielen zu lassen. Kurzerhand sprang Argentinien als Ausrichter ein.

Bei diesem Themenkomplex soll die „andere Seite" nicht verschwiegen werden. 1962 wurde der Palästinensische Fußballverband gegründet, der 1998 in die FIFA aufgenommen wurde. Fortan nahm Palästina an den Qualifikationsturnieren für die großen Meisterschaften teil, kam aber nur einmal (Asienmeisterschaft 2015) bis ins Endturnier. Die große Erschwernis für Partien Palästinas sind anhaltende politische Spannungen im Gazastreifen.
Um die Spieler zusammenzubekommen, sind regelmäßig Hürden zu überwinden. So benötigen die Spieler der heimischen zweigleisigen Premier League im Gazastreifen und Westjordanland[50] Ausreisegenehmigungen, um die Militärkontrollpunkte der Israelis passieren zu können. Es ist nicht sicher, ob und wann diese erteilt werden. Da auch palästinensische Fußballer aus dem Ausland für die Nationalmannschaft berufen werden, müssen zudem Einreisegenehmigungen beschafft werden. „Jedes Mal brauchte ich eine Erlaubnis, und oft hinderten mich die israelischen Streitkräfte daran, nach Palästina zu fahren. Ich musste an Kontrollpunkten vier, fünf, sechs, acht Stunden oder länger warten", zitierte die Deutsche Welle den einstigen Nationalcoach Palästinas, den Algerier Ould Ali 2021. Können Schiedsrichter oder Offizielle Spielorte in Gaza oder Westjordanland nicht erreichen, so fallen die Begegnungen aus. Nicht vergessen darf man die Gefahrensituation, in der die Spieler leben: So wurden Mittelfeldmann Muath Al-Zaanin bei einem Luftangriff getötet und die Häuser der Spieler Mohammed Balah und Mohammed Saleh zerstört.
Die Nationalmannschaft konnte im November 2006 nicht zum Qualifikationsspiel im Asiencup nach Singapur reisen, im Folgemonat nicht zur Qualifikation für den Arabischen Cup in den Jemen. Im folgenden Jahr fiel das Weltmeisterschaftsqualifikationsspiel gegen den gleichen Gegner ebenso wieder aus. 2008 durfte das Team nicht zum AFC Challenge Cup nach Indien reisen. Entsprechend schwer ist auch die Anreise für Gastteams. Arabische Gegner erhalten keine Erlaubnis zur Einreise über israelisches Staatsgebiet – in Ermangelung eines internationalen Flughafens in Palästina gibt es keine Alternative. Entsprechend finden die Spiele meist auf neutralem Gebiet statt. Es dauerte bis zum Oktober 2008, als das erste offizielle Heimspiel nach Aufnahme durch die FIFA auf palästinensischem Gebiet stattfand.[51]

50 Gaza Strip Premier League und West Bank Premier League, jeweils mit zwölf teilnehmenden Vereinen. Infolge des Angriffs der radikalislamischen Hamas vom 7. Oktober 2023 auf Israel kam der Spielbetrieb im Gazastreifen zum Erliegen. Auch in der West Bank wurde seitdem ausgesetzt.

51 In Al-Ram im Gazastreifen. 1997 gab es bereits ein Heimspiel in Jericho am Jordan. 2012 wurde Hebron im Westjordanland dritte Austragungsstadt eines Heimspiels, 2017 folgte Dschenin ebenfalls im Westjordanland.

Noch viel mehr Sieger ohne ausgespielte Endspiele:

In der Copa de Campeones der CONCACAF im Jahr 1968 musste Deportivo Toluca aus Mexiko in der nördlichen Sektion erst in der zweiten Runde antreten und setzte sich dort in zwei Spielen gegen die New York Greek-Americans durch. In der zentralen Sektion gewann Aurora FC aus Guatemala, in der karibischen Sektion behielt SV Transvaal aus Surinam die Oberhand. Im Semifinale über zwei Spiele in Paramaribo zwischen Transvaal und Aurora gab es ein 1:1 und ein 2:0 für Transvaal. Doch Transvaal setzte drei nicht spielberechtigte Spieler ein, während Aurora einen Kampf zwischen den Spielern verursachte. So wurden beide Klubs disqualifiziert. Toluca, das in der Vorschlussrunde ein Freilos hatte, musste das Finale gar nicht erst austragen und wurde zum Sieger erklärt.

Zwei Jahre später ereignete sich etwas Ähnliches in diesem Wettbewerb: Die Sieger der zentralen (CD Saprissa aus Costa Rica) und der karibischen Sektion (SV Transvaal) zogen zurück, wodurch der Sieger der nördlichen Sektion, Cruz Azul aus Mexiko, automatisch Titelträger wurde. Schon 1963 ereignete sich Erstaunliches: Die Spiele bis zum Halbfinale wurden von März bis August absolviert. Nur die beiden Finalspiele am 8. und 10. September zwischen Racing Club Haïtien aus Haiti und Guadalajara FC aus Mexiko standen noch aus. Beide Spiele sollten in Guadalajara stattfinden. Doch die Haitianer erhielten ihre Pässe nicht rechtzeitig, woraufhin das Finale dreimal verschoben wurde. Am 7. Februar 1964 legten die Mexikaner Protest ein. Die CONCACAF rief Guadalajara in erster Instanz zum Sieger aus. Dagegen legten die Haitianer am 2. April Beschwerde ein. So ordnete der Verband eine Neuansetzung der Finalspiele innerhalb von zwei Monaten an. Da sich die Mexikaner zu dieser Zeit auf Europatournee befanden, musste Guadalajara verzichten, wodurch Racing Club Haïtien Meister wurde.

1978 wurden die Copa de Campeones y Subcampeones der CONCACAF dann kurzerhand aufgrund administrativer Probleme und Uneinigkeit über die Spieltermine vorzeitig beendet und alle drei Sektionssieger (Universidad Guadalajara aus Mexiko, Comunicaciones aus Guatemala und Defence Force aus Trinidad und Tobago) als gemeinsame Titelträger ausgerufen. Für den Wettbewerb von 1994 wurde Karibiksieger Violette AC aus Haiti im Februar des Folgejahres zum Sieger erklärt, nachdem sich Guadalajara und New York Pancyprian Freedoms nicht über Spieltermine für den Entscheid im nördlichen Sektor einigen konnten.

Der Büchsenwurf vom Bökelberg

Borussia Mönchengladbach – Inter Mailand

Achtelfinale Europapokal der Landesmeister, Mönchengladbach, Deutschland 1971

Es war das perfekte Spiel! Und das gegen Inter Mailand, den großen Favoriten neben Ajax Amsterdam für den Titel in diesem Wettbewerb. „Für uns Spieler wurde an diesem Abend alles Wirklichkeit, was wir uns in unseren Träumen von der Schönheit des Fußballs ausgemalt hatten“, schrieb Günter Netzer im Vorwort des Buchs „Der Büchsenwurf vom Bökelberg“, das 2021 zum 50. Jahrestag erschien.

Inter, eine europäische Größe in den Sechzigerjahren, hatte sich mit dem neuen Trainer Giovanni Invernizzi und seinen beiden besten Spielern Giacinto Facchetti und Sandro Mazzola nach einer großen Aufholjagd wieder die italienische Meisterschaft gesichert. Für die Italiener gab es keine Zweifel, sich auch gegen die Deutschen durchzusetzen. Respekt war vor einem Verein, der zweimal hintereinander Deutscher Meister geworden war, aber trotzdem vorhanden.

In der ersten Runde hatte sich Borussia Mönchengladbach mit 5:0 auswärts und 2:1 daheim gegen die Iren von Cork Hibernians durchsetzen können. Inter Mailand hatte gegen AEK Athen zunächst 4:1 im Heimspiel gesiegt und dann 2:3 in Griechenland verloren. 100.000 Karten hätte die Borussia bestimmt für die Zweitrundenpartie gegen die Mailänder absetzen können, doch nur 27.500 Zuschauer passten in das kleine Stadion am Bökelberg. Im Fernsehen wurde es nicht live übertragen, weil sich die ARD nicht mit der Zahlung von 6.600 Mark Mehrwertsteuer anfreunden konnte.

Die Gäste wunderten sich über das kleine „Vorortstadion“ in einer Wohnsiedlung. Bei der Borussia waren die zuvor verletzten Netzer und Berti Vogts wieder an Bord. Abtasten stand an diesem Abend nicht auf dem Programm. Die Italiener wurden in vollem Tempo attackiert. In der 7. Minute traf Jupp Heynckes sensationell zum 1:0 für die Borussia. Es dauerte, bis sich Inter berappelte. Doch in der 19. Minute gelang den Gästen der Ausgleich durch Roberto Boninsegna. Zwei Minuten später stand es 2:1 dank Ulrik le Fevre. Die Deutschen beherrschten das Spiel.

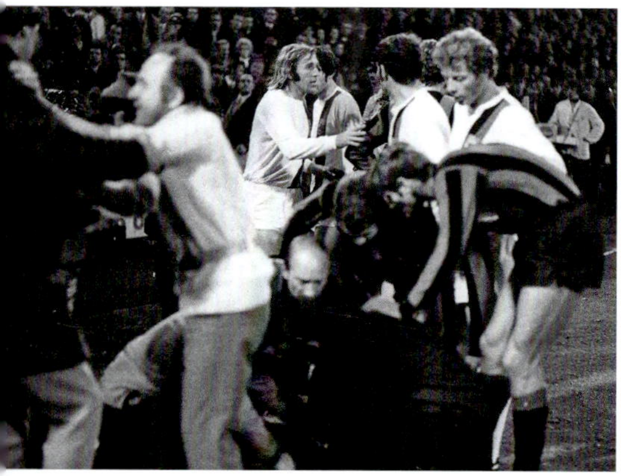

Roberto Boninsegna ist zu Boden gegangen.

In der 28. Minute entschied der niederländische Schiedsrichter Jef Dorpmans ein Gerangel an der Seitenlinie mit einem Einwurf für die Italiener. Boninsegna: „Ich packe den Ball und will mich aufrichten, um den Einwurf zu machen. Da trifft mich etwas am Kopf. Das Stadion bewegte sich plötzlich, alles drehte sich. Ich habe das Bewusstsein verloren.“ Andere berichten von einem Treffer an der Schulter und einem theatralischen Fall des Italieners. Borussias Luggi Müller echauffierte sich über das Verhalten und kickte die Tatwaffe, eine Coca-Cola-Dose, weg, die jemand dann in den Block zurückreichte. Die ganze Bank der Italiener war aufgesprungen und schnellte zum Tatort. Es bildete sich ein Menschenknäuel. Mazzola sprintete Richtung Tribüne, holte die Dose zurück und präsentierte sie dem Unparteiischen, der noch nicht wusste, was passiert war. Das Rote Kreuz legte Boninsegna auf eine Trage und transportierte ihn Richtung Spielertunnel. Er versuchte mehrfach, wieder aufzustehen, um weiterzuspielen, soll aber von Mitspielern und Inter-Offiziellen aufgefordert worden sein, liegen zu bleiben. Das Publikum bekam das mit und ahnte, welche Schmierenkomödie hier aufgeführt wurde.

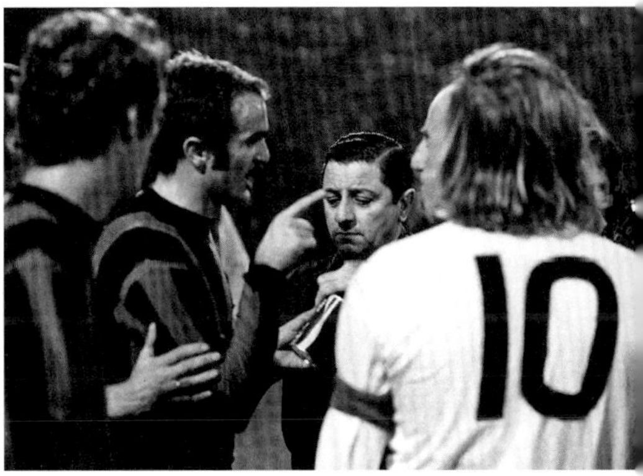

Übergabe der Cola-Dose an den Schiedsrichter.

Der UEFA-Beauftragte Sir Matt Busby empfahl den Italienern, weiterzuspielen und dann ggf. nachträglich Protest einzulegen. Für Boninsegna wurde ein neuer Mann gebracht. Nach sieben Minuten Unterbrechung wurde wieder angepfiffen. In der 34. Minute traf le Fevre zum 3:1, in der 42. Minute senkte sich ein traumhafter Netzer-Freistoß zum 4:1 ins Tor. Nur zwei weitere Minuten später netzte dann Heynckes auch noch zum 5:1 ein. In der Halbzeitpause waren die Mailänder fassungslos, wechselten einen neuen Torhüter ein, waren aber auch überzeugt, dass das Ergebnis aufgrund des Dosenvorfalls letztlich nicht zählen dürfte.

In der zweiten Halbzeit setzte die Borussia ihre Gala fort und traf durch Netzer in der 52. Minute mit einem Schlenzer zum 6:1. Ein Elfmeter sorgte in der 82. Minute für den Endstand von 7:1, Torschütze: Klaus-Dieter Sieloff. Inter-Kapitän Mazzola meinte nach dem Spiel: „Nie habe ich ein solch entschlossenes Mannschaftsspiel gesehen. Irgendwann fragte ich Netzer auf dem Platz auf Englisch, warum er denn immer weiter renne, immer noch mehr Tore schießen wolle. Wir haben an diesem Abend alles falsch gemacht und diese Art des Spiels nicht verstanden.“

Die Deutschen jubelten nur gehemmt. Sie fürchteten das „Nachspiel“. Netzer bat Trainer Hennes Weisweiler, jemanden von der UEFA und einen Arzt in die Inter-Kabine zu schicken. Doch die hatten ihre Kabine abgesperrt und ließen niemanden rein.

Zwei Tage nach dem Spiel meldeten sich die Italiener, die bereits auf dem Platz dem Schiedsrichter erklärt hatten, nur unter Protest weiterzuspielen: „Diese Begegnung hat keinen regulären Verlauf genommen. Unsere Spieler hatten einfach Angst. Dieses 7:1 kann nicht als gültig angesehen werden.“ Inter legte Protest ein und forderte die UEFA auf, sie zum Sieger des Hinspiels zu erklären. Bei der Verhandlung am 28. Oktober argumentierte die Borussia in Ergänzung zu den zuvor bereits entlastenden Beobachtungen auch, dass die Dose leer gewesen sei. Nach sieben Stunden wurde das Urteil gefällt. Das 7:1 wurde annulliert, ein Wiederholungsspiel in Bern ausgerufen, 10.000 Schweizer Franken als Strafe veranschlagt, zudem eine Heimspielsperre für das nächste internationale Spiel (Austragung in 100 Kilometer Entfernung). Borussia und auch der DFB gingen in Berufung. Auch Inter tat dies und drängte auf den Ausschluss der Borussia. Bei der Berufungsverhandlung vor dem Sportgericht der UEFA in Zürich wurde die Delegation der Borussia kaum beachtet, „während die Mailänder die UEFA-Leute begrüßten wie alte Bekannte", so Netzer. Es änderte sich nichts am Urteil, außer dass das Wiederholungsspiel nach Berlin statt Bern verortet wurde.

Netzer im Jahr 2021: „Für uns Spieler fühlt es sich noch heute wie ein Betrug an. Wir waren junge Sportler, die Tore schießen und Fußballspiele gewinnen wollten. Wir haben es damals nicht verstanden, dass man uns dieses 7:1 wegnehmen konnte."

Inter gewann sein Heimspiel am 3. November vor 90.000 Zuschauern in feindseliger Atmosphäre durch das Publikum und mit eigenem überlegenen, aber unfairen Spiel (Kratzen, Anspucken und gemeines Treten) mit 4:2. Die Wiederholung für das eigentliche Hinspiel vor 85.000 Zuschauern in Berlin sah einen Sturmlauf der Borussen, aber auch eine starke Abwehrleistung der Mailänder, die wieder Amok liefen, aber vom Schiedsrichter nur mit einem einzigen Elfmeter gegen sich bestraft wurden, den der von sechs Mailändern umkreiste und eingeschüchterte Sieloff kläglich vergab. Müller schied mit einem Schien- und Wadenbeinbruch aus. Die Begegnung endete 0:0. Die Gladbacher waren ausgeschieden – und das größte Spiel der Vereinsgeschichte ist nicht einmal in die Wertung eingeflossen …

Der Büchsenwerfer wurde nie gefunden. Da Boninsegna keinen Strafantrag stellte, wurden Ermittlungen früh eingestellt. Die Rheinische Presse wusste sogar von der Annahme zu berichten, „dass die Getränkebüchse aus einer Gruppe italienischer Schlachtenbummler geworfen wurde". Die Dose ist heute im Vereinsmuseum der Borussia zu bestaunen.[52] Boninsegna und Mazzola stehen auch viele, viele Jahre nach dem Spiel noch zu ihrer Sicht und haben abgestritten, dass sie alles in Szene gesetzt hätten.[53]

Inter Mailand drang bis in das in Rotterdam ausgespielte Finale vor und verlor dort gegen Ajax Amsterdam mit 0:2.

Videoimpressionen:
https://www.youtube.com/watch?v=xLDiAGAJr70

52 Aber ist es auch die richtige Dose? Mazzola behauptete später, die Deutschen hätte die echte Dose verschwinden lassen. Er habe dem Schiedsrichter eine andere gereicht, die ihm ein italienischer Fan gegeben habe. Mazzola: „Da lagen bestimmt 50 Dosen!"

53 Für eine detaillierte Darstellung wird auf das sehr gute Buch „Der Büchsenwurf vom Bökelberg" verwiesen.

Phönix aus der Asche

Sporting Lissabon – Glasgow Rangers

Achtelfinale Europapokal der Pokalsieger, Lissabon, Portugal 1971

Laurens van Ravens saß am späten Abend in seinem Hotelzimmer in Lissabon. Er war verzweifelt und weinte. Wie konnte ihm so ein Fehler in diesem Spiel geschehen?

Die Glasgow Rangers hatten im Europapokal der Pokalsieger der Saison 1971/72 in der 1. Runde Stade Rennes mit einem Unentschieden und einem Sieg knapp ausgeschaltet, Sporting Lissabon hatte mit zwei klaren Siegen gegen Lyn Oslo leichtes Spiel. In der 2. Runde, dem Achtelfinale, das am 20. Oktober und am 2. November ausgetragen wurde, trafen beide Klubs aufeinander. Das Hinspiel wurde durch die Schotten zu Beginn dominiert. Sie führten schnell mit 3:0, schalteten dann aber einen Gang zurück – ein Fehler, wie sich zeigen sollte. Die Portugiesen kamen gegen Spielende noch auf zwei Treffer. 3:2 endete die Begegnung.

Im Rückspiel gingen die Gastgeber zweimal in Führung, doch die Briten glichen jeweils aus. Kurz vor Spielende gelang Sporting dann tatsächlich noch das 3:2. Damit ging die Partie in die Verlängerung. Wieder gelang den Rangers der Ausgleich. In der 115. Minute verwandelten die Portugiesen einen Elfmeter noch zum 4:3. Torgleichstand nach 120 Minuten.

Der Schiedsrichter bat zum Elfmeterschießen, dem ein paar der Schotten etwas irritiert folgten. Denn sie glaubten, aufgrund der in den Vorjahren schrittweise in UEFA-Wettbewerben eingeführten Auswärtstorregel, die zum Teil aber nicht für die Verlängerung galt, bereits das Viertelfinale erreicht zu haben. Es lief desaströs für das Team aus Glasgow, das alle Elfmeter vergab. Die Portugiesen, deren Tormann gleich drei Schüsse der Gäste pariert hatte, siegten im Elfmeterschießen mit 3:0 und wurden von ihren Anhängern auf die Schulter genommen. Völlig verzweifelt trotteten die Rangers in die Kabine. Ein Beinbruch von Ronnie McKinnon hatte das Unglück sogar noch größer gemacht.

Doch dann kam ein Reporter in die Kabine, der die Rangers aufklärte, dass sie weiter seien, da der holländische Referee Laurens van Ravens einen Fehler gemacht hatte. Die Regelung, dass die Auswärtstorregel nicht für die Verlängerung galt, war im Jahr zuvor gestrichen worden. Es hätte kein Elfmeterschießen geben dürfen. Der UEFA-Beobachter Andrés Ramírez hatte den Fehler des Schiedsrichters sofort erkannt, kam aber zu spät auf dem Spielfeld an, um das Elfmeterschießen noch zu verhindern. Der erste Schuss war schon abgegeben worden. Während sich die Erleichterung in der Rangers-Kabine breitmachte, fielen die Portugiesen aus allen Wolken und in ein tiefes Tal der Tränen.

Am folgenden Tag bestätigte die UEFA das Weiterkommen der Rangers. Ein Protest von Sporting wurde abgelehnt. Die Schotten schlugen im März im Viertelfinale mit einem Unentschieden und einem Sieg wiederum knapp AC Turin, spielten im Halbfinale bei Bayern München erst 1:1 und siegten daheim 2:0 und schlugen im Finale im Camp Nou in Barcelona Dynamo Moskau mit 3:2. Der im Achtelfinale im Elfmeterschießen kläglich gescheiterte Klub war Europapokalsieger geworden.

Laurens van Ravens, ein anerkannter Schiedsrichter dieser Zeit, wurde kurzzeitig suspendiert, durfte in dieser Saison aber noch das UEFA-Pokal-Finalrückspiel von Tottenham Hotspur gegen die Wolverhampton Wanderers leiten.

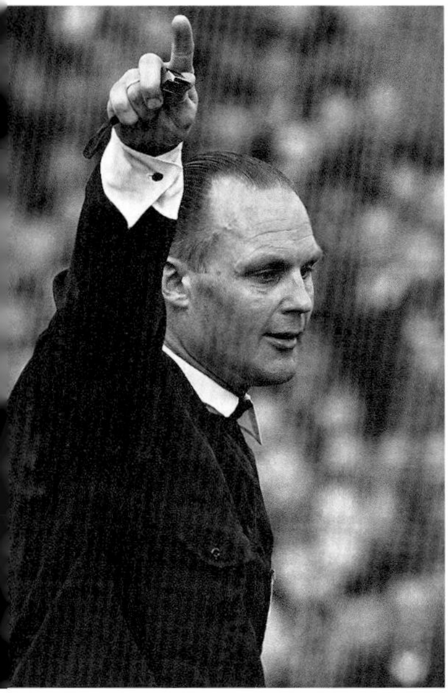

Laurens van Ravens im Jahr 1967.

Mehr Fälle fehlender Kenntnis beim Schiedsrichter:

In der Qualifikation zur Weltmeisterschaft 1978 in Argentinien trafen Ghana und Guinea aufeinander. Beide gewannen in der K.-o.-Runde ihre Heimspiele mit 2:1. Statt nach neuem Regelwerk die Verlängerung und notfalls ein Elfmeterschießen durchzuführen, verkündete der algerische Schiedsrichter Abdelkader Aouissi die Notwendigkeit eines Entscheidungsspiels.

Schon Jahre zuvor verpasste ein Schiedsrichter im Afrikapokal der Landesmeister, die vorgesehene Verlängerung nach Gleichstand von Hin- und Rückspiel durchzuführen. Dies betraf 1968 das Kräftemessen von FAR Rabat aus Marokko und Stationery Stores FC aus Nigeria im Viertelfinale, für das dann ein Entscheidungsspiel in Dakar im Senegal angesetzt wurde (2:2 mit Losentscheid für Rabat). Im Jahr zuvor im Finale zwischen Asante Kotoko aus Ghana und TP Englebert aus Zaire bestimmte der Schiedsrichter nach der Verlängerung am 26. November einen Losentscheid am folgenden Tag, was die CAF durch die Ansetzung eines Wiederholungsspiels in Yaoundé in Kamerun für den 27. Dezember aufhob. Doch die Ghanaer waren über den „Termin“ wohl nicht informiert worden, denn sie erschienen nicht, woraufhin TP Englebert als Sieger ausgerufen wurde.

Im Europapokal der Landesmeister kam es 1972 in der ersten Runde zwischen Panathinaikos Athen und ZSKA Sofia nach zwei 2:1-Heimsiegen zum Elfmeterschießen. Der Unparteiische war aber in Hinblick auf die korrekte Abfolge überfordert. Da das Schießen fehlerhaft durchgeführt wurde,[54] setzte die UEFA eine komplette Wiederholung des Rückspiels an, das die Griechen dann mit 2:0 gewannen.

54 Sowjet-Schiedsrichter Valentin Lipatov brach das Elfmeterschießen zu früh ab. ZSKA hatte bei drei Schüssen dreimal getroffen, Panathinaikos bei vier Schüssen nur zweimal. Die Griechen hätten nach fünf Schützen noch zum Ausgleich kommen können.

Ein elfstündiger Marathon

Alvechurch FC – Oxford City FC

FA Cup, Birmingham, England 1971

In der 4. Qualifikationsrunde des FA Cups trafen am 6. November 1971 die Amateurteams Alvechurch FC aus der Midland Combination und Oxford City FC aus der Isthmian League aufeinander. Nach langer Verletzungszeit sollte auf Seiten von Oxford der Armeegefreite Alan Goucher erstmals wieder eingesetzt werden. Dieser bekam von der Armee keine Freistellung und musste in der Nacht vor dem Spiel noch einen Wachdienst absolvieren und schlief dadurch nur zwei Stunden. Und trotzdem half auch sein Beitrag Oxford, ein 2:2 in Alvechurchs Lye Meadow zu erreichen. Elfmeterschießen gab es zu dieser Zeit noch nicht in diesem Wettbewerb. Bei einem Unentschieden musste ein Wiederholungsspiel auf neutralem Boden angesetzt werden, wobei das Los bestimmte, wer den jeweiligen Ort aussuchen konnte. Und so trafen beide Teams drei Tage später in Oxfords White House wieder aufeinander. Endstand 1:1 n. V. Ein drittes Spiel musste her. Dies wurde sechs Tage später im Stadion St. Andrew‘s von Birmingham City ausgetragen und endete wiederum 1:1 n. V. Im Manor Ground von Oxford United fand nur zwei weitere Tage später Spiel Nr. 4 statt. Es blieb bei einem 0:0 n. V. Schon gab es den Vorschlag auf der Tribüne, dass es ein jährliches Treffen all derer geben sollte, die alle vier Spiele besucht hatten.

Drei Tage waren vergangen, da wurde ein fünftes Spiel angepfiffen, um einen Sieger zu finden. Wieder wurde im Manor Ground gespielt, wieder gab es ein 0:0 n. V. Jim Rosenthal, ein sehr junger Sportreporter bei der Oxford Mail, schrieb von einer „zeitlosen Qualifikationsrunde. Neun Spiele in 18 Tagen sind ein unglaublich anstrengendes Programm, und vielen Spielern war das torlose Unentschieden vom Samstag anzumerken. Ich gehe davon aus, dass ein einziger Treffer diesen Marathon gewinnen wird, es sei denn, eine Seite bricht völlig zusammen, was ziemlich unwahrscheinlich ist.“ Es darf nicht vergessen werden, dass zwischen den Wiederholungsspielen auch noch in den Ligen gespielt werden musste und die Spieler vollzeitbeschäftigt waren.

Spiel Nr. 6 fand zwei Tage später, am 22. November, im Villa Park von Aston Villa in Birmingham statt. Der Platz war gefroren. In der 18. Minute fiel ein Tor. Graham Allners Flanke fand den Kopf von Bobby Hope, der Alvechurch in Führung brachte. Oxfords Torhüter Peter Harris hatte in allen Spielen eine hervorragende Leistung gezeigt, nun war er aber geschlagen worden. „Das Tor war mit jener Mischung aus Glück und Unglück behaftet, die schon so viele Pokalepen ins Wanken gebracht hat“, berichtete Rosenthal. Ein weiteres Tor fiel nicht. Nach etwa elf Stunden bzw. 660 Minuten war die Pokalrunde für beide Klubs beendet. „Die Jungs, die gespielt haben, haben einen einzigartigen Rekord auf-

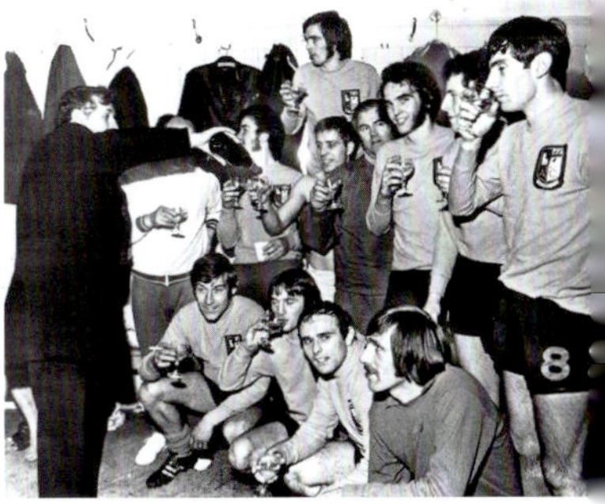

Nach dem letzten Spiel wird angestoßen.

gestellt. Wahrscheinlich hätte ich die Programme aufbewahren sollen. Eine komplette Sammlung wäre ziemlich wertvoll", so Rosenthal. Alvechurchs Spieler Graham Allner meinte 38 Jahre später, im Jahr 2009: „Vor dem ersten Spiel kannten wir sie nicht, weder als Team noch als Einzelpersonen, aber am Ende kannten wir uns beim Vornamen. Wenn wir auftauchten, hieß es: ‚Hallo Bill', ‚Wie geht's, Pete?' und so weiter. Wir lernten uns kennen und kamen sehr gut miteinander aus ... Nach dem [letzten] Spiel gingen wir in die Umkleidekabine des Heimteams, und Doug Ellis kam herunter und schenkte uns den Champagner ein. Wir waren erschöpft, und da stand der Vorsitzende von Aston Villa und schüttete Champagner in Pappbecher. Wir waren zu kaputt, um danach noch auszugehen. Ich glaube, wir haben den Champagner mit den Jungs aus Oxford geteilt, aber wir mussten am nächsten Tag alle arbeiten, sie mussten nach Oxford und wir spielten zwei Abende später gegen Aldershot. Es war trotzdem ein schöner Abschied. Wir hatten sie so gut kennengelernt, und wir teilten diese großartige Geschichte."

Am 24. November, also nur zwei Tage später, musste Alvechurch tatsächlich in der bereits seit dem 20. November ausgespielten nächsten Runde, der 1. Hauptrunde, spielen. Die Spieler waren längst körperlich ausgelaugt. Allner: „Da waren wir schon auf den Knien ... Wir waren so müde, dass wir in dieser Runde nichts mehr ausrichten konnten." In Aldershot gab es entsprechend wenig verwunderlich eine 2:4-Niederlage. 1991 beschloss die FA, dass es bei Unentschieden nur noch ein Wiederholungsspiel geben sollte, das dann spätestens durch Elfmeterschießen entschieden wurde.

Noch mehr Wiederholungskrimis:

Eine epische Halbfinalsaga fand in der Saison 1979/80 zwischen Liverpool und dem aus dem Vorjahr durch fünf Drittrundenspiele gegen Sheffield Wednesday wiederholungsspielerprobten Arsenal im FA Cup statt. Ein 0:0 am 12. April 1980 in Hillsborough erzwang ein Wiederholungsspiel am 16. April im Villa Park, das 1:1 endete. (Ein Ligaspiel beider Teams drei Tage später endete ebenfalls 1:1.) Erneut trat man am 28. April im Villa Park im FA Cup an. Endergebnis: 1:1 nach Toren in der ersten und letzten Spielminute. Die Entscheidung brachte am 1. Mai ein 1:0 von Arsenal an der Highfield Road in Coventry. 48 Stunden nach der Niederlage holte sich Liverpool die Meisterschaft der Division One. Die Spieler von Arsenal gingen erschöpft in das neun Tage nach dem Weiterkommen angesetzte Finale und verloren hier gegen West Ham United. Weitere vier Tage später stand ein Finale auf dem Programm. Aber auch dieses im Europapokal der Pokalsieger verlor das Team im Elfmeterschießen gegen Valencia. Danach folgten noch zwei quälende Ligaspiele. Das letzte Spiel verlor Arsenal 0:5 gegen Middlesbrough, womit auch noch die Qualifikation für Europa in die Hose ging. Auf der Heimfahrt von diesem Spiel soll der Spieler Brian Talbot vor Erschöpfung in Ohnmacht gefallen sein.

Ein halbes Jahr lang dauerte es, bis 1940 das rumänische Pokalfinale ausgespielt war. Rapid Bukarest und Venus Bukarest spielten am 30. April zunächst 2:2 n. V., trafen sich dann am 9. Juni wieder zu einem 4:4 n. V., spielten am 27. Oktober 2:2 n. V. und fanden schließlich am 8. November einen Sieger: Rapid behielt mit 2:1 die Oberhand.

João Havelanges Tiefflug in die Tragödie

Tiradentes Teresina – Fluminense Rio de Janeiro

Campeonato Nacional de Clubes, Teresina, Brasilien 1973

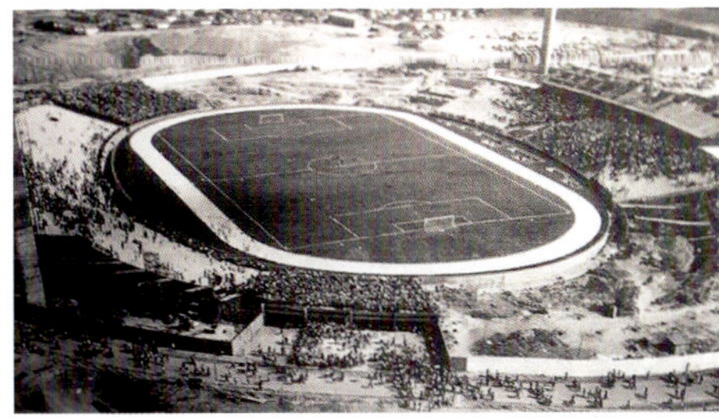

Das Stadion von Teresina im Jahr 1973.

Die Siebzigerjahre waren untypisch für den brasilianischen Bundesstaat Piauí, insbesondere für die Hauptstadt Teresina. In diesem Jahrzehnt, auf dem Höhepunkt des Wirtschaftswunders, konnte der Staat über große Geldsummen verfügen, von denen viele zweifelhafter Natur waren. Die Gouverneure glaubten, auf diese Weise den Bundesstaat aus der Rückständigkeit herauszuführen und das Selbstwertgefühl der Bevölkerung von Piauí mit hier noch nie da gewesenen Ereignissen – wie etwa der ersten Automobil-Rundfahrt des Bundesstaates Piauí – zu steigern, obwohl die Bevölkerung weiterhin in angespannten Lebensverhältnissen lebte. Auch ein neues Fußballstadion gehörte zu den Errungenschaften.

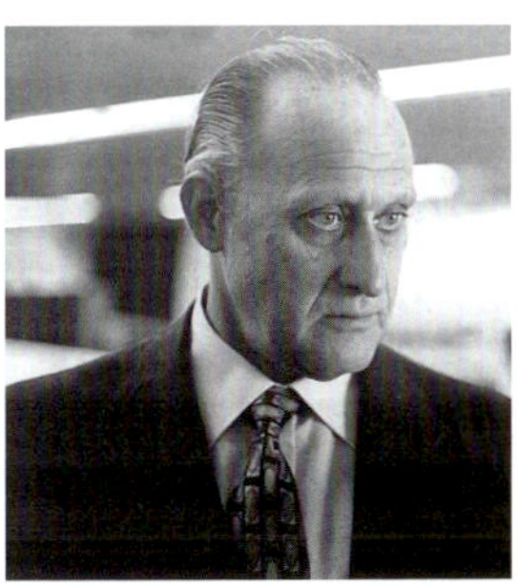

João Havelange im Jahr 1973.

Am 26. August 1973 wollte Tiradentes Teresina, das zum Klub der Militärpolizei des Bundesstaates Piauí gehörte, das neue Stadion einweihen. Es war der erste Spieltag der neuen Saison in der nationalen Meisterschaft (Campeonato Nacional de Clubes), zu dem Fluminense Rio de Janeiro empfangen wurde. 30.000 Zuschauer waren in das noch unfertige Estádio Alberto Silva gekommen. Für das ungewöhnliche Ereignis waren viele Menschen auch aus größerer Entfernung angereist. Auf besonderen Sitzen hatten staatliche und nationale Beamte Platz genommen, darunter der Gouverneur, dessen Namen das Stadion nun tragen sollte. Auch João Havelange, Präsident des brasilianischen Sportverbandes und von 1974 bis 1998 Präsident der FIFA, wollte es sich nicht nehmen lassen, höchstpersönlich anzureisen.

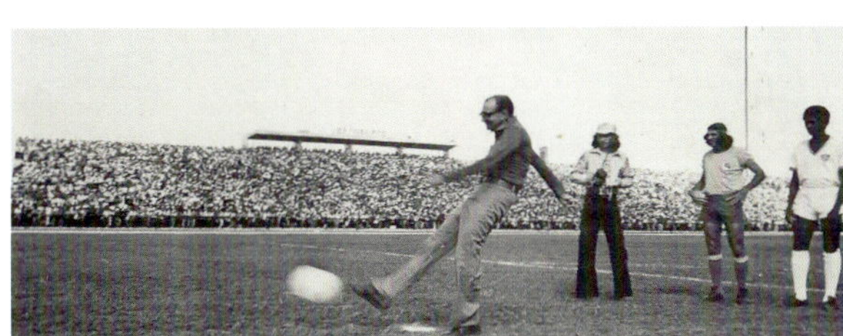

Eine feierliche Eröffnung.

Havelange schien sich einen besonderen Auftritt mit dem Flugzeug überlegt zu haben, mit dem er kam. Zumindest flog der Pilot mit Havelange in der 25. Spielminute über das Stadion hinweg. Das Flugzeug brachte die Tribünen dabei zum Vibrieren. Ein Fan schrie, die Tribüne würde einstürzen, wodurch es zu einer Massenpanik kam, durch die Druck auf ein Sicherheitsgitter ausgeübt wurde, woraufhin dieses brach und mehrere Personen in einen fast drei Meter tiefen Graben stürzten. Bis heute ist nicht klar, wie viele Menschen bei dem Vorfall ums Leben kamen, aber laut damaliger Zeitungsberichte dürften es fünf bis sieben gewesen sein. Zudem wurden etwa 100 weitere Fans verletzt. Auch die Spieler halfen bei der Rettung der Opfer. Nach einer Stunde Unterbrechung wurde das Spiel in getrübter Stimmung fortgesetzt, Endstand 0:0. Havelange war der Meinung, dies müsse so sein, da die Auswirkungen sonst noch schlimmer gewesen wären.

Die Polizei versuchte, den Fan zu finden, der mit seinem Schrei die Panik ausgelöst hatte, hatte damit aber keinen Erfolg. Bis heute halten sich Behauptungen, die Zahl der Todesopfer sei viel höher gewesen (mehr als 20?), doch die Wahrheit hätte unter dem damaligen Militärregime nicht an die Öffentlichkeit gelangen dürfen.

Das Stadion wurde von den Behörden für ein Jahr lang geschlossen. Es war lange nicht bespielbar und musste noch einmal renoviert werden.

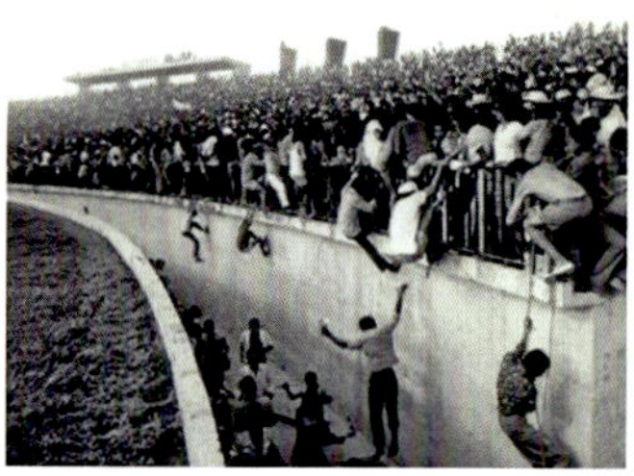

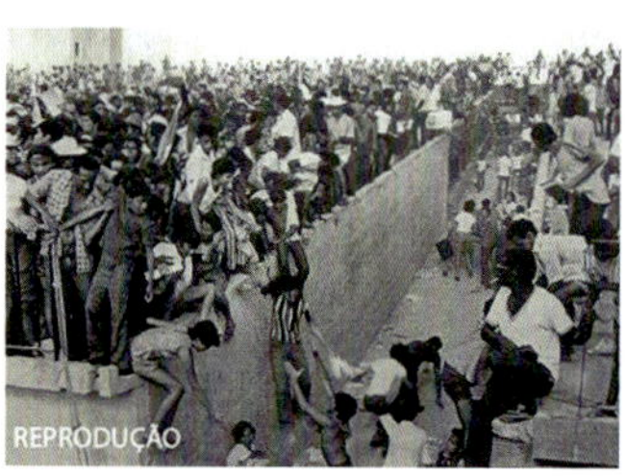

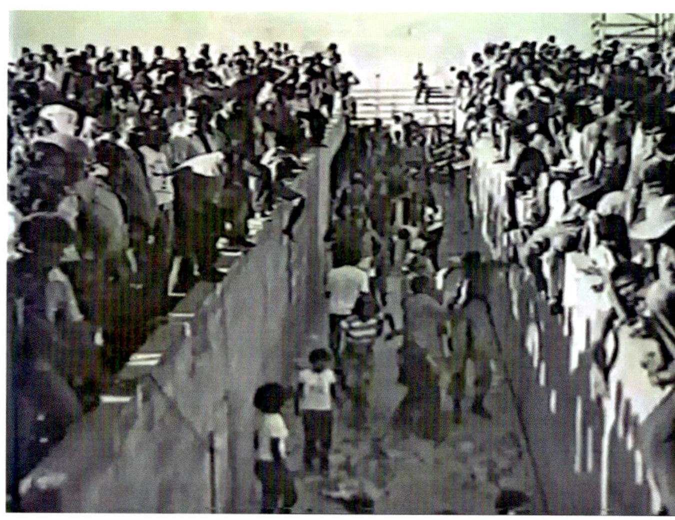

Panik bricht aus.

Als nach dem Gegentor kein Anstoß möglich war

Chile – Sowjetunion

Interkontinentales Play-off der Qualifikation zur Weltmeisterschaft, Santiago de Chile, Chile 1973

Die Qualifikation zur Weltmeisterschaft 1974 in Deutschland brachte für die europäischen Teilnehmer eine ungewöhnliche Konstellation mit sich. Achteinhalb Startplätze wurden unter den 32 Ländern ausgespielt. Dafür loste die UEFA neun Gruppen aus, fünf Vierer- und vier Dreiergruppen. Die Sieger der Gruppen 1 bis 8 sollten sich direkt qualifizieren. Der Sieger der Gruppe 9 musste noch in einem interkontinentalen Play-off gegen einen Südamerikavertreter in die Verlängerung. Betroffen waren die Teilnehmer der Gruppe 9: die Sowjetunion, Irland und Frankreich. Für die Sowjetunion begann die Qualifikation schlecht. Sie verlor gegen Frankreich in Paris mit 0:1, siegte aber fünf Tage später mit 2:1 in Dublin gegen Irland. Das Rückspiel gegen die Iren gewann die Sowjetunion in Moskau mit 1:0. Weil die Franzosen gegen die Iren nur einen Punkt aus zwei Spielen holten, hätten die Franzosen im letzten Gruppenspiel in Moskau gewinnen müssen, um den Gruppensieg zu holen, doch die Gastgeber behielten am 26. Mai 1973 mit 2:0 die Oberhand.

In Südamerika standen der CONMEBOL zweieinhalb Startplätze zu. Drei Dreiergruppen wurden gebildet. Die Sieger der Gruppen 1 und 2 waren direkt qualifiziert, jener aus Gruppe 3 nicht. Hier sollten Chile, Peru und Venezuela aufeinandertreffen. Letztere zogen zurück, sodass ein Hin- und Rückspiel die Entscheidung bringen sollte. So war es aber nicht. Die Gastgeber gewannen jeweils 2:0. Ein Entscheidungsspiel in Montevideo wurde anberaumt, das Chile am 5. August 1973 mit 2:1 für sich entschied. Damit standen die Teilnehmer für das europäisch-südamerikanische Play-off fest, das am 26. September in Moskau und am 21. November in Santiago de Chile ausgespielt werden sollte.

Noch bevor das erste Spiel ausgetragen wurde, übernahm in Santiago de Chile der im Kalten Krieg von den USA unterstützte General Augusto Pinochet am 11. September in einem Staatsstreich mit einer Militärjunta die Macht. Der demokratisch gewählte, sozialistische Präsident Salvador Allende brachte sich selbst um, bevor die Angreifer seiner habhaft werden konnten.

Alleine am Putschtag wurden 2.131 Menschen gefangen genommen, 13.364 waren es bis zum Ende des Jahres. Ziel waren die Mitglieder und Unterstützer der Regierung, linke Parteien und Gewerkschaften. Hallen, Schulen und Stadien wurden zu Gefangenenlagern umfunktioniert. Alleine im Nationalstadion von Santiago de Chile wurden 40.000 Häftlinge eingepfercht. Von ihnen wurden viele gefoltert und getötet. Prozesse gab es keine – die Angehörigen wurden über den Verbleib im Dunklen gelassen. Der Journalist Vladimiro Mimica berichtete, wie er und andere Gefangene auf der Tribüne darauf warteten, dass die Stadiondurchsage verkündete, wer in die Zellen des Stadions gebracht werden würde: „Jeden Tag wurden wir verhört. Schläge, Verhöre, ständige Scheinexekutionen. Niemand war davon ausgenommen. Ich hätte nie gedacht, dass sie das Nationalstadion in ein Konzentrationslager verwandeln könnten.“ Die Gefangenen wurden mit Maschinengewehren unter Kontrolle gehalten. Bis zum Ende der Diktatur im Jahr 1990 sollen etwa 3.200 bis 4.000 Menschen ermordet worden sein.

Das Pinochet-Regime hatte ein Interesse daran, der Welt ein Bild der Normalität vorzuspielen. Es ließ die Nationalmannschaft unter der Bedingung ausreisen, dass sich niemand politisch äußere. Um dies abzusichern, wurden die Familien der Spieler unter militärische Überwachung gestellt. Der Charterflug der Mannschaft war der erste Flug, der Chile nach dem Putsch verlassen hatte. Die Chilenen reisten zunächst nach Mexiko, wo sie ein Freundschaftsspiel gegen Mexiko am 20. September 2:1 gewannen. Zwei Wochen nach dem Putsch kamen die Chilenen dann in Moskau an. Die Beziehungen beider Staaten waren völlig zusammengebrochen. Die Spieler wurden als Marionetten der neuen Machthaber angesehen und ablehnend empfangen, obwohl Allende sie vor seinem Tod noch als Symbole des Stolzes und der Einheit des neuen sozialistischen Chiles bezeichnet hatte. 2017 erinnerte sich Spieler Carlos Caszely, der als Oppositioneller bekannt war, im Gespräch mit der Deutschen Presse-Agentur: „Als wir am Flughafen von Moskau ankamen, ließen sie uns nicht einreisen, auch nicht meinen Kameraden Elías Figueroa.“ Figueroa trug auf dem Passfoto kurze Haare, hatte sie aber inzwischen lang. Caszely wollte man nicht einreisen lassen, weil er keinen Schnurrbart mehr hatte. Chilenische Offizielle mussten sich einschalten, um die Spieler ins Land zu bekommen. Die sowjetischen Behörden untersagten Journalisten die Berichterstattung aus dem Stadion. Entsprechend gibt es auch keine Bilder bzw. Videoaufnahmen. Gerüchte über die Verhaftung chilenischer Spieler im Austausch gegen die Freilassung politischer Gefangener verhinderten fast die Austragung der Partie. Das Publikum empfing die Gäste mit Buhrufen. „Wir holten ein Unentschieden, das sehr gut war, um sich auf das Rückspiel einzustellen“, so Caszely. 0:0 endete das hart umkämpfte Spiel vor 49.000 Zuschauern – eine Hoffnung für das nach dem Putsch traumatisierte Chile. Die Regierung der Sowjetunion war durch das Ergebnis jedoch gedemütigt, nachdem ein leichter Sieg im Heimspiel erwartet worden war.

Als das Rückspiel im November nahte, waren Berichte über die Gräuel im Nationalstadion in die Welt gelangt. Die Sowjetunion protestierte in einem Schreiben an die FIFA gegen die Austragung an dieser Stätte und regte die Verlegung in ein anderes Land an. Ansonsten wolle man das Spiel boykottieren. Da aber die Diktatur des Gastgebers daran festhalten wollte, Frieden und Stabilität vorzuspielen, weigerte sie sich, das Spiel zu verlegen. Chile verlangte sogar eine Entschädigung in Höhe von 300.000 US-Dollar, sollte die sowjetische Mannschaft nicht erscheinen, weil dann die Karten nicht verkauft werden könnten und die Vorbereitungen für das Spiel zu teuer seien. Die FIFA reiste mit einer Delegation an, um das Nationalstadion zu besichtigen. Zehn Minuten lang wurde das Spielfeld inspiziert, anschließend noch die Umkleidekabinen und Duschen. Die internationalen Verbandsvertreter zeigten sich nach der Show zufrieden. Francisco Fluxá vom chilenischen Fußballverband, der die Delegation führte, gab später zu: „Es gab keine politischen Gefangenen, weil wir sie versteckt hatten. Die ganze Welt wusste es." Die ca. noch 7.000 Häftlinge waren hinter Zäunen bzw. im Inneren verborgen, konnten die Delegation auch sehen, aber nicht auf sich aufmerksam machen, weil Soldaten mit Gewehren auf ihre Köpfe zielten. Laut der Aussage des im Stadion inhaftierten Politikers Gregorio Mena Barrales „besuchte dieses Komitee das Spielfeld, ging um das Spielfeld herum, betrachtete die Gefangenen mit distanzierten Augen und verließ es mit einem Urteil: Das Stadion war bespielbar." Tatsächlich hieß es seitens der FIFA: „Der Rasen ist in einem herrlichen Zustand und sämtliche Gefangenen befinden sich in den Umkleidekabinen."

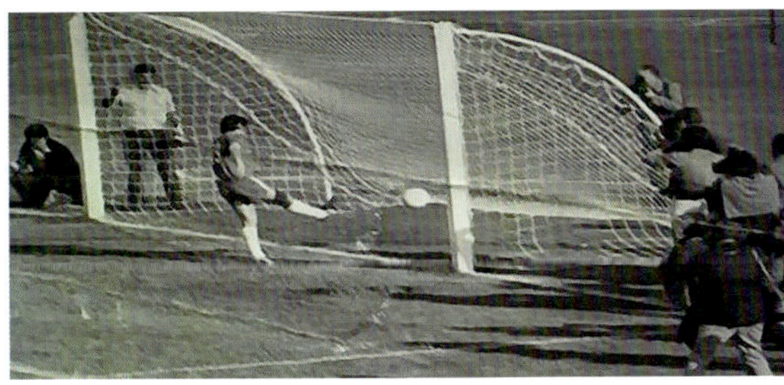

Das Siegtor für Chile. Die Presse steht dabei auf dem Spielfeld.

Erst am Vorabend des Spiels wurden die euphorisierten chilenischen Spieler darüber informiert, dass die Sowjetunion tatsächlich an ihrem Boykott festgehalten hatte und deren Nationalmannschaft nicht angereist sei. Die FIFA teilte Bedingungen mit, was am folgenden Tag zu erfolgen hatte. Die Gastgeber mussten auf dem Spielfeld antreten und gegen den fehlenden Gegner ein Tor erzielen. „Das war der Moment, in dem wir Teil der Farce wurden", bedauerte Caszely. Auf einer mit nur 15.000 Zuschauern besetzten Tribüne (ausgewählte Menschen wurden hierfür herangekarrt; eigentliche Kapazität: 100.000 Plätze) waren keine Gefangenen mehr zu sehen, da diese in ein Gefangenenlager in der Atacama-Wüste gebracht worden waren. Das Lager wurde noch im November geschlossen. (Dafür wurde parallel das Geheimgefängnis „Londres 38" eröffnet.) Die Chilenen stießen an, spielten sich auf dem Weg zum Tor den Ball locker hin und her, bis Kapitän Francisco „Chamaco" Valdés den Ball in das leere Tor schob. Da die Gäste nicht neu anstießen (konnten), war das Spiel damit beendet.[55] Es wurde mit 2:0 für die Gastgeber gewertet. Die Chilenen waren für die Endrunde qualifiziert.[56]

Schiedsrichter war der Österreicher Erich Linemayr, der später angab: „Einerseits freute mich natürlich die damalige Nominierung zu diesem wichtigen Spiel, andererseits verfolgte ich selbstverständlich auch die politischen Unruhen in dem südamerikanischen Staat. Meine Gattin wollte mich davon abhalten, dorthin zu reisen. Aber die Freude über diesen Einsatz und auch die Pflichterfüllung, die man als international tätiger Schiedsrichter hat,

55 Nicht auszudenken, welche Entscheidung der Schiedsrichter bzw. die FIFA hätte fällen müssen, hätte Valdés den Ball am Tor vorbeigeschoben, denn die Sowjetunion hätte das Spiel nicht mit einem Abstoß fortsetzen können …

56 Die Chilenen traten im Anschluss zu einem Ersatzspiel an, mit dem die Zuschauer besänftigt werden sollten. Gegen ein Reserveteam des brasilianischen Klubs FC Santos gab es eine 0:5-Niederlage.

überwogen letztlich. Kurios am Weg zum Stadion am Spieltag erschien mir allerdings schon, dass weit und breit keine UdSSR-Delegation zu sehen war. Knapp vor Spielbeginn erklärte mir ein chilenischer Gesandter, dass die Nationalmannschaft der Sowjetunion nicht im Stadion sei. Er wüsste aus zuverlässiger Quelle, dass die UdSSR nicht antreten werde, weil sie gar nicht im Lande waren. Er wüsste auch nicht so recht, warum die nicht gekommen sind, vermute aber eine verbotene Ausreise auf politischen Druck des Kremls hin. Auf mein Entgegnen, dass es dann gar kein Spiel geben könne, bat er mich dennoch antreten zu lassen, auf politischen Druck von oben und auch auf Anordnung der FIFA hin. Also pfiff ich an und leitete die kurioseste Partie meines Lebens …"

Mitglieder der sowjetischen Mannschaft behaupteten Jahre nach dem Spiel, ihre Regierung hätte nicht gegen ein Land mit einer anderen politischen Ideologie verlieren wollen – der Nichtantritt sei als moralischer Sieg vor den Augen der Welt verbucht worden. Verteidiger Evgeny Lovchev erklärte in einem Interview: „Unsere mangelnde Bereitschaft, gegen die Fußballspieler des Landes anzutreten, das vom Diktator Pinochet übernommen worden war, war weniger ein Zeichen der Unterstützung für die Gegner des neuen Regimes als vielmehr die Tatsache, dass das Zentralkomitee der KPdSU und das Sportkomitee die Möglichkeit einer Niederlage von uns fürchteten." Cheftrainer Evgeny Goryansky hätte sich geweigert, den Behörden seines Landes einen Sieg in Santiago zu versprechen. Daraufhin sei keine Erlaubnis für die Reise erteilt worden.

Die erneute Reise nach Europa zur WM-Endrunde trat zumindest ein Teil der chilenischen Spieler eingeschüchtert an. Die Mutter von Caszely war vor der Abreise entführt und gefoltert worden. Die Spuren der Folterung inklusive ausgedrückter Zigaretten auf der Haut hatte Caszely noch ansehen müssen. Er durfte im Ausland das Militär seiner Heimat nicht kritisieren. Chile verlor bei der Endrunde gegen die Bundesrepublik Deutschland mit 0:1, spielte 1:1 gegen die DDR und 0:0 gegen Australien und war damit bereits in der Vorrunde ausgeschieden.

Der chilenische Fußballverband hat einen Teil der alten Holzbänke im Nationalstadion, die im Kontrast zum heutigen modernen Bau stehen, als Mahnmal erhalten.

Videoimpressionen:
https://www.youtube.com/watch?v=Fb5KpkSajpw&t=31s

Weitere Spiele ohne Gegner:

Bei der Copa Roca handelt es sich um einen zwischen Argentinien und Brasilien von 1914 bis 1971 unregelmäßig ausgetragenen Wettbewerb. Bei der Auflage von 1939 sollte der Sieger durch zwei Spiele ermittelt werden. Würden beide Teams je einmal gewinnen oder beide Spiele unentschieden ausgehen, wäre es zu einem Entscheidungsspiel gekommen. Die erste Partie in Rio de Janeiro gewann am 15. Januar Argentinien 5:1 gegen den Drittplatzierten der Weltmeisterschaft von 1938. Eine Woche später kam es an gleicher Stelle zum zweiten Spiel. Nachdem der brasilianische Schiedsrichter beim Stand von 2:2 in der 86. Spielminute Brasilien für ein unabsichtliches Handspiel einen Strafstoß zugestanden hatte, schlugen zwei argentinische Spieler diesen nieder. Die Polizei griff ein. Daraufhin wurde den 70.000 Zuschauern ein großer Tumult mit Schlagstöcken, Tritten und Handgreiflichkeiten geboten. Die Gäste zogen sich in den Schutz der Umkleidekabine zurück. Für den Unparteiischen war die Begegnung allerdings noch nicht beendet. Ohne dass die argentinische Mannschaft noch auf dem Platz war, forderte er seine Landsleute auf, den Strafstoß auszuführen, und pfiff nach dem erfolgten 3:2 das Spiel ab. Während die Gastgeber das Erreichen des Entscheidungsspiels auf dem Spielfeld feierten, verließen die Argentinier mitsamt Pokal das Stadion, fest im Glauben, diesen nach einem Sieg und einem Unentschieden gewonnen zu haben. Das Entscheidungsspiel wurde erst am 18. Februar in São Paulo ausgetragen, endete 2:2, musste also nochmal neu angesetzt werden. Eine Woche später gewann Argentinien an gleicher Stelle mit 3:0.

„One team in Tallinn, there's only one team in Tallinn", skandierten die schottischen Fans am 9. Oktober 1996, als die Spieler zum Weltmeisterschaftsqualifikationsspiel auf das Spielfeld liefen. Nur die Schotten waren anwesend, Gastgeber Estland fehlte. Hintergrund war ein Protest der Schotten gegen das schlechte Licht der provisorischen Flutlichtanlage im Kadrioru-Stadion, woraufhin die FIFA die Anstoßzeit kurzfristig vorverlegt hatte. Die Esten wollten der Vorverlegung nicht zustimmen, weil dadurch u. a. die Einnahmen bringende TV-Liveübertragung von BBC Schottland wegfallen würde. Der Schiedsrichter ließ den Anstoß ausführen und brach das Spiel nach drei Sekunden ab. Die Schotten sahen sich als Sieger eines mit 0:3 gewerteten Spiels, doch die FIFA ordnete eine Neuansetzung auf neutralem Boden an. Am 11. Februar des Folgejahrs endete dieses Spiel in Monaco mit 0:0.

Einwurf: Spielabbrüche

Die Begegnung im englischen Ligapokal zwischen Grimsby Town FC und FC Barnsley befand sich in der Spielzeit 1940/41 in der unlimitierten Verlängerung. Das nächste Tor sollte die Entscheidung bringen. Nach insgesamt 161 Minuten musste der Referee abbrechen – er wurde zu einem Einsatz der Royal Air Force gerufen. Barnsley zog in die nächste Runde ein, weil es einen besseren Tabellenplatz als der Gegner hatte.

Stellvertretend für Wettereinflüsse als Grund für einen Spielabbruch gehen wir auf vier Fälle ein, zuerst in Südamerika: Am 19. April 2000 begrub am Abend dichter Nebel die chilenische Hauptstadt Santiago de Chile. In der Copa Libertadores spielte CD Universidad Católica gegen Club Blooming aus Bolivien, als in der 65. Minute deshalb die Begegnung frühzeitig beendet wurde. 5:0 hatte es gestanden. Die CONMEBOL setzte das Spiel nicht neu an und nahm den Zwischenstand als finales Ergebnis in die Wertung – den Bolivianern war das gar nicht mal unrecht, hätten doch noch einige Tore mehr für die Chilenen fallen können.

Im afrikanischen Confederations Cup trafen 2004 in der Zwischenrunde die acht Gewinner der Zwischenrunde auf die acht Verlierer des Achtelfinales der Champions League. Die Orlando Pirates aus Südafrika hatten das Hinspiel mit 4:2 gegen Sable FC de Batié aus Kamerun gewonnen. Das Rückspiel am 25. Juli musste wegen schwerer Regenfälle in der 50. Minute beendet werden. Beim neuen Termin am 27. Juli kam der Regen wieder in die Quere. Ebenso bei der dritten Ansetzung am 28. Juli. Zum vierten Termin am 15. August waren die Piraten nicht angereist, woraufhin sie disqualifiziert wurden.

Im CAF Cup 2001 wurde die schlechter gewordene Sicht dem Club Deportivo Mongomo aus Äquatorialguinea im Hinspiel bei SM Sanga Balende in der Demokratischen Republik Kongo zum Verhängnis. Mongomo war zu spät angereist, verschuldete dadurch eine spätere Anstoßzeit und wurde nach dem Abbruch aufgrund der schlechten Sicht als Verursacher disqualifiziert.

Sechs Treffer erzielte Denis Law für Manchester City Ende Januar 1961 im Viertrundenspiel im FA Cup bei Luton Town, als in der 69. Minute beim Stand von 6:2 für die Gäste ein sintflutartiger Wolkenbruch für einen Abbruch sorgte und damit seinen Torrekord tilgte. Das Spiel wurde wiederholt. Law traf ein weiteres Mal, doch Luton drehte das Spiel und siegte mit 3:1.

In einem brasilianischen Staatsligaspiel des Bundesstaates Rondônia zwischen SC Genus de Porto Velho und Moto EC weigerte sich 2010 ein Spieler, nach einer Roten Karte den Platz zu verlassen. Daraufhin stürmte eine Gruppe Polizisten das Spielfeld, um den Spieler abzuführen und versprühte Pfefferspray gegen dessen Mitspieler. Letztlich führten die Einsatzkräfte die gesamte protestierende Mannschaft ab. Eine Untersuchung über das Polizeivorgehen wurde eingeleitet.

Im Finale der Copa Sudamericana blieb das Hinspiel zwischen CA Tigre und dem FC São Paulo im Dezember 2012 torlos. Nach dem Abpfiff der ersten Halbzeit im Rückspiel, in dem die Brasilianer mit 2:0 führten, gab es Tumulte. Die Argentinier sahen sich von der Militärpolizei bedroht und weigerten sich, für die zweiten 45 Minuten auf das Spielfeld zurückzukehren. Damit schenkten sie in ihrem bis dahin einzigen internationalen Endspiel ihrer Vereinsgeschichte den Titel kampflos ab.

Das Spielfeld verließ auch das Team des SC Barcelona aus Ecuador in der Copa Libertadores 1972 vorzeitig. Aus Protest gegen Schiedsrichterentscheidungen inklusive zweier Platzverweise sowie schon einer Verwarnung noch vor dem Anpfiff, nachdem ein Spieler den Referee aufgefordert hatte, unparteiisch zu sein, zogen die Ecuadorianer im Spiel bei CA Independiente in Buenos Aires von dannen, nachdem sie zuvor zwanzig Minuten lang die Fortsetzung des Spiels verhindert hatten, weil erst ein vom Platz gestellter Spieler nicht gehen wollte und dann dessen Kollege sich weigerte, den Ball wieder ins Spiel zu bringen. Der Schiedsrichter folgte den Spielern in die Kabine, erklärte alle neun verbliebenen Feldspieler als des Feldes verwiesen und kassierte dafür einen Schlag des Gästetrainers ins Gesicht. Die CONMEBOL bestätigte später nur die beiden ursprünglichen Platzverweise.

Das Qualifikationsspiel zur Weltmeisterschaft 2022 zwischen Brasilien und Argentinien am 5. September 2021 wurde eine Posse sondergleichen. Wenige Minuten nach dem Anpfiff sorgten Mitarbeiter der Gesundheitsbehörde Anvisa für einen Spielabbruch, indem zunächst drei für englische Klubs spielende argentinische Spieler vom Feld geholt wurden. Daraufhin ging das komplette Gastteam. Die Bundespolizei begleitete die Mannschaft. Vor dem Hintergrund der Coronapandemie hatte Anvisa gemäß der Rechtslage für vier Argentinier wenige

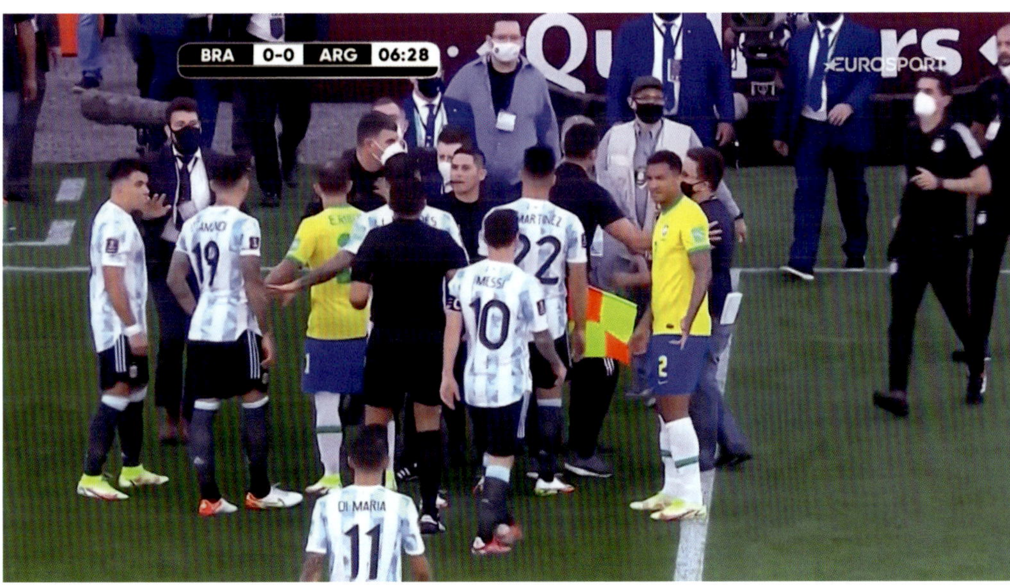

Die brasilianische Gesundheitsbehörde Anvisa greift ein.

Stunden vor dem Spiel Quarantäne angeordnet, der diese sich widersetzten. Brasilien verzichtete auf die eigenen Spieler aus England, die Argentinier nicht. Vor dem Spiel in Brasilien hatten sie bei der Anreise zum vorherigen Spiel in Venezuela falsche Angaben gemacht, weil sie mit den korrekten Angaben nicht hätten einreisen dürfen. Die FIFA setzte das Spiel neu an.

Dass Mannschaften aus Protest gegen die Handlungen des Schiedsrichters das Spielfeld verlassen, ist nicht so selten. Im Sechzehntelfinale der afrikanischen Champions League im Jahr 2006 hatte Saint George SC aus Äthiopien das Hinspiel gegen Accra Hearts of Oak aus Ghana mit 4:0 gewonnen. Im Rückspiel führte Hearts of Oak mit 2:0, als das Spiel in der 45+9. Minute abgebrochen wurde. Für die Äthiopier war das Maß voll, als die Ghanaer einen zweiten Elfmeter zugesprochen bekamen. Zuvor war das 2:0 durch einen indirekten Freistoß vom Schiedsrichter anerkannt worden, obwohl doch indirekte Freistöße direkt ausgeführt nicht zu Toren führen dürfen. Die Äthiopier hatten insgesamt sechs Platzverweise hinnehmen müssen. Saint George wurde später von dem Wettbewerb ausgeschlossen.

1997 trat die jamaikanische Nationalmannschaft, Teilnehmerin der Fußballweltmeisterschaft im Folgejahr in Frankreich, in einem Freundschaftsspiel gegen das mexikanische Klubteam Toros Neza an. Als nach 19 Minuten ein Toros-Spieler sich für ein übles Foul mit einem Schlag in das Gesicht des Täters revanchierte, arteten die Geschehnisse aus. Fünf Minuten lang schlugen und traten sich beide Mannschaften. Dann verließ Jamaika das Spielfeld, um kurz darauf bewaffnet mit Mauersteinen, zerbrochenen Flaschen und einem Stuhl neu „anzutreten".

Ein Ligaspiel von Cercle Sportif Brugeois in Belgien fiel im Januar 1908 aus, weil der vorgesehene Schiedsrichter nicht anreiste – was schon mal passieren konnte. Doch der Grund war erstaunlich. Der Verein des Unparteiischen, Union Saint-Gilloise, sieggewohnter Titelverteidiger, hatte Schwierigkeiten, für sein Spiel in Kortrijk gegen Sporting Club Courtraisien eine vollständige Mannschaft zusammenzubekommen. Als das Team am Brüsseler Bahnhof den Schiedsrichter sah, der drei Jahre zuvor selbst mit dem Fußballspielen aufgehört hatte, überredete es ihn, als elfter Mann mit anzutreten. Als jenes Spiel dann zehn Minuten vor dem Abpfiff noch 1:1 stand, erwirkte Union einen Abbruch, da der Ball Luft verloren hatte und der Reserveball nach der Verwendung bei einer anderen Begegnung angeblich ungeeignet schien. Zwei Monate später wurde das Spiel neu ausgetragen, das Union mit seiner Stammbesetzung dann 5:1 gewann.

Im Dr. Kwame Nkrumah Gold Cup, der Meisterschaft der Westafrikanischen Fußballföderation, kam es in der Qualifikation im November 1966 in Monrovia zu körperlichen Auseinandersetzungen beim Spiel zwischen Liberia und Sierra Leone, nachdem Sierra Leone protestiert hatte, es sei zu dunkel, um noch den Ball sehen zu können. Aufgrund der Kämpfe wurde das Spiel abgebrochen. 1990 gab es einen ähnlichen Vorfall beim CEDEAO Cup der Westafrikanischen Wirtschaftsgemeinschaft. Im Finale sollte das Elfmeterschießen die Entscheidung bringen. Doch Senegal trat nicht an, da das Licht im Stadion nicht mehr ausreichend gewesen sei. Dadurch wurde Nigeria zum Turniersieger bestimmt.

Weil ein Spieler von SK Rapid aus Wien im europäischen Pokalsiegerwettbewerb 1984/85 in der zweiten Runde im Rückspiel bei Celtic Glasgow von einer Rakete getroffen wurde, kam es beim Spielstand von 3:0 für die Schotten (Hinspiel 3:1 für Rapid) zum Abbruch der Begegnung. Die Wiederholung im Old Trafford in Manchester gewann Rapid mit 1:0. Die Österreicher unterlagen erst im Finale dem FC Everton. Opfer einer Rakete wurde auch ein Linienrichter beim Abbruch in der Verlängerung des UEFA Intertoto Cups 1999 beim Spiel AC Perugia – Trabzonspor, nachdem die Türken einen Vorsprung erzielt hatten.

Im afrikanischen Pokal der Pokalsieger wurde 1986 das Hinrundenspiel der AS Dragons FC de l'Ouémé aus Benin gegen Abiola Babes FC aus Nigeria beim Stand von 2:0 abgebrochen. Grund war ein Platzsturm von Gästeanhängern. Da die Gastgeber zwei nicht spielberechtigte Spieler einsetzten, wurden beide Klubs disqualifiziert.

Das polnische Lokalderby von Garbarnia Kraków 1933 gegen Podgórze Kraków erfuhr nach 48 Minuten einen überraschenden Abbruch. Die Polizei verhaftete einen Gästespieler. Der Verband verbuchte die 1:0-Führung der Gastgeber als Endstand.

In Polen wurde 1968/69 das Meisterschaftsspiel von GKS Katowice gegen Górnik Zabrze nach 81 Minuten abgebrochen, weil die Gästespieler den Schiedsrichter niederprügelten.[57] Schwerer vorstellbar ist der Fall aus der gleichen Liga und Saison vom Juni 1987. Hier wurde die Begegnung des Tabellenletzten Motor Lublin gegen Górnik Wałbrzych vorzeitig beim Stand von 0:4 beendet, weil das Gästeteam mangelnden Sportsgeist, Ehrgeiz und Kampfwillen gezeigt haben soll. Sie wurde neu angesetzt und endete 0:0.

Das erinnert an den rumänischen Klub Viitorul Chirnogi, der im Juni 1993 im Play-off um den Aufstieg in die 2. Liga das Hinspiel gegen SNC Compref völlig betrunken 0:10 in den Sand setzte. Das Rückspiel sollte nach der Hochzeit eines Spielers der Mannschaft ausgetragen werden. Das waren keine guten Vorzeichen für die Partie. Es standen zu diesem Zeitpunkt nur noch sechs Spieler von Viitorul Chirnogi auf dem Platz.

Abbrüche wegen zu weniger Akteure auf dem Platz gibt es immer wieder mal. Prominente Beispiele: Copa Libertadores 1981 im Entscheidungsspiel um den Gruppensieg zwischen Flamengo Rio de Janeiro und Atlético Mineiro. Nach fünf Platzverweisen für Atlético wurde Flamengo zum Sieger erklärt. Oder 2022 im argentinischen Supercup „Trofeo de Campeo-

57 Für Angriffe auf Schiedsrichter mit der Folge eines Spielabbruchs seien als weitere Beispiele zwei Partien aus Südamerika genannt. Copa Libertadores 2002, CD Cobreloa aus Calama/Chile gegen Club Olimpia aus Asunción/Paraguay – der Schiedsrichter wurde von einer Münze getroffen. Copa Mercosur 1998, Club Olimpia gegen Palmeiras aus São Paulo/Brasilien – der Schiedsrichter wurde durch ein Projektilgeschoss eliminiert.

nes“ zwischen Boca Juniors und Racing Club, als Boca nach einer Serie von Roten Karten nur noch fünf Spieler auf dem Feld hatte.

Hinter einem Drohnenflug beim Europameisterschaftsqualifikationsspiel 2015 von Serbien gegen Albanien, das deshalb nach 41 Minuten abgebrochen werden musste, steckte der Bruder des albanischen Premierministers. Die Drohne flog eine Flagge Großalbaniens[58] über das Stadion. Ein serbischer Spieler hatte nach der Fahne gegriffen und damit eine Schlägerei zwischen Spielern und auf das Spielfeld strömenden Fans ausgelöst.

Der schnellste Abbruch überhaupt könnte sich beim türkischen Supercupfinale vom 7. April 2024 zwischen Fenerbahçe und Galatasaray Istanbul zugetragen haben. Fenerbahçe befand sich mit dem türkischen Verband im Clinch, nachdem nach Ansicht von Fenerbahçe die Strafe[59] für Trabzonspor wegen eines Spielabbruchs mit Fanübergriffen auf Fenerbahçe-Spieler und Trainer im Ligaspiel zu niedrig gewesen sei. Zudem wollte der Verein vier Tage vor dem Europa-Conference-League-Viertelfinalhinspiel bei Olympiakos Piräus seine Mannschaft schonen. Daraufhin schickte Fenerbahçe nur seine U19-Mannschaft zum Finale, die das Spielfeld in der zweiten Minute bei einem 0:1-Rückstand verließ. (Gegen Piräus schieden die Türken dann aus.)

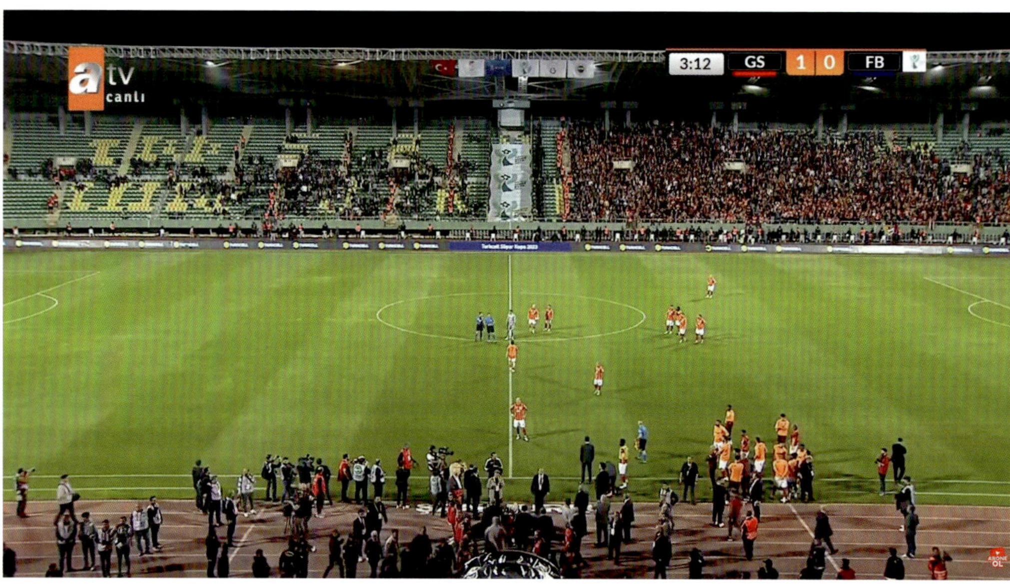

Fenerbahçe hat den Platz in der 2. Spielminute verlassen.

---

58 Großalbanien bezeichnet den während des 2. Weltkriegs von den Besatzungsmächten Italien und Deutschland gegründeten Satellitenstaat, dessen Gebiet den heutigen Staat Albanien sowie jugoslawische Gebiete, die von Albanern bewohnt wurden, umfasste. Die über die heutige Grenze Albaniens hinausgehenden Gebiete sind solche, die zum Kosovo, Serbien, Nordmazedonien und Montenegro gehören. Extremisten beanspruchen darüber hinaus noch viel mehr Landstriche, selbst solche aus Griechenland.

59 Sechs Geisterspiele und etwa 90.000 Euro Geldstrafe.

Hängt ein Torhüter an der Latte ...

Finn Harps Ballybofey – Athlone Town FC

FAI Cup, Dundalk, Irland 1974

Der Weg von Erstligist Finn Harps Ballybofey aus der Stadt Ballybofey in der Grafschaft Donegal durch die Runden des irischen Pokals der Saison 1973/74 begann in der 1. Runde am 17. Februar mit einem 4:1 gegen FC Home Farm Dublin und setzte sich im Viertelfinale mit einem 1:1 am 10. März bei den Bohemians Dublin und drei Tage später im Wiederholungsspiel mit einem 2:0 zu Hause fort. Athlone Town FC aus der gleichnamigen Stadt besiegte an denselben Tagen in der 1. Runde Sligo Rovers zu Hause mit 5:1 und im Viertelfinale den Non-League-Klub Transport Dublin mit 2:1.

Im Oriel Park in Dundalk sollte am 31. März das Halbfinale zwischen Finn Harps und Athlone stattfinden. Zur großen Enttäuschung der Gäste führte der Gastgeber bald deutlich mit 3:0. Athlones Keeper Mick O'Brien kletterte zur Verwirrung der Zuschauer seitlich auf die Latte und machte sich dort zu schaffen. Etwas später – zurück auf dem Boden – schwang er sich auf die Latte, als ein Spieler der Finn Harps über ihn hinweg schoss und die Latte auf ihn herunterfiel. Die hölzerne Querstange war gebrochen – für Schiedsrichter Patrick Mulhall sah dies wie ein Unfall aus. Das Spiel wurde für etwa zehn Minuten unterbrochen. Fleißige Hände versuchten, das Gehäuse wieder zu reparieren.

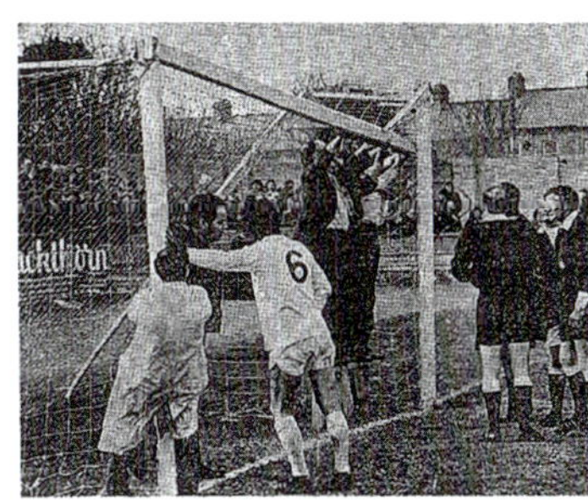

Wie schnell ist das zu reparieren?

Nachdem das Spiel wieder aufgenommen wurde, legte Finn Harps ein Tor zum 4:0 nach. Was dann geschah, beschrieb die Presse wie folgt: „He ran out of his goal and – to the astonishment of the 6.000 crowd – he climbed up the net on top of the crossbar and jumped on top of the crossbar until it broke." Harps-Manager Patsy McGowan protestierte gegen das Verhalten O'Briens, doch der Schiedsrichter wies ihn an, sich hinzusetzen. Als drei Minuten vor dem Ende ein Schuss auf das Tor von O'Brien abgegeben wurde, der letztlich hoch über das Tor ging, sprang der Schlussmann in die Höhe und riss die Latte herunter. O'Brien wollte einen Abbruch herbeiführen, um ein Wiederholungsspiel zu erwirken. Es war zu offensichtlich, dass hier Absicht vorlag. Der Schiedsrichter quittierte dies mit einer Roten Karte für den Torhüter. Im Stadion machte sich Unruhe breit. Wütende Finn-Harps-Anhänger ließen Bierdosen auf O'Brien regnen. Mit Hammer und Nagel kam die Reparaturcrew erneut zum Einsatz. Das Spiel konnte halbwegs regulär mit dem Endstand von 5:0 abgepfiffen werden. 68 Minuten dauerte die zweite Halbzeit.

Brendan Bradley, Rekordtorjäger der irischen Liga und in Diensten von Finn Harps, erinnerte sich: „Ich hörte die Zuschauer lachen und jubeln und wusste nicht, was los war. Ich schaute zurück, und da war Mick, der sich – so fest er konnte – an die Latte lehnte.“ Athlone-Sekretär Martin Nolan versuchte es direkt nach dem Spiel mit einer Erklärung: „Er war sehr enttäuscht darüber, dass er das Finale nicht erreicht hatte, und ist einfach spontan hochgeklettert. Es hat ihm im Nachhinein leidgetan, und er hat in der Kabine fast geweint.“ Harps-Manager Patsy McGowan schimpfte: „Er hat die ganze Angelegenheit in eine Comedy-Show verwandelt.“

Ballybofey gewann das Finale gegen St. Patrick‘s Athletic in Dundalk mit 3:1. Es blieb der einzige Pokaltriumph des Klubs. Athlone Town FC holte den Pokaltitel ebenfalls nur einmal in der Vereinsgeschichte, das war 1924. Allerdings nahm Finn Harps im Folgejahr im UEFA-Pokal teil, schaltete mit dem exzentrischen Mick O’Brien im Tor in der 1. Runde Vålerenga Oslo mit 3:1 und 1:1 aus und genoss ein 0:0 und 0:3 bei der Endstation gegen AC Mailand.

Videoimpressionen:
https://twitter.com/killianm2/status/1096411517216530432

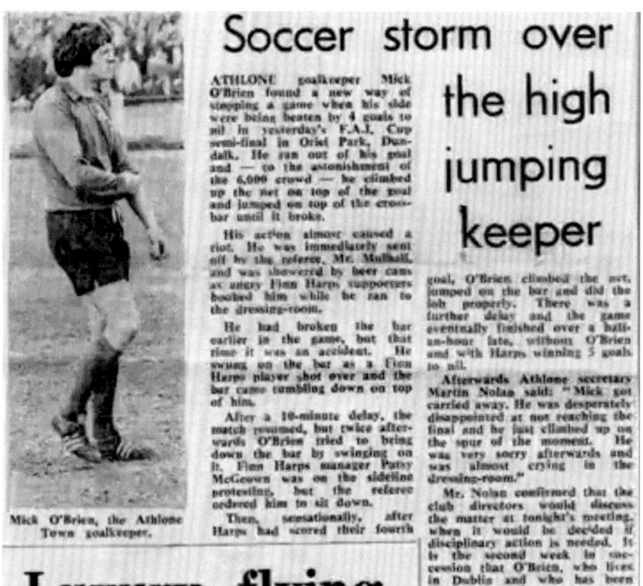

Soccer storm over the high jumping keeper

ATHLONE goalkeeper Mick O'Brien found a new way of stopping a game when his side were being beaten by 4 goals to nil in yesterday's F.A.I. Cup semi-final in Oriel Park, Dundalk. He ran out of his goal and — to the astonishment of the 6,000 crowd — he climbed up the net on top of the goal and jumped on top of the crossbar until it broke.

His action almost caused a riot. He was immediately sent off by the referee, Mr. Mulhall, and was showered by beer cans as angry Finn Harps supporters booted him while he ran to the dressing-room.

He had broken the bar earlier in the game, but that time it was an accident. He swung on the bar as a Finn Harps player shot over and the bar came tumbling down on top of him.

After a 10-minute delay, the match resumed, but twice afterwards O'Brien tried to bring down the bar by swinging on it. Finn Harps manager Patsy McGeown was on the sideline protesting, but the referee ordered him to sit down.

Then, sensationally, after Harps had scored their fourth goal, O'Brien climbed the net, jumped on the bar and did the job properly. There was a further delay and the game eventually finished over a half-an-hour late, without O'Brien and with Harps winning 5 goals to nil.

Afterwards Athlone secretary Martin Nolan said: "Mick got carried away. He was desperately disappointed at not reaching the final and he just climbed up on the spur of the moment. He was very sorry afterwards and was almost crying in the dressing-room."

Mr. Nolan confirmed that the club directors would discuss the matter at tonight's meeting, when it would be decided if disciplinary action is needed. It is the second week in succession that O'Brien, who lives in Dublin and who has been with Athlone for seven seasons,

Mick O'Brien, the Athlone Town goalkeeper.

Noch ein Lattenbruch:

In Uruguay wartete ein Torhüter auf die Ausführung eines Eckstoßes, als die Latte auf seinen Kopf herunterfiel. Der unglückliche Ramón Alfredo Pereyra Barrospe, der an einem Regionalspiel in der Stadt Florida, etwa 120 Kilometer von Montevideo entfernt, teilnahm, erlitt ein Kopftrauma, Prellungen im Gesicht, einen gebrochenen Backenzahn und verlor sogar das Bewusstsein.

Das geschmissene Spiel

Jugoslawien – Zaire

Vorrunde Weltmeisterschaft, Gelsenkirchen, Deutschland 1974

Der afrikanische Kontinent war auch schon vor der Weltmeisterschaft 1974 in Deutschland bei Endturnieren vertreten, neu war 1974 jedoch die erstmalige Qualifikation eines schwarzafrikanischen Teams. 24 Länder hatten sich für die kontinentale Qualifikation und damit um den einen Platz beworben, der Afrika fest zugestanden wurde. Zwei Länder zogen wieder zurück. Zunächst wurden drei Runden im K.-o.-System mit Hin- und Rückspiel ausgetragen. Danach blieben drei Mannschaften übrig, die den Startplatz in einer Gruppe mit Hin- und Rückspiel ausspielten. Dabei setzte sich Zaire (heute als Demokratische Republik Kongo bekannt) gegen Togo (A 0:0, H 4:0), Kamerun (A 1:0, H 0:1, H 2:0) und Ghana (A 0:1, H 4:1) durch. In der letzten Runde wurden Sambia (A 2:0, H 2:1) und Marokko (H 3:0, A Marokko trat nicht an) geschlagen. Zaire war als amtierender Sieger des Afrikanischen Nationen-Pokals fraglos die stärkste Mannschaft Afrikas. Umso überraschender war, was sich in Deutschland ereignete.

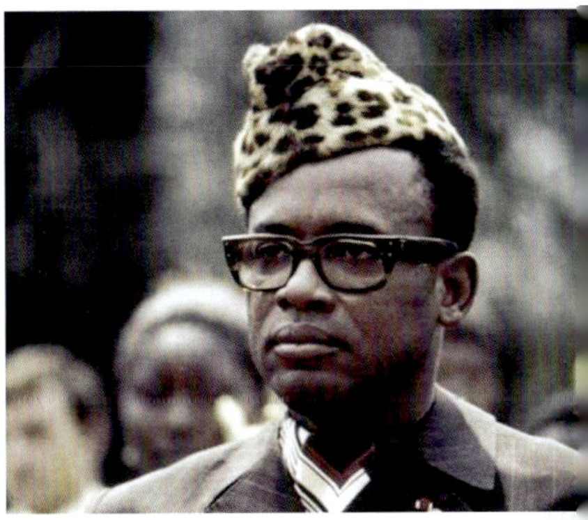

Diktator Sese Seko Mobutu.

Zaires Präsident Mobutu, 1965 durch einen von der CIA unterstützten Putsch an die Macht gekommen, war von der Möglichkeit euphorisiert, ein Team zum Turnier zu schicken, das sein Land repräsentierte. Nicht ohne Grund hatte er bereits viel Geld in die Entwicklung des Fußballs in seinem Land gesteckt. Nachdem die Qualifikation vollzogen war, wurden die Spieler zu einer Feier in seine Residenz in Nsele am Ufer des Kongo eingeladen. In einem Telegramm stand laut Verteidiger Mwepu Ilunga Folgendes: „Mobutu sese seko kuku ngbendu wa za banga (etwa: der allmächtige Krieger, der dank seiner Ausdauer und seines unbeugsamen Siegeswillens von Eroberung zu Eroberung zieht, Feuer in seiner Spur hinterlässt und wie die Sonne, welche die Nacht besiegt, aus dem Blut und der Asche seiner Feinde entsteht) lädt die siegreichen Leoparden in sein Haus ein, um gemeinsam die erstaunlichen Erfolge der Nationalmannschaft zu feiern." Ilunga wurde in einem Beitrag für „11 Freunde" weiter zitiert: „Für mich war Mobutu ein Gott; jemand, der der Welt bewies, dass Zaire ein dynamisches und fortschrittliches Land sein konnte. Er zeigte, dass ein afrikanischer Anführer ein Land ohne den Einfluss des weißen Mannes regieren kann." Entsprechend herrschaftlich empfing Mobutu, in seinem Palast von grenzenloser Pracht umgeben und seine bekannte Leopardenmütze und Brille tragend, die Spieler. Diese waren angewiesen worden, unaufgefordert keinesfalls die Hand zu reichen oder zu sprechen, und erfuhren von dem Diktator, welche hervorragende Bühne die Weltmeisterschaft sei, um das neue Afrika zu präsentieren. Er war stolz, dass Zaire das erste schwarzafrikanische Land überhaupt bei einer Finalrunde war. Allen Spielern wurden jeweils Häuser und Autos sowie

20.000 Dollar versprochen. Weiteres Geld sollte es nach der Rückkehr aus Deutschland geben. Mobutu investierte beachtliche Geldsummen, die die Spieler auf Wunsch abrufen konnten. Den anwesenden Wächtern gefielen die Versprechungen sichtlich überhaupt nicht. Zum Finalturnier wurde eine große Zahl begleitender Funktionäre mitgeschickt.

16 Länder traten bei der Finalrunde verteilt auf vier Vierergruppen an. Den „Leoparden von Zaire“ raubte der erfahrene Wohlstand in Deutschland den Atem. Sie traten in ihrem ersten Spiel bei dem Turnier unter ihrem jugoslawischen Trainer Blagoje Vidinić gegen Schottland in Dortmund an. „Wenn wir Zaire nicht schlagen können, sollten wir unsere Koffer packen und nach Hause gehen“, hieß es aus dem Lager der Schotten, die die Afrikaner unterschätzten. Jene „platzten fast vor nationalistischem Eifer. Wir hatten das Gefühl, für Afrika, für uns selbst und für Mobutu zu spielen“, so Ilunga. Zaire spielte offensiv und kämpfte unaufhörlich. Auch wenn die Schotten glücklich und unverdient mit 2:0 gewannen, hatten die Afrikaner mit ihrer Einstellung das Publikum begeistert. Ilunga: „Wir hatten das Gefühl, uns achtbar geschlagen zu haben.“

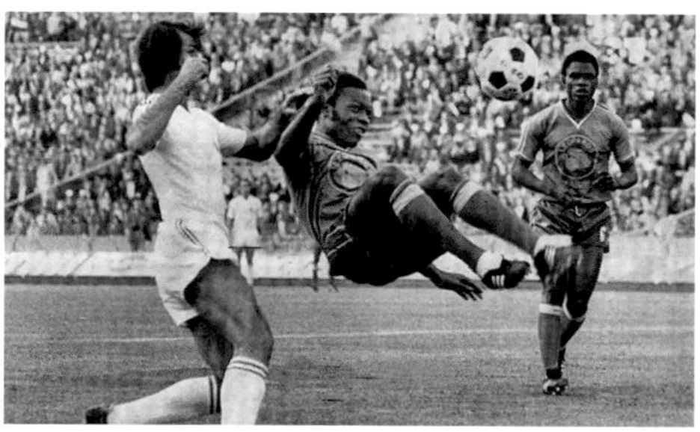

Mwepu Ilunga im Spiel gegen Jugoslawien.

Noch vor dem zweiten Gruppenspiel fanden die Spieler heraus, dass die mitgereiste Schar an Mobutus Schergen („Funktionäre“) sich an den zur Verfügung gestellten Geldmitteln bediente, mit denen auch die Aufwandsentschädigungen, Löhne und Prämien der Spieler beglichen werden sollten. Schnell war klar: Für die Mannschaft sollte nichts übrigbleiben. Die Spieler waren betrogen worden. Dieses Bild hatten sie zumindest. Sie sahen die Wächter Geld ausgeben, während der Trainer den Spielern untersagte, selbst unterwegs zu sein. Die Spieler sollten im Hotel bleiben und sich auf das konzentrieren, weswegen sie in Deutschland waren. Es kam zu Empörung und einer Meuterei im Lager. Die große Mehrheit der Spieler erklärte auf Betreiben des Torhüters Kazadi, am 18. Juni gegen Jugoslawien nicht antreten zu wollen. Daraufhin wurde die FIFA aktiv. Um den Ruf des Turniers nicht zu beschädigen und ein Antreten sicherzustelle, zahlte sie angeblich 3.000 DM an jeden Spieler. Letztlich betraten elf Spieler von Zaire das Spielfeld im Gelsenkirchener Parkstadion. Vom Kopf her waren sie allerdings nicht anwesend. Ohne ernsthafte Motivation blamierte sich Zaire, während die Jugoslawen dies ausnutzten und sage und schreibe neun Tore erzielten. Derweil rauchten – eingefangen von den TV-Kameras – drei Ersatzspieler auf der Bank der Afrikaner. Der Hintergrund dieser absurden Vorstellung wurde geheim gehalten. Zaire hatte vor der Welt einfach ein durchweg schlechtes Bild abgegeben.

Natürlich war Zaire damit bereits ausgeschieden, doch es war noch ein letztes Spiel gegen Weltmeister Brasilien zu absolvieren. Mobutu war empört. Der gedemütigte Militärdiktator griff ein. Nach dem Spiel gegen Jugoslawien schickte er seine Präsidentengarde. Das noble

Hotel „Jagdschlösschen" in Ascheberg wurde für die Journalisten geschlossen. Den Spielern wurde mitgeteilt, sie müssten im Speisesaal bleiben. Ilunga: „Wir wussten, es würde schlimm werden, und hatten schreckliche Angst. Nach einigen Minuten kamen drei sehr ernst blickende Offizielle herein. Sie hatten eine Nachricht von Mobutu: ‚Er sagt, ihr habt Schande über unser Land gebracht. Ihr seid Abschaum und Hurensöhne. Solltet ihr im letzten Spiel gegen Brasilien mehr als drei Tore zulassen, werdet ihr Zaire und eure Familien nie wiedersehen. Euer Führer ist von euch allen angewidert.'"

Der Druck war immens. Die Spieler kämpften um ihr Leben. Brasilien, das für den Einzug in die nächste Runde mit drei Toren Vorsprung gewinnen musste, ging im Spiel in Gelsenkirchen in Führung und baute diese auf 2:0 aus. Als die Südamerikaner Mitte der zweiten Halbzeit einen Freistoß 25 Meter vor dem Tor der Afrikaner erhielten, lief Ilunga plötzlich zum bereitliegenden Ball und schoss ihn einfach weg. Der BBC-Kommentator John Motson bezeichnete dies als „bizarren Moment afrikanischer Ignoranz"; manche Zuschauer wunderten sich, ob die Afrikaner Grundregeln des Fußballs nicht kannten. Alle lagen falsch, aber niemand erfuhr es. Ilunga war von Angst getrieben. Ilunga: „Ich kam mir sofort wie ein Idiot vor. Die Zuschauer lachten, ebenso die brasilianischen Spieler. Ich verbeugte mich vor dem Publikum und rief: ‚Ihr Dreckskerle!'" Mit voller Absicht versuchte er, Zeit zu schinden und die Brasilianer zu verwirren und abzuschrecken. Erfolgreich! Das Spiel endete 3:0, womit die Spieler in ihre Heimat zurückkehren durften. Ilunga: „Unser Vater nahm seine Geschenke zurück. Später erzählte man uns, Mobutus Wachleute seien so eifersüchtig gewesen, dass er gezwungen war, ihnen die Autos, die Häuser und das Geld zu geben. Die Verträge mit unseren Klubs wurden aufgelöst, und als einige der erfahrenen Spieler des Teams versuchten, einen Job als Trainer zu finden, wurden sie abgewiesen. Mobutu war der Meinung, das Team hätte den afrikanischen Fußball um 20 Jahre zurückgeworfen." Der Diktator strich dem Nationalteam das Geld, der Fußball im Land wurde fortan unterdrückt.[60]

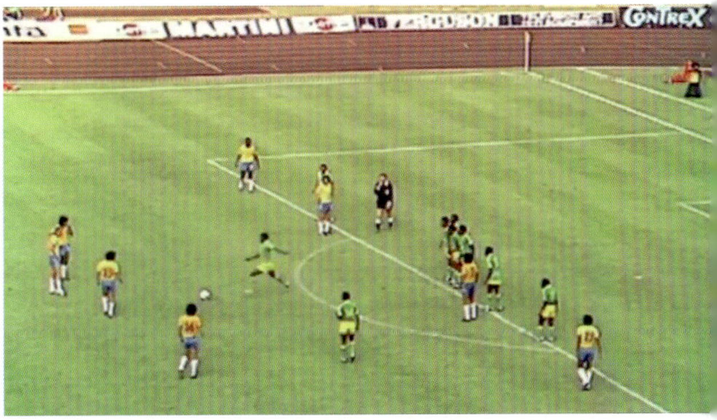

Die berühmte Freistoßszene.

60 Der neue Popularitätsplan von Mobutu führte zum Boxweltmeisterschaftskampf zwischen George Foreman und Muhammad Ali am 30. Oktober 1974 in Kinshasa, bekannt als „Rumble in the Jungle" und begleitet von Prominentenauftritten.

Ein weiteres Schicksalsteam bei der Weltmeisterschaft 1974:

Seit 1957 herrschte der Duvalier-Clan in einer barbarischen Diktatur über Haiti. Das Regime nutzte einen vom Voodoo inspirierten Mystizismus sowie tyrannische Gewalt mit der Unterdrückung und Ermordung von Gegnern. Die Bevölkerung lebte in Angst und Schrecken. 1971 übernahm Jean-Claude Duvalier von seinem Vater die Macht in dem Karibikstaat. Er zweigte Gelder aus der humanitären Hilfe der USA für die Entwicklung des Sports ab. In der Nord-, Mittelamerika- und Karibik-Qualifikation hatte Mexiko abschließend nur Platz 3 hinter Haiti und Trinidad und Tobago eingenommen. Die Spieler fragten den Diktator nach einer Prämie von 5.000 Dollar für die Teilnahme an der Weltmeisterschaftsendrunde, woraufhin Duvalier drohte, sie umbringen zu lassen, wenn sie noch einmal fragen sollten. Haiti sollte bei der WM auf Italien, Polen und Argentinien treffen. Nach einer mutigen Leistung inklusive 1:0-Führung gab es eine 1:3-Niederlage gegen die Italiener. Nach dem Spiel flog der Spieler Ernst Jean-Joseph bei einer Dopingprobe auf. Er hatte das Stimulans Phenmetrazin genommen. Daraufhin wurde der Spieler von der Tonton Macoute, Duvaliers berüchtigter Geheimpolizei, bedroht, bis er von ihnen schreiend und tretend aus dem Mannschaftsquartier in der Sportschule Grünwald entfernt, schwer verprügelt und in ein Zimmer des Münchner Sheraton-Hotels eingesperrt wurde, bevor er in ein Flugzeug nach Haitis Hauptstadt Port-au-Prince verbracht wurde. Der Diktator rief regelmäßig beim Trainer des Teams, Antoine Tassy, an, auch in der Nacht, bis dieser in einer Nacht nicht den Hörer abnahm. Duvalier war nach dem Dopingfall nun noch mehr erbost. Besorgt um das Schicksal des Kameraden, trat das Team im zweiten Spiel unkonzentriert auf und verlor mit 0:7. Nachdem sich Jean-Joseph telefonisch bei seinem Kapitän Phillipe Vorbe meldete, kehrte beim dritten Spiel (1:4 gegen Argentinien) wieder mehr Ruhe in die Mannschaft ein. Gerüchteweise sollen Jean-Joseph in der Heimat als Bestrafung beide Arme gebrochen worden sein. Sicher ist: Er spielte später wieder für die Nationalmannschaft.[61]

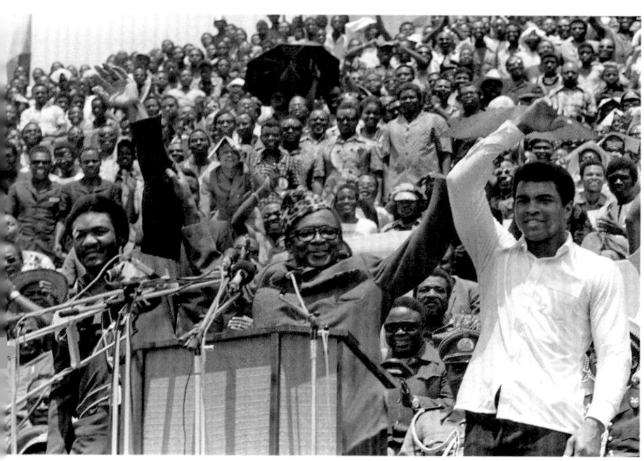

George Foreman, Mobutu und Muhammad Ali am 22. September 1974 vor dem "Rumble in the jungle" vom 29. Oktober.

61 Jean-Joseph hatte nach seiner Sperre und vor seiner Verschleppung zwei Tage in der Lobby des Münchner Hotels gehaust, sich dabei mit einer westdeutschen Hostess angefreundet, die dessen Verängstigung an den zuständigen FIFA-Teamattaché Kurt Renner weitergab. Dieser war beunruhigt, informierte die FIFA und teilte die Sorge auch mit Journalisten. Die FIFA entließ Renner aufgrund der Indiskretion und führte keine (!) Nachforschungen zum Aufenthaltsort oder Gesundheitszustand von Jean-Jospeh nach seiner Verschleppung durch.

Der Gewalt gebeugt

CA Independiente – Unión Española

Finalrückspiel Copa Libertadores, Buenos Aires, Argentinien 1975

Unión Española hatte in der Copa Libertadores 1975 seine Vorrundengruppe mit drei Siegen und drei Unentschieden als Gruppensieger abgeschlossen. CD Huachipato aus Chile und die beiden bolivianischen Vereine Club The Strongest und Club Jorge Wilstermann hatten das Nachsehen. In der zweiten Gruppenphase gelang erneut der Gruppensieg mit zwei Siegen, einem Unentschieden und einer Niederlage vor Universitario de Deportes aus Lima und LDU Quito. In der zweiten Gruppe hatte CA Independiente aus Buenos Aires, das die letzten drei Auflagen des Wettbewerbs für sich entscheiden konnte und als Titelverteidiger nicht in der Vorrunde antreten musste, punktgleich vor Rosario Central und Cruzeiro Belo Horizonte die Nase ganz knapp vorn.

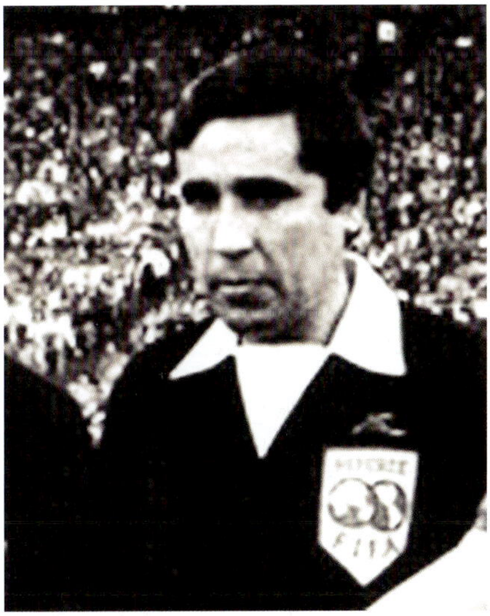
Ramón Barreto.

Als Unión Española aus Santiago de Chile im Finale nach einem 1:0-Hinspielerfolg am 18. Juni gegen CA Independiente zum Rückspiel am 25. Juni nach Buenos Aires geflogen war und die Fahrt zum Stadion anstand, wurde der Mannschaftsbus in einem Steinhagel beschädigt. Ein Manager lieh sich ein Auto und besorgte Taxis für die Mannschaft. Motorräder sollten sie führen, bogen aber in eine andere Richtung ab, sodass Unión erst 20 Minuten vor dem Anpfiff am Stadion ankam.

Ohne sich aufwärmen zu können, kassierten die Chilenen gleich in der ersten Minute einen Gegentreffer. Trotzdem gelang noch der Ausgleich vor der Pause. In dieser wurde Schiedsrichter Ramón Barreto aus Uruguay durch ein Projektil im Gesicht verletzt – eine Wunde war an seinem linken Jochbein zu sehen. Das Schiedsrichterteam teilte mit, dass es die zweite Hälfte nicht mehr leiten würde, woraufhin die Chilenen auf dem Platz zu feiern begannen, weil sie damit den Titel geholt hatten. Doch eine Gruppe von Funktionären von Independiente inklusive José Epelboim, der nicht nur Offizieller von Independiente, sondern auch Vertreter des argentinischen Verbands, CONMEBOL und der FIFA war, drang in die Kabine der Unparteiischen ein und „überzeugte" sie u. a. durch Schläge, das Spiel fortzusetzen.

Das taten sie dann auch. Barreto nahm sogar noch eine Hinausstellung eines Spielers zurück. Zehn Minuten nach Wiederanpfiff folgte ein unberechtigter Elfmeter für Independiente. Unións Trainer Luis Santibáñez berichtete der chilenischen Zeitung „El Mercurio"

Jahre später: „Unión blieb standhaft, ohne zu verzweifeln, aber diese Fans machten den Schiedsrichtern Angst, und wie jeder Mensch war Barreto angesichts der Drohungen, den Elfmeter zu geben, schwach." Independiente gewann schließlich mit 3:1. Die Übergriffe wurden vom Schiedsrichter nicht gemeldet.

Ein Entscheidungsspiel wurde nötig, das in Paraguays Hauptstadt Asunción ausgetragen wurde und von den Argentiniern mit 2:0 gewonnen wurde. Wieder hatte Independiente den Titel geholt.

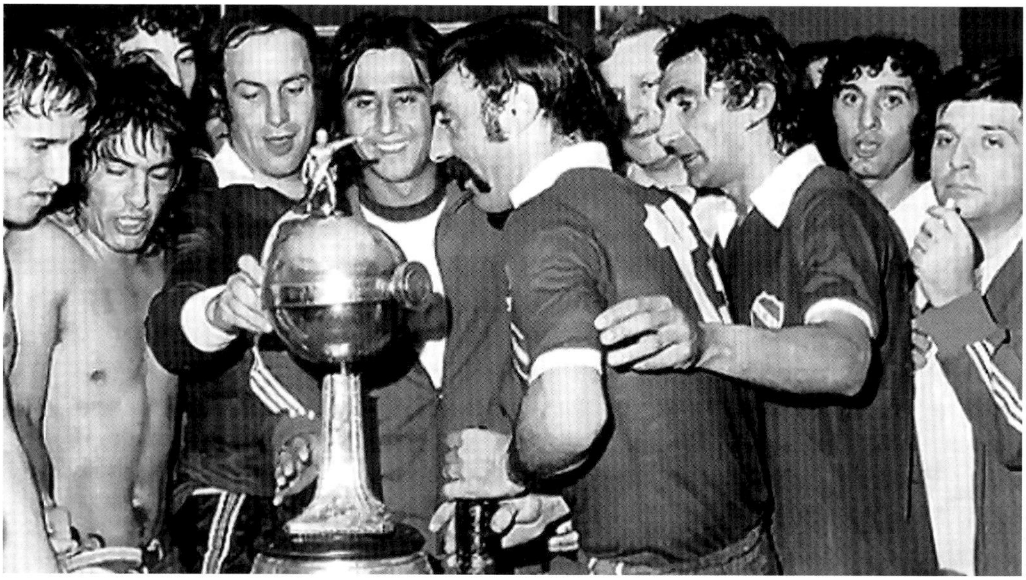

Das Siegerteam mit der Trophäe. José Epelboim im Hintergrund rechts neben dem Spieler mit der Nr. 13.

Eingekesselt

Kamerun – Kongo

Qualifikation zur Fußballweltmeisterschaft, Yaoundé, Kamerun 1976

Der kamerunische Fußballverband wurde 1959 gegründet, noch bevor das Land 1960 seine Unabhängigkeit erlangte. Das erste Länderspiel vom 13. April 1960 war ein 9:2 gegen Französisch-Somaliland, gleichzeitig bis heute der höchste Sieg der Nation. 1970 nahm das Land nach erfolgreicher Qualifikation erstmals am Afrika-Cup teil. Für 1972 erhielt Kamerun, dessen Nationalmannschaft offiziell den Namen „Unbezähmbare Löwen" erhielt, den Zuschlag, das Finalturnier des Afrika-Cups auszurichten. Hierfür wurden das Stade Omnisports in Yaoundé und das Stade de la Réunification in Douala gebaut. Mit Hilfe zweier Profispieler wurde in der Vorrunde Kenia und Togo besiegt und gegen Mali ein Unentschieden geholt. Damit stand man als Gruppenerster im Halbfinale gegen die Volksrepublik Kongo, die den zweiten Platz der anderen Gruppe nach gleicher Punktezahl und Tordifferenz erst durch einen Losentscheid einnehmen konnte. Kongo gewann das Halbfinale in Yaoundé mit 1:0. Für Kamerun war das ein nationales Trauma. Der Kongo holte sich den Titel, Kamerun wurde Dritter durch ein 5:2 gegen Zaire.

In der ersten Runde der Qualifikation zur Fußballweltmeisterschaft in Argentinien 1978, traf Kamerun ausgerechnet auf den Kongo. Am 17. Oktober 1976 fand das Hinspiel in Brazzaville statt. Die Demütigung von 1972 war nicht vergessen – der erst drei Monate alte 3:2-Finalsieg bei den Zentralafrikanischen Spielen in Libreville gegen die Kongolesen änderte daran nichts. Kamerun wollte der Welt zeigen, wer in der Subregion die Vorherrschaft im Fußball innehatte. Roger Milla und Jean Manga-Onguéné erzielten bis zur 35. Minute zwei Tore für Kamerun, das nun übermütig wurde. Joseph Mounoundzi und Joseph Wamba glichen aus. Vor dem Rückspiel war alles wieder offen. Der kongolesische Trainer Maurice Ondjolet kündigte an: „Wir werden in Yaoundé den Coup von 1972 wiederholen." Diese Aussage versetzte in Kamerun Spieler, Verantwortliche, Fans und Beobachter in Panik. Das Drama von 1972 war noch zu frisch in den Köpfen. Die kamerunischen Vereine konnten längst eigene Erfolge vorzeigen, aber die Nationalmannschaft wurde noch wie eine besessene Person verstanden, die aus einem Fluch befreit werden musste.

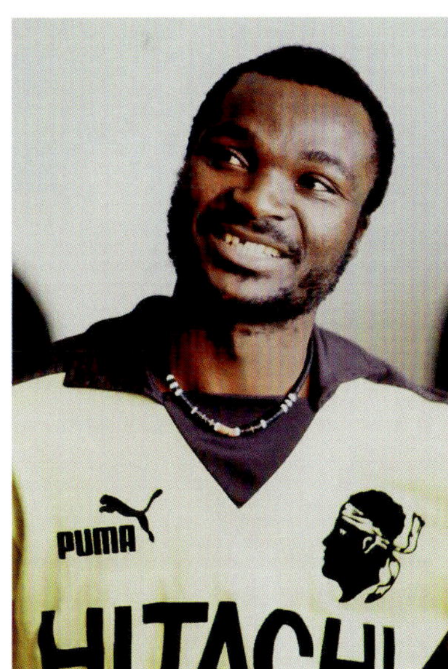

Afrikas Fußballer des Jahres 1976: Roger Milla.

Das Stade Omnisports in Yaoundé war am 31. Oktober bis auf den letzten Platz gefüllt. Die Zuschauer wollten nichts verpassen und hatten schon früh ihre Plätze eingenommen. Bereits in der 6. Minute durften sie jubeln, nachdem Milla einen nach einem herrlichen Freistoß von Raphal Ayissi von der Querlatte zurückgeprallten Ball volley ins kongolesische Tor geschossen hatte. Doch auf Seiten des Kongo zauberten Mbemba Tostao, genannt „Luzifer", und Jean-Jacques N'Domba, genannt „Geometer", feinsten Kombinationsfußball. Daniel Ebomoua gelang in der 19. Minute das 1:1. Jean-Jacques N'Domba dribbelte aus dem Mittelfeld heraus und ließ die Abwehr des Kamerun stehen. In der 52. Minute stand es 1:2.

Das Stadion verstummte. Die Erinnerungen an 1972 waren zurückgekehrt. Auf den Tribünen erhoben sich Menschen und beteten für die Austreibung. Acht Minuten vor dem Ende der Spielzeit setzte Milla zu einem Alleingang an und wurde im Strafraum zu Fall gebracht.[62] Der Schiedsrichter aus Gambia entschied auf Elfmeter. Und nun setzte ein Sturm der Entrüstung und Gewalt ein.

Die Kongolesen, von denen der den Schiedsrichter attackierende Torhüter Francois N'Guedi vom Platz gestellt wurde, protestierten, drohten dem Unparteiischen und wollten den Platz verlassen. Das wollte das Publikum nicht zulassen. Es drang in den Innenraum ein und zwang die Spieler zurück auf den Rasen, der zu einem Ring wurde. An allen Ecken und Enden wurde gekämpft. Die Ordnungskräfte waren überfordert. Ein Gendarmerieoffizier wurde getötet. Kameruns Präsident Ahmadou Ahidjo sah die Tumulte im Fernsehen und schickte einen Hubschrauber mit Fallschirmjägern ins Stadion, die zwei Menschen töteten.[63] In einem Kommuniqué des Präsidenten wurde „das ungeordnete Eingreifen einiger Elemente der Ordnungskräfte" angeprangert, das die Zusammenstöße verschlimmert hätte. Das in der 84. Spielminute abgebrochene Spiel wurde von der FIFA mit 0:2 gewertet und Kamerun disqualifiziert. Hätte das Publikum die Kongolesen in die Kabine gehen lassen, hätte die FIFA mit nicht geringer Wahrscheinlichkeit Kamerun zum Sieger erklärt, da der Kongo den Spielabbruch herbeigeführt hatte, womit Kamerun in die nächste Runde eingezogen wäre. In dieser schied nun der Kongo gegen die Elfenbeinküste aus.

Kamerun erreichte 1982 erstmals eine WM-Endrunde, schied nach drei Unentschieden aufgrund weniger geschossener Tore aus, wurde 1984 erstmals Afrikameister, wiederholte den Sieg 1988 und erreichte bei der WM 1990 in Italien als erste afrikanische Mannschaft überhaupt das Viertelfinale. Jeweils dabei und als Torschütze erfolgreich: Roger Milla, der erstmals im Februar 1973 gegen Zaire das Nationaltrikot trug, ältester WM-Torschütze im Alter von 42 Jahren wurde und in Afrika zum Spieler des vergangenen Jahrhunderts gewählt wurde.

---

62 Andere Quellen behaupten, Milla hätte seinen Gegenspieler brutal gefoult.

63 In anderen Quellen wird berichtet, die Polizei sei eingeschritten, hätte wahllos Spieler und Betreuer aus dem Kongo niedergeprügelt. Neun Spieler und mehrere Betreuer hätten ins Krankenhaus gemusst, wobei ein Betreuer gestorben sei. Nach 30 Minuten Unterbrechung habe der Schiedsrichter nochmal einen Versuch gestartet, das Spiel mit dem Elfmeter fortzusetzen, doch die kongolesischen Spieler hätten sich geweigert, weiterzuspielen.

Das gestohlene Spiel

Argentinien – Peru

Zwischenrunde Weltmeisterschaft, Rosario, Argentinien 1978

1978 wurde die Weltmeisterschaft in Argentinien ausgetragen. Die Durchführung in dem Land war sehr umstritten, nachdem dort 1976 (also neun Jahre nach der Vergabe des Turniers im Jahr 1966) eine Militärdiktatur installiert wurde, in bürgerkriegsähnlichen Zuständen etwa 30.000 Opfer zu beklagen waren, Oppositionelle inhaftiert und gefoltert wurden und reihenweise verschwanden. Zur Weltmeisterschaft wollte die Diktatur ein „sauberes Argentinien“ präsentieren. Erst 1983 endete die Zeit des Regimes. Und erst dann wurde das volle grausame Ausmaß bekannt, Hinweise gab es vor der WM allerdings viele.

Aus Südamerika qualifizierten sich zusätzlich zu Argentinien als Gastgeber Peru (zwei Heimsiege und zwei Auswärtsunentschieden gegen Chile und Ecuador in der ersten Runde und eine Niederlage gegen Brasilien und ein Sieg gegen Bolivien in der zweiten) sowie Brasilien (jeweils ein Sieg und ein Unentschieden gegen Paraguay und Kolumbien in der ersten Runde und Siege gegen Peru und Bolivien in der zweiten), während Bolivien (das Uruguay und Venezuela ausgeschaltet hatte) in einem interkontinentalen Play-Off gegen Ungarn das Nachsehen hatte.

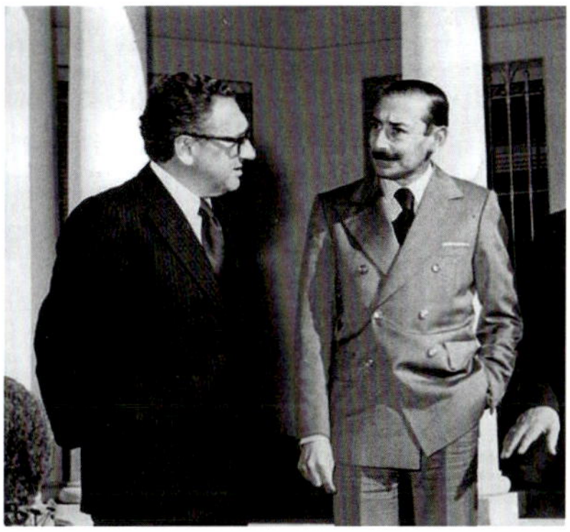

Ex-US-Außenminister Henry Kissinger und der argentinische Diktator Jorge Rafael Videla.

16 Mannschaften waren auf vier Vierergruppen verteilt. Die beiden Ersten jeder Gruppe qualifizierten sich für zwei neue Vierergruppen, deren Sieger in das Finale einzogen. Argentinien mit seinem Trainer César Luis Menotti besiegte in Gruppe 1 Ungarn und Frankreich jeweils 2:1 (unterstützt durch fragwürdige Entscheidungen der Schiedsrichter wie zwei Platzverweise gegen Ungarn und ein Handelfmeter gegen Frankreich), unterlag im letzten Spiel aber Italien mit 0:1. Brasilien spielte in Gruppe 3 gegen Schweden 1:1, gegen Spanien 0:0 und behielt gegen Österreich mit 1:0 die Oberhand, das allerdings aufgrund eigener Siege gegen die anderen Teams Gruppensieger wurde. Peru wurde einziger südamerikanischer Vorrundengruppensieger, indem es Schottland 3:1 schlug, gegen die Niederlande torlos 0:0 spielte und den Iran 4:1 besiegte. Die drei südamerikanischen Nationen trafen nun in der zweiten Runde in einer Gruppe aufeinander. Nachdem Brasilien im ersten Spiel Peru 3:0 schlug und Argentinien Polen mit 2:0, folgte zwischen Argentinien und Brasilien ein 0:0. Am dritten Spieltag sollte die Entscheidung in der Gruppe B fallen. Klar war allerdings bereits, dass Peru es weder in das Finale noch in das Spiel um den dritten Platz schaffen konnte.

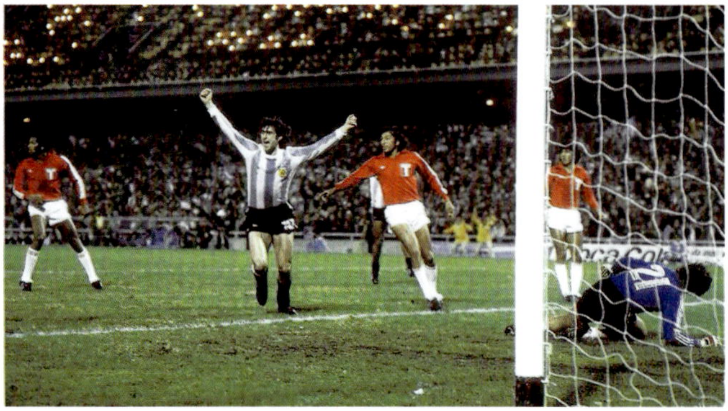

Wie viele Toren sind zu erwarten?

Während in der anderen Gruppe die beiden finalen Spiele (die BR Deutschland verlor gegen Österreich in der Schande von Córdoba mit 2:3) parallel ausgetragen wurden, womit Unregelmäßigkeiten ausgeschlossen waren, galt dies nicht für die beiden Spiele in Gruppe B, wogegen Brasilien zuvor protestierte. Brasilien musste an diesem 21. Juni bereits um 16:45 Uhr Ortszeit in Mendoza gegen Polen antreten – das Spiel wurde kurzfristig vorverlegt![64] Der Endstand von 3:1 bedeutete, dass die Argentinier, deren Partie erst um 19:15 Uhr in Rosario gegen Peru angepfiffen wurde, mit dem Wissen ins Spiel gingen, dass ihnen erst ein Sieg mit vier Toren Vorsprung reichen würde.

Wenige Minuten vor dem Spiel besuchten der argentinische Diktator Jorge Rafael Videla zusammen mit dem vormaligen US-Außenminister Henry Kissinger[65] die Kabine der Peruaner und las eine Botschaft des peruanischen Diktators Francisco Morales Bermúdez zur argentinisch-peruanischen Brüderlichkeit vor. Bei Peru wurden plötzlich Spieler eingesetzt, die in den Spielen zuvor nicht berücksichtigt worden waren und in den Augen von Mitspielern auch keine Leistung zeigten, die den Einsatz rechtfertigte. Und doch stürmte die ersten zwanzig Minuten nur Peru, der Südamerikameister von 1975. Dann – als ob ein Vorhang gefallen sei – war plötzlich alles anders. Rodolfo Manzo blieb bei einem Angriff der Gastgeber einfach stehen und ließ den Gegner ziehen, der zum 1:0 traf. Manzo wechselte zur neuen Saison nach Buenos Aires zu Vélez Sarsfield, wo er den Spitznamen „El Vendido" („Der Gekaufte") erhielt. Das Spiel gewann Argentinien vor 37.215 Zuschauern schließlich mit 6:0

64 In manchen Quellen wird fälschlicherweise behauptet, die Partie der Argentinier wäre in den Abend verlegt worden, nachdem sie zuvor zur gleichen Zeit wie das Brasilien-Spiel angesetzt worden war. Tatsächlich sollten eigentlich beide Spiele gleichzeitig angepfiffen werden. Korrekt ist, dass bereits im Januar von der FIFA beschlossen wurde, alle argentinischen Spiele auf die für die Argentinier exklusive Anstoßzeit um 19:15 Uhr zu legen, um damit sicherzustellen, dass mehr Argentinier die Stadien aufsuchen würden, statt dass diese die anderen Begegnungen zu Hause vor den TV-Geräten verfolgen würden.

65 Der 1923 in Fürth geborene und im November 2023 verstorbene Kissinger war von 1973 bis August 1977 US-Außenminister und nun als Privatier unterwegs. 1973 erhielt er den Friedensnobelpreis für ein Waffenstillstands- und Abzugsabkommen mit Nordvietnam. Er betrieb eine Entspannungspolitik im Kalten Krieg, vertrat aber auch eine harte gewaltbereite Realpolitik, zu der auch die US-geheimdienstliche Unterstützung gehörte, linke politische und oppositionelle Kräfte in Argentinien, Chile, Paraguay, Uruguay, Bolivien und Brasilien zu beseitigen, wodurch u. a. mehrere Diktatoren in diesen Ländern an die Macht kamen. Die grenzüberschreitende Zusammenarbeit lief unter dem Codenamen Operation Condor.
Die amtierende US-Regierung unter Präsident Jimmy Carter war von der Anwesenheit Kissingers bei der WM entsetzt. 2016 veröffentlichte Dokumente zeigen, dass Carter das Paktieren mit den Regimes beenden wollte und nachdrücklich mit der Androhung von Konsequenzen die Einhaltung von Menschenrechten einforderte.

(2:0 zur Halbzeit). Als das benötigte vierte Tor für Argentinien fiel, explodierte im Haus des Finanzstaatsekretärs Juan Ernesto Alemann eine Bombe, der er allerdings nicht zum Opfer fiel. Alemann hatte die WM als Geldverschwendung bezeichnet und war damit zum Gegenspieler des Organisationschefs der WM, Junta-Mitglied Carlos Alberto Lacoste[66] geworden. Während Argentinien ins Finale zog und dort die Niederlande mit 3:1 n.V. besiegte, wurde das peruanische Team bei der Rückkehr in Lima mit Münzen beworfen. Das Volk rief, die Spieler hätten es verkauft. Zehn Tage nach dem Ende der Weltmeisterschaft verkündete die argentinische Diktatur das Dekret Nr. 1463/78, „mit dem der Republik Peru ein außerordentlicher, nicht rückzahlbarer Kredit" gewährt wurde.

Bald begannen erste Spekulationen, hier sei nicht alles mit rechten Dingen zugegangen. Beteiligte Personen behaupteten, die Spieler Perus seien unter Druck gesetzt bzw. bestochen worden. Untersuchungen wiesen auf ein Abkommen der Regierungen der Länder hin. Der argentinische Spieler Mario Kempes hingegen erinnerte an klare Chancen Perus in der Partie. Gegen die Theorie wurde auch argumentiert, dass Peru es nicht gewohnt gewesen sei, so kurz hintereinander so häufig zu spielen, wodurch die Akteure ausgelaugt gewesen seien; zudem hätte es in der Mannschaft eine interne Spaltung zwischen den Spielern der beiden rivalisierenden Klubs Sporting Cristal und Alianza Lima gegeben.

Der britische Historiker David Yallop schrieb in seinem 1999 veröffentlichten Buch „How they stole the game", Diktator Videla hätte Lacoste angewiesen, das Ergebnis mit der herrschenden Diktatur in Peru unter der Führung von General Bermúdez abzusprechen. Laut Yallop hätte Lacoste Kontakt zu drei Beamten aufgenommen, die das peruanische Team begleitet und ihnen fünfzig Millionen US-Dollar zuzüglich einer Spende von 35.000 Tonnen Getreide angeboten hätten.[67] Nach der Weltmeisterschaft hätte der Finanzminister der Diktatur, Juan Alemann, die argentinischen „Spenden" an Peru bestätigt und erklärt, dass es sich dabei um eine Art von Spende handelte, die nur in Fällen von humanitären Katastrophen geleistet wurde. Im Dezember 2007 wurden bei einem Interview des Journalisten Ezequiel Fernández Moores mit einem Mitglied des Cali-Kartells detaillierte Schilderungen der Absprache der argentinischen und der peruanischen Seite in Lima zwei Tage vor dem Spiel bekannt. Gegenstand: die Bestechungsgelder und die zuvor genannte Weizenlieferung. Mehrere peruanische Spieler berichteten von ihrer Meinung nach stattgefundenen Unregelmäßigkeiten bzw. Bestechung. Der Besuch von Videla und Kissinger in der Kabine direkt vor dem Spiel wurde laut Aussagen der beiden Spieler José „El Patrón" Velásquez und Germán Leguía im Jahr 2018 als Drohung aufgefasst. Velásquez gab auch an, zu wissen, dass mehrere peruanische Funktionäre und sechs peruanische Spieler bestochen worden seien, wobei er auch Namen nannte. Die beschuldigten Spieler wiesen dies als unbewiesene Anschuldigung zurück.

66 Vom 11. bis 22. Dezember 1981 Präsident Argentiniens.

67 Yallop behauptet, dass die argentinischen Spieler zusätzlich mit Drogen aufgeputscht worden seien. Die Dopingtests seien an Proben von Betreuern vorgenommen worden – einer der Tests hätte ein Schwangerschaftsergebnis angezeigt. Untermauert wird dies durch Aussagen von Perus Spieler Jaime Duarte, der auf die weit aufgerissenen Augen der Spieler hinwies. Aus der Kabine der Argentinier hätte es gar Schreie gegeben.

Ein Scheich schreitet ein – Palaver auf dem Spielfeld

Frankreich – Kuwait

1. Runde, Weltmeisterschaft, Valladolid, Spanien 1982

Am 21. Juni 1982 geschah während der Fußballweltmeisterschaft in Spanien etwas höchst Seltsames. Zum ersten und bisher einzigen Mal hatte Kuwait an der Endrunde teilgenommen, das sich in einer kombinierten Asien/Ozeanien-Qualifikation zunächst in einer Gruppe gegen Südkorea, Malaysia und Thailand und dann in einem Finalturnier gegen Neuseeland, China und Saudi-Arabien durchsetzte. Die Araber wurden für die Endrunde zu England, Frankreich und der Tschechoslowakei gelost.

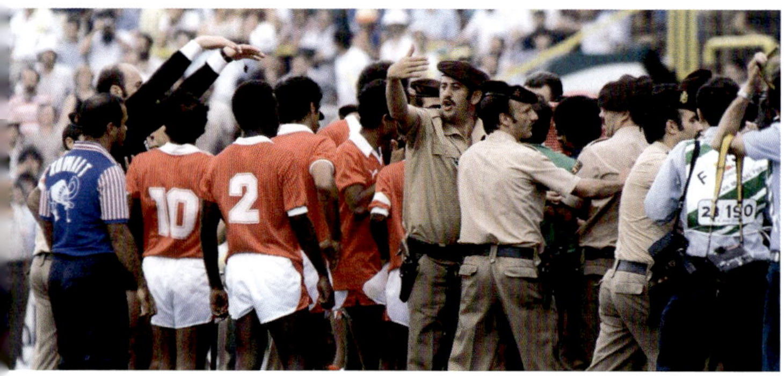

Auflauf nach einem für Kuwait nicht akzeptablen Tor.

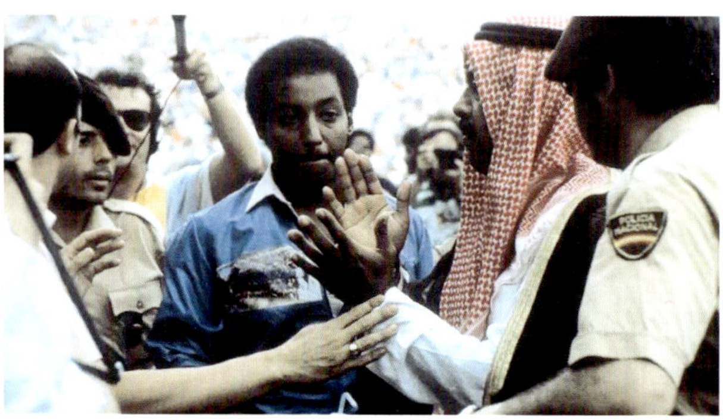

Platzsturm durch den Scheich.

Kuwait, dessen Mannschaft die Angewohnheit gehabt haben soll, zu jedem Spiel ein Kamel mitzubringen, erreichte im ersten Spiel gegen die Tschechoslowaken ein beachtliches 1:1, für das jeder Spieler 175.000 US-Dollar Prämie erhielt. Im zweiten Gruppenspiel in Valladolid wartete Frankreich, das das Spiel dominierte und zur Pause bereits durch Treffer von Bernard Genghini und Michel Platini mit 2:0 führte. Didier Six erhöhte in der 48. Minute auf 3:0. In der 75. Minute kam Kuwait zum Ehrentreffer durch Abdullah Al-Bouloushi. Fünf Minuten später ertönte ein lauter Pfiff von den Rängen. Alain Giresse zögerte kurz, traf aber zum 4:1. So schien es jedenfalls. Der sowjetische Schiedsrichter Miroslav Stupar bestätigte das Tor, doch Scheich Fahad Al-Ahmad Al-Jaber Al-Sabah, Bruder des Emirs von Kuwait und auch Präsident des kuwaitischen Fußballverbandes, wollte dies nicht akzeptieren und wies seine Spieler an, den Platz zu verlassen. Um seinen Protest zu unterstreichen, verließ er die Tribüne und ging auf das Spielfeld. Er redete auf den Unparteiischen ein, das Tor zum 4:1 zu annullieren, da seine Spieler durch den Pfiff irritiert worden seien.[68] Zehn Minuten dauerte es, bis der Scheich das Spielfeld wieder verlassen hatte. Und tatsächlich ließ Stupar sich beeinflussen. Er nahm das Tor zurück und ließ das Spiel mit einem Schiedsrichterball an der Stelle fortsetzen, an der der Ball gewesen war, als der Pfiff ertönte. Der in Wut geratene Frankreich-Trainer Michel Hidalgo wurde des Platzes verwiesen. Maxime Bossis traf letztlich in der 90. Minute doch noch zum 4:1.

Kuwait verlor das letzte Spiel mit 0:1 gegen England und schied aus dem Turnier aus. Schiedsrichter Stupar wurde von der FIFA suspendiert und durfte danach vor dem Hintergrund seiner Entscheidung nach eigener Aussage drei Monate lang kein Stadion mehr besuchen. Der kuwaitische Verband wurde mit einer Strafe von 25.000 Schweizer Franken belegt.

1990 lud Scheich Fahad Al-Ahmad Al-Jaber Al-Sabah die französische Nationalmannschaft als Geste der Wiedergutmachung zu einem Freundschaftsspiel in seine Heimat ein. Im gleichen Jahr starb der Scheich. Er war an Bord eines British-Airways-Flugs von London nach Kuala Lumpur. Die Airline wollte den planmäßigen Stopp in Kuwait durchführen, doch das Flugzeug geriet in die Fänge von Saddam Husseins Leuten, die alle 367 Passagiere in Geiselhaft nahmen, den Scheich erkannten und sofort töteten, bevor seine Leiche auf einem öffentlichen Platz zur Schau gestellt wurde.

Videoimpressionen:
https://www.youtube.com/watch?v=HFDsJOOBlhA

68 Es gibt Quellen, in denen behauptet wird, dass der Scheich seinen Krummsäbel zur Einschüchterung des Schiedsrichters eingesetzt haben soll. Dies konnte im Rahmen dieser Arbeit aber nicht verifiziert werden.

Eine gezogene Waffe rettet den Schiedsrichter

Nordkorea – Kuwait

Halbfinale Asienspiele, Neu-Delhi, Indien 1982

Im Rahmen der Asienspiele 1982 in Neu-Delhi wurden vom 20. November bis 3. Dezember auch Medaillen im Fußball ausgespielt. 16 Länder aufgeteilt in vier Vorrundengruppen zu je vier Teams nahmen letztlich teil. Darunter auch Nordkorea und Südkorea, die bei den letzten Asienspielen 1978 in Bangkok das Finale bestritten und sich nach einem Unentschieden nach Verlängerung, bei dem keine Entscheidung durch ein Elfmeterschießen herbeigeführt wurde, beide die Goldmedaille geteilt hatten.

Fußball wurde bei den Spielen der Publikumsmagnet. Gerade aus Kalkutta waren viele fußballbegeisterte Anhänger angereist, um die seltene Chance wahrzunehmen, internationale Mannschaften im eigenen Land spielen zu sehen. Nordkorea gewann die Vorrundengruppe A in Neu-Delhi nach einem 1:1 gegen Syrien, einem 3:0 gegen Thailand und einem 2:2 gegen Saudi-Arabien. In Gruppe B siegte Kuwait nach einem 3:1 gegen Nepal, einem 4:0 gegen Burma und einem 2:1 gegen den Irak. Die Gruppen C und D wurden von Indien und Japan gewonnen. Da auch die Gruppenzweiten weiterkommen sollten, wurde zunächst ein Viertelfinale ausgespielt, in dem Nordkorea China 1:0 besiegte, Kuwait den Iran mit 1:0 n. V., Saudi-Arabien Indien mit 1:0 und der Irak Japan mit 1:0 n. V.

In die Geschichte des Fußballs ging das Turnier aufgrund der Ereignisse beim ersten Halbfinale zwischen Nordkorea und Kuwait ein, die auch den weiteren Ablauf des Turniers beeinträchtigten. Direkt nachdem der Schiedsrichter für die Partie im Jawaharlal Nehru Stadium bekanntgegeben wurde, legte der Chef de Mission der nordkoreanischen Mannschaft, Re Chong Don, Protest ein und forderte einen anderen Schiedsrichter: „Ich habe mich am Morgen persönlich an Álvarez, den Vizepräsidenten des Asiatischen Fußballverbands, und an den Verantwortlichen der Schiedsrichter-Ansetzungskommission gewandt und erklärt, dass mein Land bereit sei, mit einem anderen Schiedsrichter als Vijit (aus Thailand) zu spielen, da wir kein Vertrauen in ihn hatten. Er ist dafür bekannt, dass er in der Vergangenheit Geld genommen hat. Aber unser Appell wurde nicht einmal gehört. Wir haben uns daraufhin an das Organisationskomitee für die Asienspiele (AGSOC) gewandt, aber auch sie lehnten unsere Bitte mit der Begründung ab, dass die Asiatische Fußballkonföderation (AFC) darüber zu entscheiden habe."

60.000 Zuschauer kamen am 30. November zu diesem Habfinalspiel. Schiedsrichter Vijit Getkaew verhängte in der 12. Minute einen Elfmeter für Kuwait, der allerdings nicht verwandelt wurde. In der 76. Minute gelang Kim Jong-man die 1:0-Führung für die Nordkoreaner. Als in der 82. Minute Kuwaits schneller Linksaußen Moaied über die linke Seite sprintete und kurz vor dem gegnerischen Strafraum die Kontrolle über den Ball verlor, konnte der nordkoreanische Schlussmann durch eine Grätsche den Ball entschärfen. Moaied leistete sich einen schauspielerischen Auftritt und stürzte zu Boden. Der Referee zeigte auf den Elfmeterpunkt. Das Publikum und die Spieler Nordkoreas quittierten dies mit Empörung. Die Entscheidung blieb bestehen, der Strafstoß wurde durch Mahboub Juma'a zum 1:1 verwandelt.

Es ging in die Verlängerung. Kuwait ging durch Muayad Al-Haddad und Abdulaziz Al-Anberi mit 3:1 in Führung, Kim Won-chol schaffte nur noch den Anschluss zum 2:3. Auf den fragwürdigen Sieg Kuwaits reagierte das Publikum ungehalten. Es gab Rufe wie „Replay" („Wiederholung") und „Referee murdabad" („Nieder mit dem Schiedsrichter"). Davon angestachelt, rasteten die Spieler Nordkoreas aus, noch bevor eine zehnköpfige Polizeitruppe den Schiedsrichter in Sicherheit bringen konnte. Die Spieler schlugen und traten auf Vijit ein. Von der Tribüne sprangen andere nordkoreanische Athleten über eine Mauer auf das Spielfeld und gingen ebenfalls auf den Schiedsrichter los. Darunter befanden sich auch kleine Turner, die mit Plakaten, Stühlen und allem, was sie in die Hände bekamen, selbst die Polizisten angriffen, um zum Schiedsrichter vorzudringen. Darauf setzten die Polizisten ihre Schlagstöcke gegen die Athleten ein. Eine speziell ausgebildete Kommandoeinheit mit kugelsicheren Westen, die sich die ganze Zeit im Hintergrund gehalten hatte, trat zum ersten Mal in Erscheinung und beendete die Tumulte. Der Mann, der das erreichte, war der große, gut gebaute G. S. Goraya von der indisch-tibetischen Grenztruppe. Er bahnte sich erst seinen Weg durch die Menge, griff Vijit mit der einen Hand, während er mit ernstem Gesichtsausdruck in der anderen Hand eine Pistole gezückt hatte. Vor ihm schreckten die blutrünstigen Nordkoreaner zurück. Der blutende Vijit hielt sich verängstigt an Gorayas Tarnjacke fest, während dieser kühl vorwegschritt. Das Publikum wandte sich im Moment der Gewalt direkt von den Nordkoreanern ab. Vijit wurde in einem ernsten Zustand ins Krankenhaus eingeliefert.

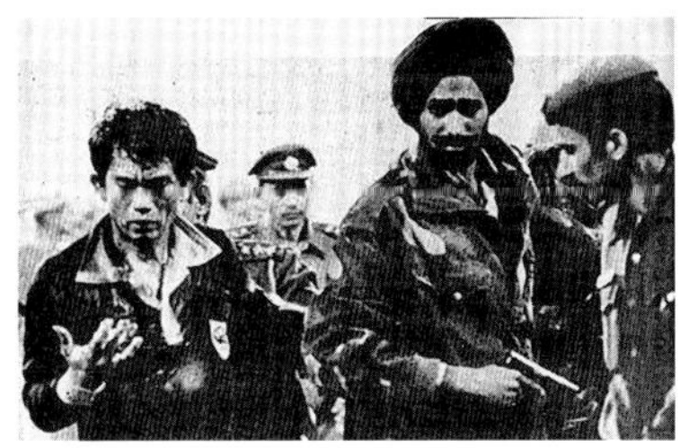

Neu-Dehli 1982. Schiedsrichter Vijit schaut nach seinen Verletzungen. G. S. Goraya hat eine Pistole in der Hand.

Die nordkoreanische Delegation behauptete öffentlich, Vijit sei bestochen worden. Der Kapitän der Nordkoreaner, Alwang Soe Ho, behauptete: „Der Schiedsrichter hat einen Elfmeter gepfiffen, bevor der kuwaitische Spieler zu Boden ging." Um das zu unterstreichen, wurde der Presse mehrfach der Videoausschnitt der Elfmetersituation aus der 82. Minute gezeigt, auf der klar zu sehen war, dass der nordkoreanische Verteidiger den Ball angegangen war und nicht den Mann. Nordkorea drohte mit einem Boykott der Spiele, doch persönliche Appelle wichtiger indischer Politiker beendeten die Drohgebärden. Die Asiatische Fußballföderation verurteilte Nordkorea zu einer zweijährigen Sperre, woraufhin die Verurteilten absurderweise behaupteten, der Verband sei eine Geisel arabischen Geldes, und damit drohten, eine Abspaltungsbewegung vom Verband anzuführen.

Im zweiten Halbfinale besiegte der Irak Saudi Arabien mit 1:0. Bronze ging durch den Ausschluss Nordkoreas kampflos an Saudi Arabien. Der Irak holte sich gegen Kuwait mit 1:0 die Goldmedaille.

Bedrohte Schiedsrichter greifen zum Äußersten:

Als ein Schiedsrichter bei einem Amateurspiel in La Jigua, Copán, in Honduras im August 2021 von aufgebrachten Anhängern nach einem verweigerten Elfmeter angegangen zu werden drohte, zog dieser plötzlich eine Pistole, um sich vor den Anhängern zu schützen. Ein Verwandter hatte ihm diese gegeben, und der Schiedsrichter feuerte diese Waffe in der Mitte des Platzes ab, um zu zeigen, dass diese geladen war.

Im gleichen Monat gab es einen ähnlichen Vorfall in Pauls Valley Sports Complex in Oklahoma (USA), als es nach einer Roten Karte zu einem Disput kam, woraufhin der Schiedsrichter eine Pistole aus seinem Auto holte und einen Warnschuss abgab. Er wurde daraufhin verhaftet.

Im September 2015 wurde im brasilianischen Brumadinho ein Schiedsrichter getreten und geohrfeigt, der von Beruf Polizist war. Er lief in die Kabine und kehrte mit einer Schusswaffe zurück, um einen angreifenden Spieler festzunehmen. Doch der flüchtete. Der Schiedsrichter wurde für eine genaue Untersuchung zum Psychologen geschickt.

Bei einer Begegnung 1999 in Südafrika zwischen Hartbeesfontein Wallabies und Try Agains gab es durch die heimischen Anhänger einen Platzsturm, nachdem die Gäste die Heimführung auf 2:1 reduziert hatten. Ein Spieler des Gastgebers verließ zu dieser Zeit das Spielfeld, bewaffnete sich mit einem Messer und stürzte sich auf den Unparteiischen, der selbst eine 5-mm-Pistole von einem Freund aus der Menge an sich genommen hatte. Er schoss dem Spieler in die Brust und bestritt danach, den Tod verursacht zu haben. Die Unruhen wurden später als durch illegale Wetten begründet eingestuft.

Im Jahr 2004 erschoss Schiedsrichter Ncedisile Zakhe mit einer Pistole ebenfalls in Südafrika einen Spieler, nachdem es zu Protesten infolge der Vergabe einer Gelben Karte kam. Beim Freundschaftsspiel im Distrikt Ostkap zwischen Marseille und den Mighty Elevens verletzte der Schuss zudem den Trainer und einen weiteren Spieler an den Händen. Zakhe floh vom Tatort, wurde aber gefasst und kam für vier Jahre wegen fahrlässiger Tötung und anderer Vergehen ins Gefängnis.

1975 zog ein Schiedsrichter in Brasilien eine Pistole, um protestierende Spieler an der Ausführung eines Elfmeters durch den Gegner zu behindern. Ein kleines Taschenmesser zog der Spielleiter eines Amateurspiels im Cerro-Viertel von Montevideo im August 1995 – er stach zweimal auf einen Spieler ein, der sich über die Leistung des Unparteiischen beschwert hatte.

Einwurf: Fauxpas

In Surinam lagen zum Abschluss der Runde im Jahr 1958 die Mannschaften des SV Robinhood und des SV Transvaal punktgleich auf den ersten beiden Plätzen. Beide waren damit für das Meisterschaftsfinale qualifiziert, das bei einem Unentschieden nach 90 Minuten eine Verlängerung mit zweimal 7,5 Minuten vorsah, bei der ein Tor sofort die Entscheidung bedeutet hätte. Würde es nach 105 Minuten weiter unentschieden stehen, so würde das Torverhältnis herangezogen werden, das zu Gunsten von Robinhood ausfiel. Nach dem Ablauf der normalen Spielzeit stand es 0:0. Die Lichtverhältnisse waren an diesem 18. September zu diesem Zeitpunkt bereits nicht mehr besonders gut. Die Offiziellen entschieden, dass die Verlängerung nicht mehr gespielt werden würde, sondern eine Wiederholung am 3. Oktober stattfinden sollte. Robinhood verweigerte sich dem zweiten Spiel, da man nach eigenem Verständnis aufgrund der Torverhältnisregelung bereits Meister sei. Der Klub drohte mit dem Gang vor Gericht, sollte das Spiel ausgetragen werden müssen. So verzichtete der Verband auf das Spiel und vergab in diesem Jahr gar keine Meisterschaft.

Das niederländische Pokalfinale vom 2. Juni 1991 zwischen Feyenoord Rotterdam und BVV Den Bosch im Rotterdamer „De Kuip" wurde in der zweiten Hälfte immer wieder durch auf das Spielfeld stürmende Feyenoord-Anhänger unterbrochen. Feyenoord hatte durch einen frühen Treffer in der ersten Halbzeit schon lange mit 1:0 geführt. Die letzten sieben Minuten der zweiten Halbzeit, in denen Den Bosch verzweifelt auf den Ausgleich drängte, wurden nicht mehr gespielt, da der Schiedsrichter angesichts der Stürme auf das Spielfeld aufgab. Der Fußballverband beschloss, das Ergebnis gelten zu lassen, natürlich sehr zum Unmut von Den Bosch, das den Verband verklagte. Am 24. Juni entschied dieser, dass die zweite Hälfte vor dem UEFA-Stichtag für die Anmeldung von Mannschaften für den Europapokal am 1. Juli komplett wiederholt werden müsste. Die Wiederholung wurde für den 30. Juni im Goffertstadion in Nimwegen angesetzt. Nun ging Feyenoord vor Gericht und behauptete, dass die eigenen Spieler im Urlaub wären und unmöglich zurückkommen könnten. Am 26. Juni entschied derselbe Richter, dass das Wiederholungsspiel stattdessen am 31. Juli oder später stattfinden solle und dass Feyenoord für die Auslosung des Pokals der Pokalsieger am 11. Juli angemeldet werde. Inzwischen war die UEFA verärgert darüber, dass Den Bosch ein echtes Gericht angerufen hatte, um eine Fußballangelegenheit zu regeln. Den Bosch wurde deshalb für drei Jahre vom europäischen Fußball ausgeschlossen. In der Berufung wurde diese Strafe zwar aufgehoben, aber die zweite Halbzeit wurde nie zu Ende gespielt. Rotterdam wird offiziell als Titelträger geführt.

Wechselfehler wegen eines zu viel eingewechselten Ausländers oder ähnlicher Art, der Einsatz eines Spielers, der eigentlich gesperrt ist – das kostet Punkte oder wird mit dem Ausschluss bestraft. PAOK Saloniki ließ am 10. August 2004 Liasos Louka spielen, der eine Sperre von seinem letzten Europapokalspiel vier Jahre zuvor noch im Trikot des zypriotischen Vereins Nea Salamis hatte. Das Spiel, das gegen Maccabi Tel Aviv zu Hause mit 1:2 verloren ging, wurde mit 0:3 gewertet. Das war zu viel für das Rückspiel. PAOK schied aus.

2006 versäumte der Verband von Simbabwe, seinen Pokalsieger und den Vizemeister für die afrikanischen Pokalwettbewerbe zu melden. Die Auslosung für die Vorrunde hatte bereits stattgefunden mit Platzhaltern für die Vertreter Simbabwes. Doch die eigentliche Meldung wurde versäumt. So schaute Masvingo United FC in die Röhre, als es gegen Moro United FC aus Tansania antreten wollte. Der Gegner kam kampflos weiter. Schon 1994 verpasste der Verband von Sambia die Anmeldung der Power Dynamos FC für den Afrikapokal der Pokalsieger und von Roan United FC für den CAF Cup. 2009 passierte das gleiche Malheur den Verbänden der Zentralafrikanischen Republik und von Äquatorialguinea. Trotz der Anmeldung nach dem Stichtag wurde eine Champions-League-Vorrundenausscheidung zwischen Stade Centrafricain Tocages und Akonangui FC angesetzt. Ein Elfmeterschießen ging zu Gunsten des Klubs aus Äquatorialguinea aus, doch dieser hatte nichts davon. Der Sieger wäre nur weitergekommen, wenn ein ansonsten bereits qualifizierter Verein aus irgendeinem Grunde ausgeschieden wäre. Das gleiche Szenario gab es parallel im afrikanischen Confederation Cup (vergleichbar mit dem UEFA-Pokal), wo sich in der Vorrunde Deportivo Mongomo (Äquatorialguinea) gegen Anges de Fatima Bangui (Zentralafrikanische Republik) durchsetzte. Alle Anstrengungen waren umsonst.

Aber auch die CAF ist nicht frei von Fehlern. Im Vorjahr hatte der Verband von Madagaskar korrekt AS Adema registriert, doch die CAF vergaß den Klub in der Auslosung. Wenige Tage danach wurde der Verein dann einfach den Young Africans SC aus Tansania zugeordnet, die eigentlich ein Freilos hatten.

Bleiben wir in Madagaskar. In der Vorrunde der afrikanischen Champions League 2008 hatte CD Costa do Sol aus Mosambik das Hinspiel gegen Ajesaia aus Madagaskar mit 2:0 gewonnen. Zum Rückspiel am 2. März fehlte ein Schiedsrichterassistent von den Komoren, weil dieser kein Ausreisevisum erhalten hatte. Der zuständige Einsatzleiter für das Spiel ließ den vierten Offiziellen, der die Nationalität von Madagaskar hatte, aufrücken, doch Costa do Sol weigerte sich, unter diesen Bedingungen zu spielen. Das führte zu Unruhen durch Anhänger. Mit zwei Tagen Verspätung und einem aus Mauritius eingeflogenen neuen Schiedsrichterassistenten wurde das Spiel dann nachgeholt. Ajesaia schied aus, weil es nur zu einem 1:0-Sieg reichte.

Es geht aber auch noch ganz anders: Der CONCACAF unterlief der Fauxpas, den Spieltermin der Begegnung zwischen Diriangén FC aus Nicaragua und CD Barrio México aus Costa Rica im Rahmen der Copa de Campeones y Subcampeones 1977 nicht an die Costa Ricaner übermittelt haben. Da die Gäste deshalb nicht zum Hinspiel erschienen, wurde Diriangén zum Sieger erklärt.

Streik

Maidstone United FC – Weymouth FC

Alliance Premier League, Maidstone, England 1983

Weymouth hatte die letzten neun Spiele gewonnen, als in der Alliance Premier League in Maidstone am Neujahrstag 1983 ein Spiel ausgetragen werden sollte. So sehr es sportlich stimmte, so schwer stand es finanziell um den Klub. Er verlor 700 Pfund die Woche und dachte über einen Überziehungskredit von 50.000 Pfund nach. Zehn Spieler aus dem Kader wohnten rund um Bournemouth, etwa 56 Kilometer von Weymouth entfernt. Die Anfahrten zum Training und den Spielen kostete den Verein jeweils 200 Pfund. Da kam Weymouth die Idee des Einsatzes eines Minibusses, der 100 Pfund pro Woche sparen würde. Die Spieler hielten dies während der Saison für einen Vertragsverstoß und beschlossen nach Rücksprache mit der Vertragsspielergewerkschaft, zu streiken. Als am Spieltag der Bus den Sammelpunkt in Ferndown nahe Bournemouth anfuhr, waren keine Spieler vor Ort – der Bus musste leer zurückfahren und das Spiel abgesagt werden.

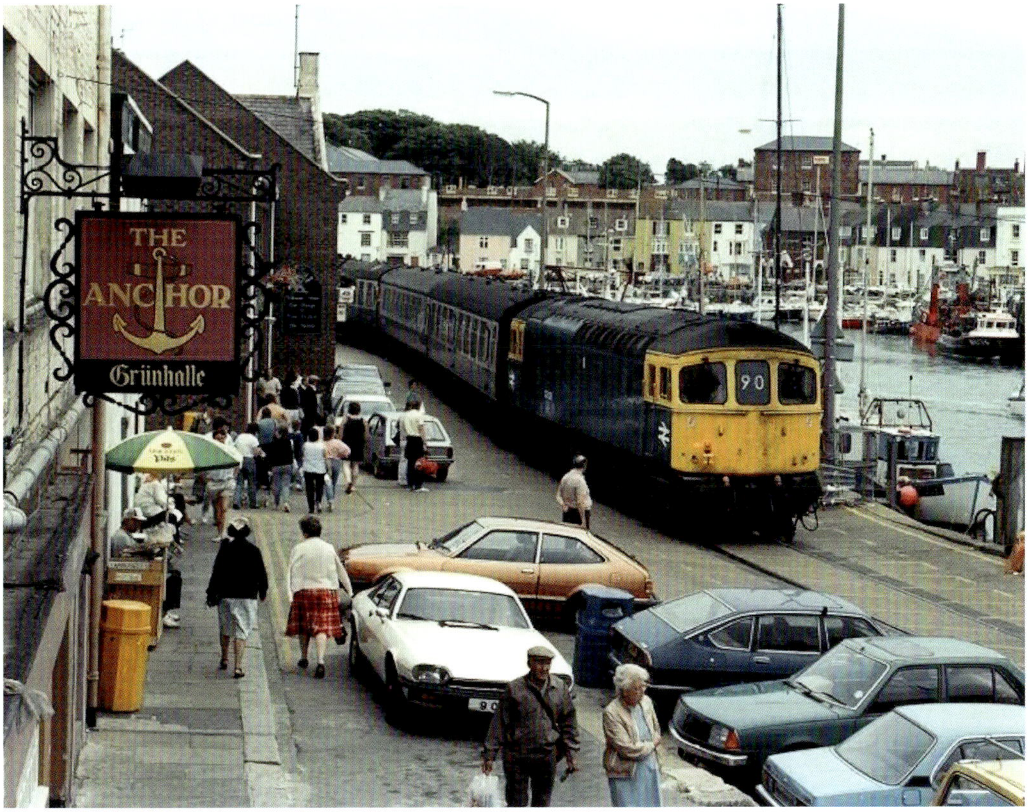

Warum nicht gleich nach Weymouth umziehen?

Der Streik hielt 48 Stunden an. Der Verein schraubte die Idee mit dem Minibus zurück und war bereit, sich einem Schiedsverfahren zu stellen. Die Vermittlung übernahm der Fußballverband. Resultat: Die Wochenlöhne der in Bournemouth wohnhaften Spieler wurden um jeweils 15 Pfund erhöht, während die Reisekosten nicht mehr abgerechnet werden konnten. Fast das gesamte spielende Personal stimmte zu.

Die Liga sprach Strafen aus: 100 Pfund für den Verein, die Erstattung von Kosten und Verlusten in Höhe von 895 Pfund an Maidstone plus weitere 182 Pfund für die Kosten der Anhörung. Zudem ein Punktabzug von zehn Punkten, der den Klub aus dem Rennen um die Meisterschaft katapultierte. Das war aber nicht alles: Von den letzten sechs Spielen gewann Weymouth nur eines, und bei einem Auswärtsspiel wurde in die Garderobe eingebrochen. Immerhin wurde der Punktabzug in einer Berufung zurückgenommen. Der Verband bot sogar eine Neuansetzung des Spiels gegen Maidstone an, das Maidstone dann 3:0 gewann. Weymouth beendete die Meisterschaft auf Platz 7.

Ein weiterer Streikfall:

Für den 5. September 2018 war das Freundschaftsspiel zwischen der Slowakei und Dänemark angesetzt. Doch nach der Weltmeisterschaft war der Vertrag über Prämien für die dänischen Spieler ausgelaufen und noch nicht neu final verhandelt worden, obwohl die Verhandlungen bereits seit neun Monaten anhielten. Als die Spieler für die Begegnung und die anschließende Nations-League-Partie gegen Wales ausgewählt werden mussten, entschied sich der dänische Verband dafür, den Kader erst bekannt zu geben, wenn das Flugzeug, das die Spieler in die Slowakei bringen sollte, dänischen Boden verlassen hatte. Vor dem Abflug hatte Flughafenpersonal die Sicht auf das Flugzeug mit Feuerwehrautos versperrt, um zu verhindern, dass die Presse Fotos von den Spielern machen konnte. Letztlich nahm der Verband sieben Futsalspieler der dänischen Futsalnationalmannschaft sowie Amateurfußballspieler mit. Der dänische Verband entschädigte die Slowaken für die Umstände. Nach Bekanntwerden der Kaderzusammenstellung wurden die Tickets mit nur einem Euro gehandelt. Eine Absage des Spiels kam aber nicht in Frage, nachdem der Verband in einem anderen, ähnlich gelagerten Fall bereits eine Verbandsverurteilung hinnehmen musste. Die mitgereisten Futsalspieler befürchteten eine Strafe gegen alle Mannschaften des dänischen Verbands, sollte es zu einer Absage kommen, und halfen aus, um dies zu verhindern. Am Tag nach dem Spiel in der Slowakei, das die Dänen 0:3 verloren, einigten sich Verband und A-Nationalspieler auf einen neuen Prämienvertrag.

Der 19.-Mai-Vorfall

China – Hongkong

Qualifikation Weltmeisterschaft, Peking, China 1985

Nachdem die Volksrepublik China im Dezember 1984 bei der Asienmeisterschaft in Singapur erst von Saudi-Arabien im Finale gestoppt wurde, galt sie in der Vorrundengruppe der asiatischen Zone B im Rahmen der Qualifikation zur Weltmeisterschaft 1986 in Mexiko als klarer Favorit. Vor dem letzten Spieltag lag China an der Spitze der Gruppe, punktgleich mit dem von Großbritannien abhängigen Hongkong, das die schlechtere Tordifferenz hatte. Hongkong, das im Hinspiel China ein 0:0 abringen konnte, reiste nun nach Peking und hatte zumindest noch eine Außenseiterchance. Vor dem 0:0 hatte es seit 1978 weitere fünf Aufeinandertreffen gegeben, die China allesamt für sich entschieden hatte.

Die Tabelle vor dem letzten Spieltag:
1. China, 5 Spiele, 9:1 Punkte, 22:0 Tore
2. Hongkong, 5 Spiele, 9:1 Punkte, 17:1 Tore
3. Macau, 6 Spiele, 4:8 Punkte, 4:15 Tore
4. Brunei, 6 Spiele, 0:12 Punkte, 2:29 Tore

Mit einem Sieg an diesem 19. Mai 1985 hätte Hongkong die nächste Runde noch erreichen können, China hätte bereits ein Unentschieden gereicht. Doch die entschlossene Spielweise der Chinesen vor 80.000 Zuschauern im Pekinger Arbeiterstadion machte klar, dass sie sich souverän mit einem Sieg qualifizieren wollten. Doch nicht die Hausherren gingen in Führung. Der Verteidiger Cheung Chi Tak erzielte in der 19. Minute mit einem fulminanten Schuss von weit außerhalb des Strafraums in das obere Eck das 1:0 für Hongkong. China zeigte sich unbeeindruckt, kam nur zwölf Minuten später nach einem Abpraller durch Li Hui zum Ausgleich und holte sich die Tabellenführung zurück. In der zweiten Hälfte spielten die Gastgeber nicht auf Sicherheit, sondern zeigten sich wieder offensiv. Aber Ku Kam Fai nutzte in der 60. Minute einen Abpraller zur erneuten Führung Hongkongs. Die Chinesen schafften in der letzten halben Stunde trotz mehrerer Torschüsse nicht mehr den Ausgleich. Hongkong hatte einen historischen Sieg errungen.

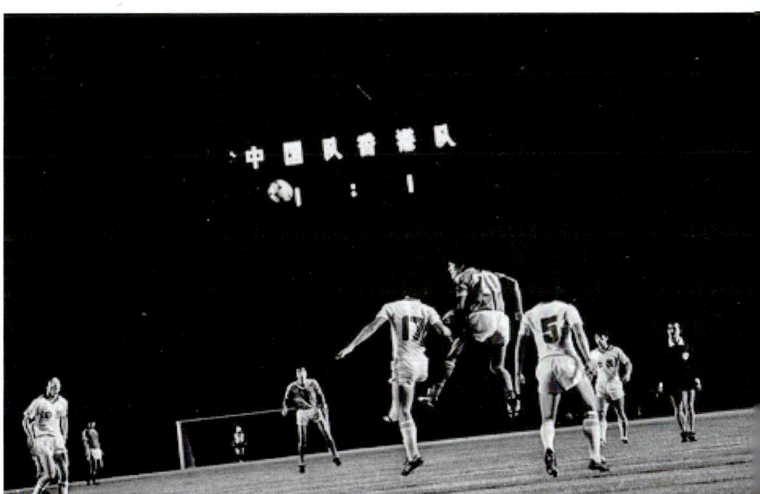

Die Abschlusstabelle sah wie folgt aus:
1. Hongkong, 6 Spiele, 11:1 Punkte, 19:2 Tore
2. China, 6 Spiele, 9:3 Punkte, 23:2 Tore
3. Macau, 6 Spiele, 4:8 Punkte, 4:15 Tore
4. Brunei, 6 Spiele, 0:12 Punkte, 2:29 Tore

Das Ergebnis löste den ersten Fall von Fußballrowdytum in der Geschichte Chinas aus. Verärgerte Fans bewarfen die Spieler aus Hongkong mit Flaschen, Bechern, Tomaten, Stuhlbeinen und anderen Gegenständen, als diese versuchten, das Spielfeld zu verlassen, und randalierten außerhalb des Stadions. Hongkongs Stürmer Cheung Ka-ping hatte weniger Glück und erlitt Schnittwunden im Gesicht, als eine Glasflasche neben ihm zerbrach. Bei der chinesischen Mannschaft wurden die Fenster der Umkleidekabine zerstört. Die Spieler Hongkongs wurden über eine Stunde lang im Stadion belagert, bevor sie evakuiert wurden und die bewaffnete Volkspolizei das Gelände räumte und wieder Ordnung herstellte. Nach Angaben der „South China Morning Post" richtete sich der gemeinsame Zorn, dem die Spieler noch entgehen konnten, zum Teil gegen Ausländer, wobei ausländische Journalisten und andere mit Flaschen und Steinen beworfen wurden. Andere wurden bespuckt und beschimpft. „Außerhalb des Stadions hielten Hunderte von Chinesen Busse an, schlugen ihre Scheiben ein und zwangen die Fahrgäste zur Flucht ... Die Menge stoppte den Korrespondenten der sowjetischen Nachrichtenagentur TASS, Gazizulla Arslanov, auf der Heimfahrt zu einer nahe gelegenen Ausländersiedlung und begann, mit Steinen und Bierflaschen auf sein Auto einzuschlagen", so die „South China Morning Post". Laut staatlicher Medien sind 30 Polizisten zusammengeschlagen und 25 Fahrzeuge beschädigt worden. 127 Personen wurden festgenommen. Die Vorfälle wurden als „May 19 Incident" bezeichnet.

Hongkongs Nationalmannschaft wurde nach ihrer Rückkehr triumphal empfangen, schied aber in der nächsten Runde nach zwei Niederlagen gegen Japan aus.

In bisher insgesamt 22 Spielen beider Teams gab es nur noch einen weiteren Sieg Hongkongs im Jahr 1995. Die Rivalität ist ungebrochen und hat sich nach der Übergabe von Großbritannien an China 1997 mit eigenständiger Verwaltung mit der Umbrella-Bewegung in Hongkong in 2014 verschärft. Im Rahmen der Qualifikation zur Weltmeisterschaft 2018 trafen beide Kontrahenten erneut aufeinander. Vor dem Hinspiel in China hatte der chinesische Verband ein Plakat veröffentlicht, auf dem die Nationalmannschaft Hongkongs mit „Hongkong, China" bezeichnet wurde und Folgendes zu lesen war: „Diese Mannschaft hat Spieler mit schwarzer, gelber und weißer Hautfarbe." Man solle sich vor einer solchen vielrassischen Mannschaft in Acht nehmen. In Hongkong wurde dies als rassistisch gewertet, woraufhin die Fans aus Hongkong die chinesische Nationalhymne, die 1997 „God save the Queen" abgelöst hatte, ausbuhten, was die FIFA mit einer Geldstrafe quittierte. Beim Rückspiel in Hongkong provozierten die rotchinesischen Fans mit kommunistischen Liedern. Die Fans aus Hongkong buhten erneut zur chinesischen Nationalhymne und wiederholten dies ebenfalls bei späteren Heimspielen gegen andere Nationen.

Eine radikale Entscheidung

Levski Sofia – ZSKA Sofia

Finale Kupa na Bulgaria, Sofia, Bulgarien 1985

In der 46. Auflage des bulgarischen Pokalwettbewerbs Kupa na Bulgaria standen sich am 19. Juni 1985 die beiden Topteams Bulgariens, die Lokalrivalen ZSKA Sofia und Levski Sofia im Vasil Levski Nationastadion in Sofia gegenüber. Schiedsrichter der Partie vor ca. 35.000 Zuschauern: Ahmed Yasharov, der sein letztes Spiel vor seinem Karriereende leitete und eine Therapie wegen eines schmerzhaften Beins am Schwarzen Meer für diese Begegnung abbrach. Was er in diesem Pokalfinale erlebte, worauf er weder körperlich noch geistig vorbereitet war, sollte der FIFA-Referee bis zu seinem Tod im Jahr 2004 nicht vergessen. Es beschäftigte den bulgarischen Fußball über Jahre. Yasharov ahnte aber, was kommen sollte. „Leute, sie haben mich aus dem Wasser geholt. Sie sagten, es gäbe sonst niemanden, der dieses Spiel spielen könnte. Ich habe keine Vorbereitung, also helft ihr mir", sagte er seinen Assistenten Minuten vor dem Spiel.

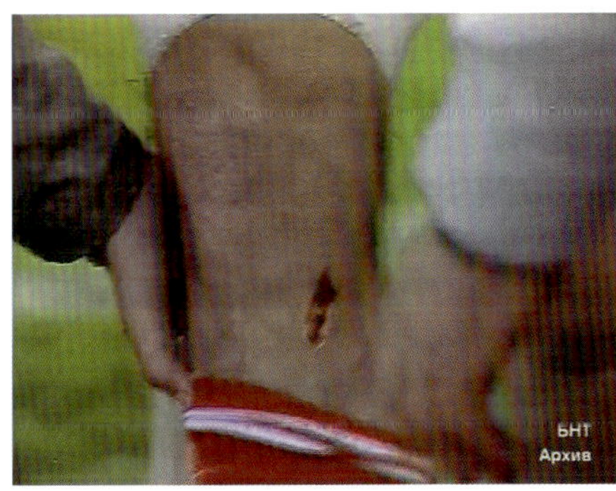

Ein aufgerissenes Bein.

In der Liga stand das 1914 von Studenten gegründete Levski kurz vor Saisonende auf Platz 1. Direkt dahinter lauerte der Armeesportklub ZSKA. Levski hatte eine Serie von sieben Spielen mit Siegen über den ungeliebten Kontrahenten geschafft. Nun wollten es die Roten von ZSKA den Blauen endlich heimzahlen. Der Trainer setzte auch junge, motivierte Spieler ein, wie den erst während der Saison übernommenen späteren Weltstar Christo Stoitschkow.

Georgi Slavkov und Iliya Voynov schossen in der 26. und 53. Minute eine 2:0-Führung für ZSKA heraus. Beim ersten Treffer hatte der Torschütze seine Hand benutzt. Die Spieler von Levski blieben stehen und warteten auf den Pfiff des Unparteiischen. Doch der kam nicht. Daran änderte auch das folgende Gedränge nichts. Damit begann ein regelrechtes Gemetzel auf dem Platz. Fehlentscheidungen des Schiedsrichters heizten alles nur noch an. Levski kam in der 69. Minute durch einen verwandelten Elfmeter von Nasko Sirakov noch einmal auf 1:2

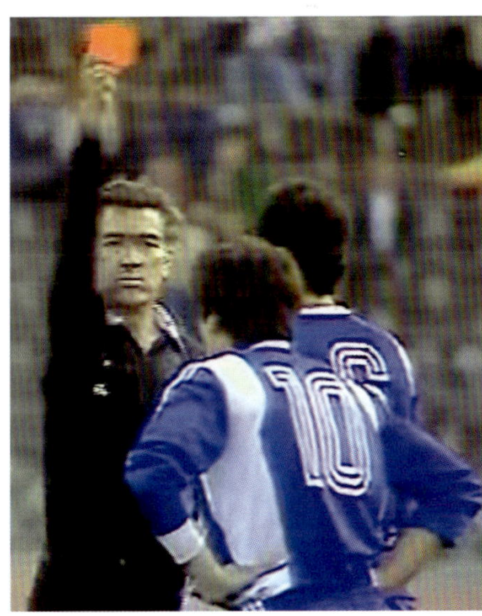
Wieder eine Rote Karte.

heran. Als in der 73. Minute Levskis Verteidiger Plamen Nikolov bei Gegenspieler Radoslav Zdravkov einen blutigen Riss in der Wade des linken Beins verursachte, erfolgte die entsprechende Hinausstellung. Fünf Minuten später klammerte sich Levskis Emil Spasov, der das gesamte Spiel von dem ZSKA-Spieler Kostadin Yanchev beschimpft wurde, schreiend vor Schmerzen an seinen Schlussmann. In das folgende Handgemenge griff Stoitschkow ein. Alle drei Spieler wurden vom Platz geschickt. Direkt nach dem Schlusspfiff rannte Levski-Keeper Borislav Mihaylov über den Platz und stieß dem Schiedsrichter hart in die Brust. Im Gang zu den Kabinen eskalierte die Situation noch weiter. Mihaylov, Nasko Sirakov und weitere Levski-Spieler schlugen mit ihren Fäusten auf den Schiedsrichter ein. Die Empörung war im ganzen Land zu spüren. Aber mit den Folgen hatte niemand gerechnet.

Auf höchster Partei- und Staatsebene wurde mitgemischt, während die Funktionäre der beiden Klubs vor dem Hintergrund etwaiger Strafen miteinander rangen. Schon als nach dem Finale der Verbandschef und Generalsekretär des Ministerrats, Ivan Shpatov, in die Schiedsrichterkabine kam und dort laut Linienrichter Dimitar Sharlachki „Ab morgen wird es kein Levski und ZSKA mehr geben. Ich löse sie auf!“ verkündete, war dies nicht mehr aufzuhalten. Shpatov, Anhänger eines Klubs aus Plovdiv, war Schützling des bulgarischen Premierministers Grischa Filipov. Und so entschied auch die kommunistische Partei des Landes, dass beide Klubs aufgelöst werden, dass Mikhailov, Plamen Nikolov, Spasov, Emil Velev und Stoichkov für immer aus dem Fußball verbannt werden. Die Trainer wurden sogar aus den Enzyklopädien der damaligen Zeit gestrichen, ebenso wie die beiden Klubchefs. Dutzende von Schicksalen waren betroffen. Der Pokaltitel wurde gestrichen, der Dritte aus der Liga wurde Meister: Trakia Plovdiv, der Klub von Shpatov ... Der Klub startete daraufhin entsprechend im Europapokal der Landesmeister, überstand die erste Runde aber nicht.

Manche Sanktionen wurden wieder aufgehoben, ob gegen Spieler oder aber auch die beiden Vereine. Sie durften unter den neuen Namen FK Vitosha Sofia und ZFKA Sredez Sofia wieder am Spielbetrieb teilnehmen, sogar schon bei der Intertotorunde 1986.

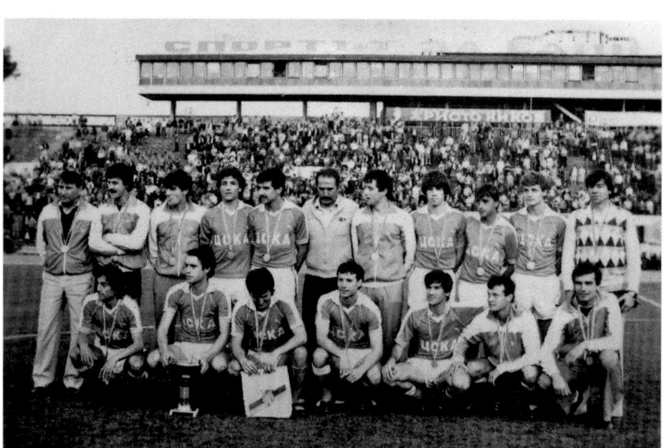

Die siegreiche Mannschaft unmittelbar nach dem Finale.

1990 waren die Verhältnisse im Osten Europas andere. Der Eiserne Vorhang war gefallen. Kommunistische Regierungen wurden abgelöst. Damit einhergehend wurden Ungerechtigkeiten der Vergangenheit auch korrigiert. Rückwirkend wurde ZSKA offiziell zum Pokalsieger und Levski zum Meister von 1985 bestimmt.

Flucht in ein besseres Leben

Guyana – Mexiko

Olympia-Qualifikation, Santa Ana, USA 1987

Guyana liegt zwar im Nordosten Südamerikas, ist aber fußballtechnisch der CONCACAF angeschlossen. Im Rahmen der Qualifikation für die Olympischen Spiele 1988 in Seoul spielte das Nationalteam eine gar nicht so schlechte Rolle. In der Vorrunde hatte sich Guyana im K.-o.-Modus mit zwei klaren Siegen gegen die Bahamas durchgesetzt, in der ersten Runde folgten zwei weitere Siege gegen die Dominikanische Republik. Die zweite Runde wurde im Gruppenmodus bestritten. In Gruppe 2 traf Guyana auf Mexiko und Guatemala. Hoffnungen auf eine sportliche Chance in der Gruppe wurden bereits im ersten Gruppenspiel am 18. Oktober 1987 zerstört. In Guatemala-Stadt ging Guyana gegen Guatemala mit 0:6 unter. Das Rückspiel an gleicher Stelle eine Woche später ging mit 0:3 verloren. Der Verband hatte sich aus finanziellen Gründen dazu entschieden, auf seinen Heimvorteil zu verzichten.

Auch für das dritte Gruppenspiel gegen Mexiko erhoffte sich der Verband einen finanziellen Vorteil. Der mexikanische Verband kaufte das Heimrecht für 20.000 US-Dollar ab. Als Austragungsort für das Heimspiel wurde Santa Ana in Kalifornien bestimmt. Hier würden mit Sicherheit viele dort lebende Mexikaner zu dem Spiel anreisen. Der sportliche Wert an jenem 9. Dezember war nicht besonders hoch. Doch die Mexikaner, die sich Eintrittskarten für das Spiel kauften, erlebten eine große Fiesta: 9:0 siegte Mexiko. Das Rückspiel in Mexiko-Stadt sollte nur eine Woche später stattfinden. 75.000 Eintrittskarten wurden im Vorverkauf veräußert. Doch Guyana teilte mit, nicht antreten zu können und wollte dafür „administrative Probleme“ geltend machen.

Bevor die zunächst nach Miami geflogene Reisegruppe das Flugzeug für den Weiterflug nach Los Angeles besteigen wollte, waren bereits Colin Pollard, Elson Hinckson, Shawn Williams und Ingram Halley verschwunden. Am Morgen des folgenden Tages fehlten in Los Angeles Anthony Brown und Junior George – diese waren offenbar aus den Hotelfenstern gesprungen. Daraufhin wurde mit den verbliebenen Spielern das Gespräch gesucht und appelliert, zu bleiben. Kurz darauf fehlten auch Rupert Gordon, David Kistoo und Broderick Murray. So verblieben für das Spiel gegen Mexiko gerade noch elf Spieler. Am Morgen nach dem Spiel waren auch Gerald Austin, Trevor Maxwell, Neil O’Choa, Adrian Forde und Nigel Cummings verschwunden. Sage und schreibe 14 Spieler und einen Offiziellen hatte die guyanische Delegation in den USA verloren.

Seitens der Spieler hatte man sich zuvor nach dem Typ des Visums erkundigt. Die Spieler zeigten sich enttäuscht, als sie erfuhren, dass die Visa nur zum einmaligen Einreisen in die USA berechtigten. Sie setzten sich ab, um in den USA ein besseres Leben führen zu können. Trainer Lennox Arthur gab an, dass es wohl eine Gruppe Guyaner in den USA gäbe, die die

Spieler zu diesem Schritt ermutigt hätten. Sechs Spieler und sechs Offizielle kehrten aber wieder in die Hauptstadt Georgetown zurück.

Die FIFA sanktionierte den Verband von Guyana mit einer Strafe von 10.000 Schweizer Franken und wies an, dass Guyana dem mexikanischen Verband dessen Aufwendungen (etwa 100.000 US-Dollar) kompensieren müsste.

Zumindest die Geschichte der Qualifikation war damit noch nicht beendet ... Mexiko bekam die Punkte aus dem ausgefallenen Spiel gegen Guyana und holte noch im Februar 1988 zwei Siege gegen Guatemala. Als Gruppensieger war Mexiko für die Olympischen Spiele qualifiziert. Dachten die Mexikaner. Doch am 30. Juni 1988 sperrte die FIFA den mexikanischen Verband für zwei Jahre für alle FIFA-Wettbewerbe. Hintergrund: Im Rahmen der U-20-Nord- und Mittelamerikameisterschaft hatte Mexiko gefälschte Dokumente in Hinblick auf das Alter der Spieler vorgelegt. Und so meldete die FIFA Guatemala für das Finalturnier der Olympischen Spiele.

Weitere flüchtende Spieler:

Äthiopien wurde im Mai 1997 seiner Nationalmannschaft beraubt, als 16 Mitglieder des Kaders in Italien politisches Asyl beantragten. Fünfzehn Spieler und ein Trainer verschwanden auf dem Weg zu einem Afrika-Cup-Qualifikationsspiel in Marokko aus ihrem Hotel nahe ihres Umsteigeflughafens in Rom. „Wir hatten schon vor einiger Zeit beschlossen, Äthiopien zu verlassen, wo es politische, religiöse und ethnische Probleme gibt“, gab ein Spieler an. Zwei Spieler, ein Trainer und vier Mitarbeiter blieben zurück und wurden wieder nach Äthiopien geflogen.

Bei einem Qualifikationsspiel zur Weltmeisterschaft 2018 trat Eritrea im Oktober 2015 in Botswana an. Zehn eritreische Spieler weigerten sich nach dem Spiel, die Rückreise anzutreten und beantragten Asyl. Die in Südafrika ansässige Organisation Eritrean Movement for Democracy and Human Rights (EMDHR) verteidigte das Recht der Spieler, Asyl zu beantragen, während die Polizei die Spieler zunächst verhaftete. Es war bereits das sechste Mal, dass eritreische Spieler nicht in ihr Heimatland zurückkehren wollten. 2008 beantragten acht Spieler der Olympiaauswahl im schottischen Edinburgh Asyl, 2009 zwölf bei einem Turnier in Kenia, 2011 die komplette Nationalmannschaft in Kenia, 2012 eine offiziell nicht bekannte Anzahl an Teammitgliedern nach einem Turnier in Tansania und Uganda und 2013 sechs nach einem Spiel in Angola. Hintergrund hierfür ist auch, dass in der Diktatur in Eritrea die Männer zu fast lebenslangen Militärdiensten herangezogen werden.

Schockzustand

MC Alger – Entente de Sétif

Championnat National de Première Division, Algier, Algerien 1987

Etente de Sétif, ein Klub aus der Berberregion Kabylei, holte 1986/87 mit 48 Punkten und damit fünf Punkten Vorsprung unter Trainer Mokhtar Arribi die Meisterschaft in Algerien. Die folgende Saison in der Liga lief nicht mehr ganz so gut. Platz 7 stand vor dem letzten Spieltag zu Buche, nachdem CR Belcourt mit 6:1 nach Hause geschickt wurde. Vor dem letzten Spieltag sah die Tabelle noch sehr eng aus. Für den Titelverteidiger war theoretisch noch die Vizemeisterschaft möglich:

1. MC Oran, 38 Punkte, 43:27 Tore
2. JE Tizi Ouzou, 36 Punkte, 31:22 Tore
3. USM Annaba, 35 Punkte, 40:33 Tore
4. USM Alger, 35 Punkte, 33:26 Tore
5. JS Bordj Ménaïel, 35 Punkte, 30:25 Tore
6. AS Aïn-M'lila, 35 Punkte, 25.26 Tore
7. **Entente de Sétif**, 34 Punkte, 34:24 Tore
8. USM El Harrach, 34 Punkte, 28:23 Tore
9. ASM Oran, 34 Punkte, 22:20 Tore
10. RC Relizane, 34 Punkte (ein Punkt Abzug), 33:35 Tore
11. JSM Tiaret, 33 Punkte, 34:34 Tore
12. USM Aïn Beïda, 33 Punkte, 28:35 Tore
13. Entente Collo, 32 Punkte, 30:30 Tore

----

14. MC Alger, 32 Punkte, 26:26 Tore
15. ASO Chlef, 29 Punkte, 26:24 Tore
16. CR Belcourt, 28 Punkte, 29:28 Tore
17. WA Tlemcen, 28 Punkte, 20:37 Tore
18. JSM Skikda, 26 Punkte, 20:37 Tore

Mit einem Sieg am letzten Spieltag hätte sich der Klub letztlich noch den 3. Platz geholt. Doch es kam anders, völlig anders. Das Spiel beim Tabellenvierzehnten MC Alger, traditionell ein großer Rivale von Sétif und zudem vor dem letzten Spieltag auf einem Abstiegsplatz stehend, ging am 5. Juli mit 0:1 verloren. Und durch die ungewöhnliche Konstellation zum Saisonende fand sich Sétif plötzlich bis auf den 14. Rang durchgereicht wieder. Selbst MC Alger war noch an Sétif vorbeigezogen, weil der direkte Vergleich trotz besserer Tordifferenz zum Nachteil von Sétif ausfiel. Die finale Tabelle sucht fraglos ihresgleichen:

1. (1.) MC Oran, 41 Punkte, 45:29 Tore
2. (2.) JE Tizi Ouzou, 37 Punkte, 32:23 Tore
3. (3.) USM Annaba, 35 Punkte, 40:35 Tore
4. (4.) USM Alger, 35 Punkte, 35:30 Tore

5. (8.) USM El Harrach, 35 Punkte, 31:26 Tore
6. (5.) JS Bordj Ménaïel, 35 Punkte, 32:28 Tore
7. (9.) ASM Oran, 35 Punkte, 24:21 Tore
8. (11.) JSM Tiaret, 35 Punkte, 38:36 Tore
9. (13.) Entente Collo, 35 Punkte, 32:31 Tore
10. (10.) RC Relizane, 35 Punkte (ein Punkt Abzug), 36:38 Tore
11. (6.) AS Aïn-M'lila, 35 Punkte, 26:28 Tore
12. (12.) USM Aïn Beïda, 35 Punkte, 30:35 Tore
13. (14.) MC Alger, 34 Punkte, 27:26 Tore
----
14. (7.) **Entente de Sétif**, 34 Punkte, 34:25 Tore
15. (16.) CR Belcourt, 29 Punkte, 29:28 Tore
16. (15.) ASO Chlef, 29 Punkte, 26:26 Tore
17. (17.) WA Tlemcen, 29 Punkte, 20:37 Tore
18. (18.) JSM Skikda, 28 Punkte, 22:37 Tore

Zwischen Platz 3 und dem ersten Abstiegsplatz lag nur ein Punkt Unterschied. Mit dem Abstieg von Sétif stand das Land quasi unter Schock. Der Meister musste plötzlich eine Klasse tiefer spielen.

Es blieb nicht bei einem Schock. Sétif hatte sich als algerischer Meister für den Afrikapokal der Landesmeister qualifiziert, der traditionell über das Kalenderjahr verteilt ausgetragen wurde, also weit vor Ende der algerischen Meisterschaft begann. Dort spielte der Klub in der 1. Runde gegen Stade Malien aus Mali auswärts 1:1 und zu Hause 4:0. In Runde 2 traf der algerische Absteiger auf Étoile Sportive du Sahel aus Tunesien, verlor im Nachbarland mit 1:2 und gewann daheim mit 2:0. Im Viertelfinale gab es bei FC 105 Libreville aus Gabun ein 1:3 und zu Hause einen Sieg mit 3:0. Wieder war es knapp. Im Halbfinale reiste Al Ahly aus Kairo an und musste sich mit 0:3 geschlagen geben. Im Rückspiel siegten die Ägypter mit dem gleichen Ergebnis. Ein 4:2 im Elfmeterschießen brachte die Entscheidung für die Algerier, die nun tatsächlich im Finale standen. Sétif, inzwischen längst Zweitligist, verlor bei Iwuanyanwu Nationale aus Nigeria mit 0:1 und triumphierte in Sétif am 26. November mit 4:0. Aus dem negativen war ein positiver Schock geworden, Sétif im Jahr des Abstiegs Afrikapokalsieger der Landesmeister.

Als Meister der 2. Liga kehrte Sétif alsbald auch in das algerische Oberhaus zurück. Als Sieger des afrikanischen Cup of Champions Clubs war der Verein zudem noch für den in den Jahren 1986 bis 1999 ausgespielten Afro-Asien-Pokal qualifiziert, bei dem der Titelträger der Asian Club Championship, al-Sadd SC aus Doha, 1989 zweimal geschlagen wurde, womit auch noch dieser Titel geholt werden konnte.

Ausgebuht beim Heimturnier

Brasilien – Venezuela

Copa América, Salvador da Bahia, Brasilien 1989

Forscht man in Brasilien, welche Spiele für die Bevölkerung zu den Bedeutsamsten in negativer Hinsicht gehören, so werden das Drama gegen Uruguay bei der WM 1950 in Brasilien, „Maracanaço“ (Schock von Maracanã)[69] betitelt, und das 1:7 gegen die deutsche Fußballnationalmannschaft von 2014, in Anlehnung an das Spiel von 1950 und den Austragungsort Mineirão „Mineiraço“ genannt, angegeben. Doch es gibt ein weiteres Trauma aus dem Jahr 1989, das die Brasilianer ebenfalls in einem Heimturnier, der Copa América, in ihrem Eröffnungsspiel erlitten.

Die ehemalige Hauptstadt Brasiliens, Salvador, offiziell Município de Salvador, ist nach São Paulo und Rio de Janeiro die drittgrößte Stadt des Landes und Hauptstadt des Bundesstaats Bahia. Hier im Nordosten des Landes sollte Brasilien am 1. Juli 1989 die Copa América mit einem Spiel gegen Venezuela eröffnen. Im Mannschaftshotel nahm die brasilianische Mannschaft am Vorabend der Begegnung gerade ihr Abendessen ein, als Paulo Maracajá, Präsident des örtlichen Klubs EC Bahia, der 1988 brasilianischer Meister geworden war, den Speisesaal betrat und den jungen Stürmer Charles Fabian aufgebracht am Arm packte und ihm mitteilte: „Du kannst deine Sachen packen, denn du bleibst nicht hier.“ Dieser war irritiert und sich nicht im Klaren, was er tun sollte. Er sah niemanden vom Verband und folgte daher der Aufforderung. Maracajá war vorgeprescht. Er hatte erfahren, dass sein Spieler zu den drei gehörte, die aus dem endgültigen 20-köpfigen Kader gestrichen worden waren. Diese Streichung hatte weitgehende Folgen. Nicht nur für den Präsidenten des Klubs war dies ein neuer Verrat an einem Volk, das sich fern der großen Zentren Brasiliens benachteiligt fühlt. Der Verdienst war und ist hier so gering, dass Millionen von Menschen an Hunger leiden.[70] So zogen die Menschen aus dem verarmten Nordosten häufig in den wohlhabenden Südosten, wo es im Leben aber auch nicht unbedingt einfacher wird. Und wenn sich nach dem Umzug Erfolg eingestellt hat, dann fühlen sich die Menschen aus dem Nordosten im Südosten häufig auch nicht entsprechend gewürdigt. Vorurteile sind beidseitig noch fest verankert. Die Bewohner des Nordostens werden als sozial bzw. intellektuell minderwertig betrachtet, über lokale Akzente macht man sich lustig.

Die Klubs des Nordostens haben nicht das Budget, um ihre besten Spieler zu halten. Sie verlieren sie beim ersten lukrativen Angebot an die Vereine im Süden. Rivaldo, Bebeto, Juninho Pernambucano, Dida und Roberto Firmino gelten als Beispiele dafür. Und selbst wenn die

---

69 Als Gastgeber, hoher Favorit und Tabellenführer der Finalrunde vor dem letzten Gruppenspiel hätte Brasilien ein Unentschieden für den Titel gereicht, doch Uruguay gewann vor rund 200.000 Zuschauern mit 2:1. Der letzte Treffer fiel in der 79. Spielminute. Im Stadion herrschte daraufhin Todesstille, beschrieb später FIFA-Präsident Jules Rimet die Situation.

70 Während der Coronapandemie stieg die Arbeitslosigkeit sogar auf über 50 % an.

Talente direkt nach Europa verkauft werden, so sind die Klubs aus dem Nordosten wieder benachteiligt. Der französisch-algerische Agent Franck Henouda in Diensten von Shakhtar Donetsk erklärte: „Wenn ein Verein zu mir kommt und sagt, ich habe einen Jungen aus dem Nordosten und einen anderen aus dem Süden, dann rate ich ihm, den Letzteren zu verpflichten. Er ist vielleicht teurer, aber das Risiko ist geringer ... Spieler aus diesen Gegenden sind körperlich stärker und haben nicht mit Hunger zu kämpfen, wenn sie aufwachsen. Im Süden gibt es diese kolonialen Frühstücke. Im Nordosten ist das ganz anders." Gegenüber der BBC gab Henouda an: „Neulich habe ich mir einen Stürmer von Atlético Goianiense angeschaut – ich mag ihn sehr, aber er ist kleinwüchsig und hat kleine Knochen, weil sie sich aufgrund von Kalziummangel in der Kindheit nicht richtig entwickelt haben. Er wird anfälliger für Verletzungen sein."

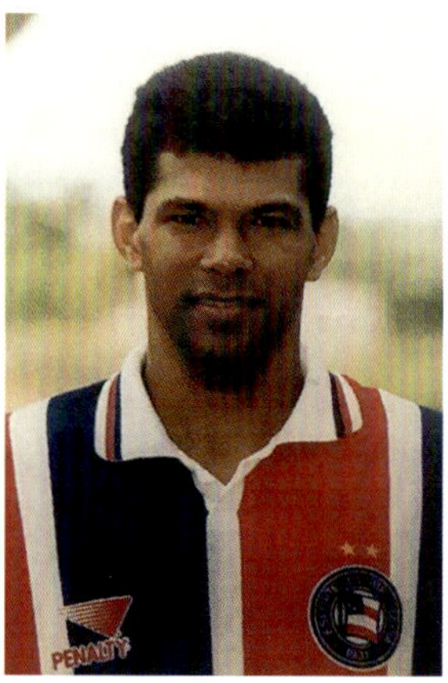

Aufhänger der Proteste: Der Umgang mit Charles Fabian.

Lange war es her, dass ein Spieler aus der Region in die Nationalmannschaft berufen wurde. Fabian war eine lokale Leitfigur. Der Unmut, wie mit ihm bzw. den Menschen aus dem Nordosten umgegangen wurde, hatte sich an diesem Tag ins Stadion getragen.

Sebastião Lazaroni, der Trainer Brasiliens, hatte die Entscheidung über die Berücksichtigung von Charles Fabian bis zum Schluss offengelassen. Der Druck, der hierauf lag, war riesig. Seit dem Wochenende, als der Stürmer von Bahia nicht in die Liste der bereits garantierten Spieler aufgenommen wurde, hatte der Kommentator Raimundo Varela von TV Itapuã eine Kampagne zum Boykott der Seleção begonnen. Während einer Trainingseinheit in Salvador versuchten Passanten, den Trainer zu beschimpfen. Das Ausbooten unmittelbar vor dem Spieltag schlug in Salvador da Bahia ein wie eine Bombe.

Das Estádio Fonte Nova war nur spärlich besetzt – gerade einmal 5.000 Anhänger waren zur Eröffnungsfeier der Copa América und zum „Vorspiel" zwischen Paraguay und Peru gekommen – dabei waren 50.000 Menschen erwartet worden. Es wehten die Fahnen der teilnehmenden Länder, der Rhythmus von Samba, Capoeira und Maculelê ging durch das Stadion – aber es war quasi leer. Mit einer Stunde Verspätung ging es los. Dann folgte das zweite Spiel. Dass der Gastgeber an diesem Tag Venezuela 3:1 besiegte, war eine absolute Nebensache. 13.000 Zuschauer waren nun anwesend – und viele von ihnen waren der brasilianischen Nationalmannschaft nicht wohlgesonnen. Viele Ticketbesitzer ließen ihre Karten verfallen. Sie verbrannten die brasilianische Flagge auf den Rängen. Sie buhten die Nationalhymne aus. Männer, Frauen, ältere Menschen und Kinder warfen mit Orangen und Eiern nach den Spielern. Auf das Trainerteam wurden Raketen abgefeuert, sodass die Trainer und die Reservespieler fliehen mussten. Das Stadion war in Aufruhr. „Ich hatte an diesem Tag gemischte Gefühle", sagte Fabian. „Einerseits freute ich mich über die Unterstützung, die ich erhielt, andererseits war ich traurig über das, was passierte. Niemand möchte die Flagge seines Landes in Flammen sehen." Lazaroni sagte nach dem Spiel, er sei beschämt: „Ich habe noch nie ein so wildes Spektakel gesehen."

Auch die beiden folgenden Gruppenspiele der Brasilianer fanden noch in Salvador da Bahia statt. Zum 0:0 gegen Peru kamen 8.200 und zum 0:0 gegen Kolumbien 9.100 Zuschauer. Beim vierten Gruppenspiel in Recife, ebenfalls im Nordosten des Landes, wurde die Seleção schließlich freundschaftlich empfangen. Brasilien überstand die Fünfergruppe als Zweiter, qualifizierte sich für die Finalrunde, wo es im Estádio do Maracanã in drei Spielen noch vor zusammen 302.000 Zuschauern spielte und auch den Titel gewann. In der Finalrunde war dann Charles Fabian doch dabei – er wurde nachgemeldet, kam aber zu keinem Einsatz. Seine Nationalmannschaftskarriere war nach neun Freundschaftsspielen beendet.

„El Condor“, die Rakete von Maracanã und die große Lüge

Brasilien – Chile

Qualifikation zur Weltmeisterschaft, Rio de Janeiro, Brasilien 1989

Es war der letzte Spieltag der südamerikanischen Qualifikation für die Weltmeisterschaft 1990 in Italien. Im Maracanã trafen die beiden punktgleich führenden Mannschaften Brasilien und Chile aufeinander. Bei der Copa América 1987 hatte Chile Brasilien mit 4:0 besiegt. Das war in den Köpfen der Brasilianer nicht in Vergessenheit geraten. Brasilien hätte eine Niederlage mit einem Tor Unterschied zum Gruppensieg und damit der Qualifikation gereicht, doch bei einem chilenischen Sieg mit zwei Toren Vorsprung wäre Chile durch gewesen. Schon beim Hinspiel im August (1:1) war die Stimmung aufgeheizt, Romario wurde bereits in der 3. Minute vom Platz gestellt, Raúl Ormeño leistete sich ein brutales Foul an Branco, das Publikum warf Gegenstände auf das Spielfeld. Entsprechend angespannt war die Lage auch vor dem Rückspiel am 3. September in Rio de Janeiro.

Die Chilenen waren trotz der nicht schlechten Ausgangslage die Außenseiter. Die bis zu 180.000 Zuschauer im Stadion erlebten nach 49 Minuten das 1:0 für die Gastgeber durch Careca. Kurz darauf stockte das Tollhaus. Eine Leuchtrakete wurde von den Rängen geworfen und kam in der Nähe des chilenischen Torhüters Roberto Rojas zum Liegen. Es rauchte, Rojas sank zusammen. Seine Mitspieler forderten medizinische Hilfe an. Rojas blutete im Gesicht und wurde vom Platz getragen. Die Chilenen teilten mit, nicht mehr weiterspielen zu wollen. Der argentinische Schiedsrichter Juan Loustau brach die Begegnung sofort ab. Rojas lag kurz darauf halbtot auf der Massagebank.

Die Sicherheitskräfte fahndeten derweil nach dem Fan, der den Vorfall ausgelöst hatte. Dieser wurde schnell gefunden. Es handelte sich um Rosenery Mello, eine Angestellte der Stadtwerke. In verschiedenen Fernsehsendungen berichtete Rojas in den nächsten Tagen von der schlimmen Geschichte, die ihm widerfahren war.

Doch schnell kamen Zweifel an den Vorkommnissen auf – die beiden Fotografen Ricardo Alfieri und Paulo Teixeira leiteten die Aufklärung ein. Alfieri, der im richtigen Moment der Explosion auf den Auslöser gedrückt hatte, glaubte Rojas nicht und meldete sich nach dem Entwickeln des Bildmaterials beim brasilianischen Verband. Die Fotos hatten Rojas als Lügner überführt! In dem Moment, als die Rakete abbrannte, stand Rojas noch in sicherer Entfernung von etwa einem Meter. Schmauchspuren oder Brandwunden gab es entsprechend keine, was den Ermittlern erst nicht aufgefallen war. Rojas widersprach den Schilderungen: „Ich schwöre bei meinen Kindern, dass ich mich nicht geschnitten habe. Das ist eine der größten Ungerechtigkeiten in der Welt.“ Erst im Mai 1990 gab er seine Schuld zu. Es folgten eine lebenslange Sperre für Rojas, die nach einem Gnadengesuch erst 2001 wieder aufgehoben wurde, ein 2:0-Sieg für Brasilien am grünen Tisch und eine Sperre Chiles auch für die Weltmeisterschaft 1994. Die FIFA hatte über eine Kommission unter dem Vorsitz des damaligen DFB-Präsidenten Hermann Neuberger u. a. mitgeteilt, ein ärztliches Zeugnis der Chilenen zur starken Blutung sei gefälscht gewesen und der Spielabbruch bewusst provoziert worden.

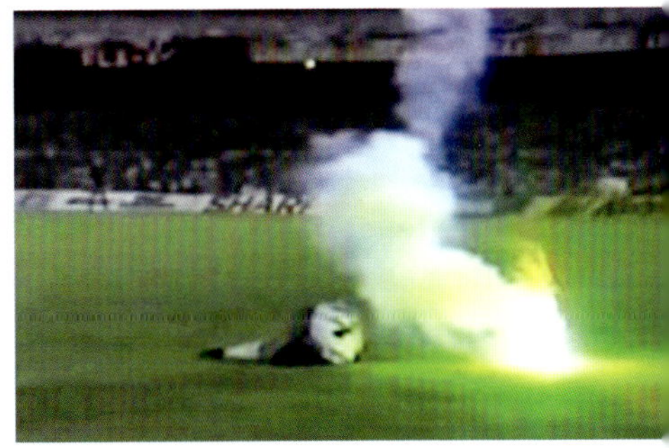

Eine Rakete fällt nahe bei Roberto Rojas auf das Spielfeld.

Die tatsächlichen Geschehnisse ließen sich zweifelsfrei rekonstruieren. „Wenn sich die Gelegenheit ergibt, mache ich etwas", hatte der 32-jährige Rojas schon vor dem Spiel seinem Spielführer Fernando Astengo zugeflüstert. Rojas stand am Vorabend seiner Karriere, wollte die wohl letzte Chance zur WM-Teilnahme nicht vergehen lassen, wusste um die Atmosphäre und häufigen Chaos-Momente im Stadion und war bereit, diese zu nutzen. Rojas: „Die Idee kam zwei Tage vor dem Spiel auf. Ich habe den Captain (Astengo) eingeweiht und er war einverstanden."[71] Der Physiotherapeut wurde mit ins Boot geholt. „Zwei Stunden vor dem Spiel kam dieser zu mir und berichtete, dass alles bereit sei", so Rojas. „El Condor", wie er in Chile genannt wurde, bemerkte die Rauchentwicklung der Rakete und sah die Gelegenheit gekommen. Er hatte eine Rasierklinge in seinem linken Torwarthandschuh versteckt, zog diese unbemerkt heraus und ritzte sich damit über dem linken Auge auf, bevor er die Klinge wieder verschwinden ließ. Astengo war der erste der Chilenen, die das Blut bei Rojas entdeckten. „Die Klinge ist im linken Handschuh", flüsterte Rojas beim Verlassen des Platzes Astengo zu, der sie an sich nahm.

Mello wurde durch den Abend zum Star. Als „Fogueteira do Maracanã" (Rakete von Maracanã) löste sie den größten Skandal des chilenischen Fußballs aus. Nur zwei Monate später war sie das Covergirl der brasilianischen Ausgabe des Playboys. 2011 starb sie nach einem Aneurysma.

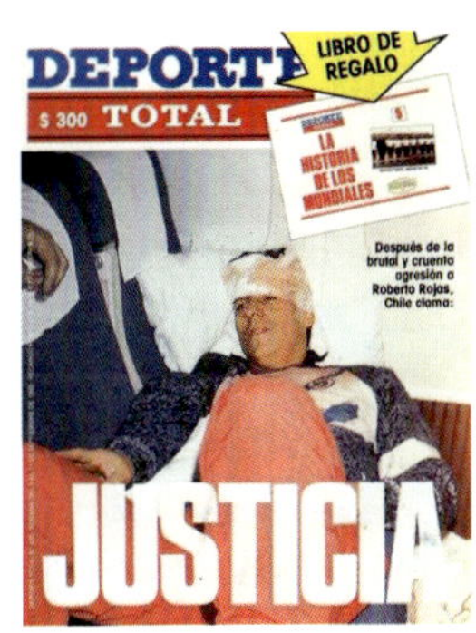

Rojas Karriere war nach diesem Abend im Maracanã beendet. Real und Atlético Madrid waren an ihm interessiert, doch das zerschlug sich nun natürlich. Auch Trainer Orlando Aravena und Teamarzt Daniel Rodríguez wurden lebenslänglich gesperrt, Astengo für vier Jahre – alle drei leugnen bis heute, involviert gewesen zu sein. Der chilenische Verband musste auch noch 100.000 Schweizer Franken Strafe zahlen. Für die chilenischen Stars platzte die WM 1994 in den USA. Erst 1998 in Frankreich, knapp neun Jahre nach dem Skandal von Maracanã, war Chile wieder in der Endrunde vertreten.

71 Dies gab Rojas im Buch „Historias Secretas Del Futbol Chileno II" von Juan Cristóbal Guarello de Toro und Luis Urrutia O'Nell preis, erstmals in Santiago de Chile im Jahr 2007 erschienen.

Einwurf: Einflussnahme von außen

Als der Club Social y Deportivo Colo-Colo aus Santiago de Chile am 5. Mai 1987 mit dem Bus zum Spiel in der Copa Libertadores beim Guarani FC nach Campinas in Brasilien aufbrechen wollte, dauerte die Anfahrt mit dem angeblich ortskundigen einheimischen Fahrer vom Hotel statt der üblichen 30 Minuten durch tausend Kurven, vermeintliche Abkürzungen, Staus und blockierte Straßen zwei Stunden. Schnell umgezogen, ging es ohne ein Aufwärmen ins Spiel, das trotzdem nicht verloren wurde. Zwölf Jahre später erinnerte sich der Klub an die Erschwernisse und versuchte im gleichen Wettbewerb im Heimspiel gegen Asociación Deportivo Cali den gleichen Trick. Doch die Gäste rochen den Braten schnell, weil einige Spieler nach einem Länderspiel wenige Monate zuvor den Weg noch grob im Kopf hatten. Der Fahrer wurde von den Spielern umringt und erinnerte sich plötzlich an den direkten Weg.

Was hat nicht schon alles den Weg ins Stadion und manchmal auch auf das Spielfeld gefunden? Klopapier, Fisch, Schweinekopf und falsche Zähne gehören zu den kurioseren Wurfgegenständen. Im Oktober 2009 gehörte zur Mottofahrt der Fans aus Liverpool auch ein aufblasbarer, roter Strandball dazu, der im Block erst fröhlich überall durch die Luft wanderte, bis er mitten in den Strafraum von Liverpool segelte. Keeper Pepe Reina versuchte, ihn wegzukicken, es misslang ihm aber. Bei einem Angriff in der 5. Minute durch den AFC Sunderland bekam der nicht sonderlich gut geschossene Ball Hilfe – durch den Strandball – und landete abgelenkt im Tornetz. Der mit der Situation überforderte Schiedsrichter Mike Jones gab das Tor, obwohl die Regel hier klar einen Schiedsrichterball vorsah. Da keine weiteren Tore fielen, überholte Sunderland dank des Strandballs Liverpool in der Tabelle.

Den Spitznamen „The Ant“ zog sich der Brasilianer Marcos Paulo von Santacruzense im Februar 2008 bei einem Staatsmeisterschaftsspiel in São Paulo zu. Nach einem Foulspiel an ihm lag er für drei Sekunden auf dem Rasen und fühlte sich gar nicht gut, als er wieder stand: „Ich schaute nach unten, und meine Brust, Seite und Beine waren schwarz, ich schrie, aber der Schiedsrichter verstand es nicht.“ Dieser wollte ihn verwarnen. Ameisen waren überall an ihm, auch in seiner Hose. Paulo sprang in eine Pfütze und rannte dann zu den Duschen.

In der Copa Libertadores hatte der kolumbianische Verein Asociación Deportivo Cali schon 1977 mit dem Erreichen des Halbfinales überrascht. 1978 setzte die vom Argentinier Carlos Bilardo trainierte Mannschaft noch eins drauf. Sie erreichten das Finale gegen die Boca Juniors. Das Hinspiel in Cali endete mit einem 0:0. Im Rückspiel schaffte es Calis Diego Umaña, ein Spezialist für Eckbälle, nicht einmal, den Ball von der linken Ecke in den Strafraum zu schießen. Er gab mit dem rechten Fuß nur kleine Schüsse ab. In der Pause fragte Bilardo seinen Spieler, was los sei. Umaña: „Es gibt einen Hund, der mich nicht schießen lässt“. „Ein Polizeihund?“, fragte Bilardo. Umaña: „Ja. Jedes Mal, wenn ich in die Ecke ging, war er auf mir drauf, klebte an mir und wollte mein Bein fressen! So kann ich nicht treten.“ Nach dem Spiel, das Boca mit 4:0 gewann, schaute sich Bilardo das Video von der

Begegnung an und sah, was er von der Bank zuvor nicht sehen konnte: „Jedes Mal, wenn wir eine Ecke zu unseren Gunsten hatten, warf der Polizist, der den Hund kontrollierte, ein Stück Seil nach ihm. Es gab keinen Platz mehr zum Laufen!"

Angesichts der vorherigen Schilderungen stellt sich die Frage, ob es Umaña noch gut erging. Denn 1970 stieß der schottische Torwart Chic Brodie während eines Spiels gegen Colchester United mit einem Hund zusammen, der auf das Spielfeld eingedrungen war. Er brach sich das Knie, eine Verletzung, die seine Profikarriere beendete. Den Schalker Friedel Rausch erwischte am 6. September 1969 ein Schäferhund. Für den Biss von Polizeihund Rex, der feiernde Schalker Anhänger beim Spiel im Stadion „Rote Erde" bei Borussia Dortmund zurückdrängen sollte, erhielt er 500 Mark Schmerzensgeld. Auch die Wade von Néstor Toledo erwischte es am 16. Mai 1989 beim Spiel der 2. Liga in Argentinien zwischen CA Lanús und CA Colón in Santa Fe, als Polizisten mit zwei Hunden Eindringlinge verfolgten und ein Hund fehlgeleitet wurde.

Bei einem Spiel der Drittligisten Deportivo Cali und San Martín in Peru war ein Stürmer von Cali den Gegnern entwischt und schoss den Ball genau Richtung leeres Tor. In dem Moment tauchte ein Welpe auf, an dem der Ball abprallte sodass er nicht ins Tor rollte. Regelkonform musste der Schiedsrichter einen Schiedsrichterball geben – ohne den Welpen wäre der Ball sicher im Netz gewesen. Die Spieler von Cali waren verärgert. Es entstand eine Massenschlägerei, bei der zehn Spieler vom Platz gestellt wurden. 1991 hatte es den gleichen Fall bereits in Venezuelas oberster Liga zwischen Estudiantes de Mérida und Zamora FC gegeben. Daraufhin wurde Jagd auf den Hund gemacht. Spektakulär ist auch der Fall vom 17. August 1969 in Chiles Stadt San Fernando, wo ein Schuss deutlich am Tor vorbeigehen sollte, wäre nicht ein Hund in die Flugbahn geraten, wodurch das Spielgerät den Weg ins Gehäuse fand, woraufhin der Referee in Regelunkenntnis das Tor gelten ließ.

Ein letzter Abschnitt zu Hunden widmet sich den Welpen des Ferrocarril-Urquiza-Stadions in Buenos Aires. Am 12. Juli 1997 waren sie wieder auf dem Rasen unterwegs, als die Argentinos Juniors gegen Unión de Santa Fe antraten. Die Streuner schlichen ab und zu auf das Spielfeld und lenkten Verteidiger Gonzalo Javier Vicente von den Gastgebern ab. Die Stürmer von Unión waren gerade wieder auf dem Vormarsch, als Vicente ihnen entgegeneilte und plötzlich einem Welpen ausweichen musste. Dadurch lief er dem Gegner nur noch hinterher und musste ihn mit einem Foul stoppen, das zu einem Elfmeter und dem 1:0 für Unión führte. Daraufhin jagte er den Hund, griff ihn und warf ihn vom Spielfeld. „Du bist ein Biest, wie kannst du einen Hund so behandeln?", tadelte ihn Schiedsrichter Marcelo Bardelli und zeigte ihm die Rote Karte. Vicente ging in die Schiedsrichterkabine – begleitet von seinem Trainer José Malleo, der den Unparteiischen beschimpfte. Vicente wurde für einen Tag gesperrt, Malleo für sechs Monate. Die Welpen konnten ihre Streiche fortsetzen.

Im brasilianischen Serie-D-Spiel zwischen Tupi FC und Aparecidense im September 2013 verhinderte ein Masseur von Aparecidense einen Gegentreffer, als er schnell zwischen die

Pfosten sprang und den Ball von der Linie kratzte. Die Spieler verfolgten sofort den Masseur, der in die Stadionkatakomben flüchtete. Einen vergleichbaren Fall gab es 2010 im deutschen Zweitligaspiel der Frauen zwischen Holstein Kiel und Lokomotive Leipzig, als der Ball auf das leere Leipziger Tor rollte und die sich dahinter aufwärmende Leipziger Ersatztorhüterin Griseldis Meißner schnell auf den Platz sprintete und die Situation entschärfte.[72]

Videoimpression:
https://www.youtube.com/watch?v=_86-ivj66DI

Als die Newell's Old Boys aus dem argentinischen Rosario vor dem Halbfinalrückspiel der Copa Libertadores 1992 bei América de Cali zum Stadion gefahren werden sollten, stand nur ein kleiner Bus bereit, in dem keinesfalls alle Mitglieder der Delegation Platz fanden. Das Hinspiel war 1:1 geendet. Vor dem Rückspiel war die Anspannung groß. Und sie wuchs mit der Fahrt in dem kleinen Gefährt: Vor der Ankunft am Spielort machte das Fahrzeug einen Abstecher in ein Viertel mit zwei Friedhöfen, die von Beerdigungsinstituten und Leichenhallen umgeben waren. Um die Fußballer noch mehr zu erschrecken, hielt der Bus einige Minuten vor einem Geschäft, in dem Särge verkauft wurden. Als ob die Besucher schon einmal Maß nehmen sollten. Trainer Marcelo Bielsa empfing seine Spieler euphorisch in der Kabine, so dass die Einschüchterungen durch Kreuze und Sarkophage sofort aus dem Weg geräumt waren. Die Argentinier kamen motiviert aus der Kabine und setzten sich durch.

Copa Libertadores, Finale 1986 zwischen América de Cali und River Plate. Vor dem Hinspiel am 22. Oktober in Kolumbien wurden die Argentinier in den Gängen und Sälen ihres Quartiers von zahlreichen sehr schönen, paradierenden Frauen überrascht. Ob Spieler schwach wurden, ist nicht bekannt. Unterstellt wurde, dass bezahlte Prostituierte die Vorbereitung schwächen sollten. Die Retourkutsche gab es zwei Stunden vor dem Anpfiff des Rückspiels am 29. Oktober, als die Gästespieler den Rasen begutachteten und sich Tore öffneten, durch die die härtesten Männer der Barra Brava[73] des Klubs kamen, um sich die Spieler vorzuknöpfen. Die Physiotherapeuten und Ärzte der Kolumbianer hatten bis zum Anpfiff einiges zu tun, um die Spieler einsatzfähig zu bekommen. River Plate gewann beide Spiele und setzte sich die Krone auf.

Das zuvor genannte Aufeinandertreffen verdient eine zusätzliche Betrachtung. Ricardo „El Flaco" Gareca von América und Oscar Ruggeri von River Plate kannten sich aus früheren gemeinsamen Tagen. In der Nacht vor dem Hinspiel in Cali rief Gareca im Quartier von River Plate an, um seinen ehemaligen Teamkollegen Ruggeri zu sprechen. Sie ließen die Erinnerungen an alte Zeiten hochkommen und wünschten sich für den nächsten Tag jeweils

72 Die korrekte Schiedsrichterentscheidung hierzu sind die Gelbe Karte für die unerlaubt das Spielfeld betretende Person und ein indirekter Freistoß für die benachteiligte Mannschaft. Nicht mehr.

73 Ultraähnliche Fangruppen, häufig mit Hooligans und ebenso häufig in Kriminalität verstrickt. Hier nutzte River-Plate-Präsident Hugo Santilli seine Freundschaft zu einer dieser Gruppen.

Glück. Am Ende des Gesprächs meinte Gareca: „Bitte, das Einzige, worum ich dich bitte, ist, dass du morgen nicht kommst, um mich zu begrüßen. Wenn du das nicht tust, hast du ein Problem für mich. Wenn wir verlieren, wird es immer jemanden geben, der denkt, dass ich nicht mein Bestes getan habe, weil wir Freunde sind." Ruggeri meinte: „Bleib ruhig!" Ruggeri wurde in einem Buch später zu dem zitiert, was er zum folgenden Tag zu sagen hatte: „Wir sind zuerst auf den Platz gegangen, und anstatt zum Aufwärmen zu joggen, habe ich gewartet. Als América auf den Platz kam, fing ich an, auf ‚Flaco' loszurennen. Er wollte mir keinen Ball geben, er war mit (Torwart Julio) Falcioni unterwegs ... Bis ich ihn einholte, ihn begrüßte und umarmte." „Hurensohn, habe ich dir nicht gesagt, dass du mich nicht grüßen sollst? Hau ab! Ich bringe dich um", reagierte Garecas. Doch Ruggeri hatte sein Ziel erreicht: den Freund für die folgenden 90 Minuten im Finale um einen großen Titel verunsichert zu haben.

Wir bleiben weiter bei der Copa Libertadores, deren Geschichte doch einige erstaunliche Vorfälle vorweisen kann. Im Halbfinale der Auflage von 1991 zwischen Colo-Colo und den Boca Juniors in Santiago zeigte das Fernsehen nach 82 Minuten auf einmal eine große Schlägerei. Colo-Colo hatte das 3:1 erzielt, das den Finaleinzug bedeutet hätte. Die Spieler feierten mit einer großen Menschenmenge hinter dem Tor der Argentinier. Viele von ihnen waren als Fotografen „verkleidet" (mehr als 300 Fotografen sollen insgesamt dort gewesen sein). Die Boca-Spieler berichteten, dass sie während des Spiels von ungewöhnlich vielen Fans, die direkt hinter der Torauslinie standen, beschimpft und bespuckt worden seien. Diese explodierten beim dritten chilenischen Tor. Zwischen dem Argentinier Antonio Apud und einigen dieser „Zivilisten" kam es dann zu einer Auseinandersetzung, die sich fortsetzte sowohl zwischen den Gästespielern und den Eindringlingen als auch mit Militärpolizisten. Ein Polizeihund biss dabei in die Pobacke von Torhüter Carlos Navarro Montoya. Und so schließen wir dieses Kapitel doch noch mit einem Hund.

In der algerischen Liga spielten Ende April 2024 Sportive de Kabylie und Étoile Sportive de Ben Aknoun gegeneinander. Bei einem Angriff des Gegners warf Billel Dziri, Trainer von Étoile Sportive de Ben Aknoun, einen zweiten Ball von der Seitenauslinie ins Spielgeschehen, um den Schiedsrichter zu zwingen, die Begegnung zu unterbrechen. Doch dieser entschied sich dagegen und ließ das Spiel weiterlaufen. Stattdessen verwirrte der zweite Ball die eigenen Spieler von Dziri. Der Gastgeber nutzte die Situation, um zu einem zweiten Tor zu kommen.

Der Tod droht in Kolumbien

Atlético Nacional de Medellín – Danubio FC

Halbfinalrückspiel Copa Libertadores, Medellín, Kolumbien 1989

1988 wurde in Kolumbien der Schiedsrichter Armando Pérez in Medellín entführt. Nach seiner Freilassung verkündete er eine Botschaft der Entführer: „Wer schlecht pfeift, den werden wir auslöschen." Daraufhin führte die Regierung u. a. einige Sicherheitsmaßnahmen ein.

Der kolumbianische Klub Atlético Nacional aus Medellín hatte in der Copa Libertadores 1989 als Zweitplatzierter der Vorrundengruppe (hinter dem zweiten kolumbianischen Verein CD Los Millonarios) die K.-o.-Phase erreicht, dort im Achtelfinale Racing Club aus Buenos Aires sowie im Viertelfinale CD Los Millonarios ausgeschaltet und traf nun im Halbfinale auf die Uruguayer von Danubio FC, die ebenfalls über Vorrundenplatz 2 (hinter Club Atlético Peñarol, auch aus Uruguay) weitergekommen waren und im Achtelfinale Nacional aus Montevideo und CD Cobreloa aus Chile besiegt hatten. Das Halbfinalhinspiel endete in Montevideo 0:0. Das Rückspiel in Medellín sollte am 17. Mai ausgetragen werden. Die Stadt war damals fest im Würgegriff von Drogen und Terror – da war der Fußball nicht ausgenommen. Der legendäre Drogenkönig Pablo Escobar, genannt „El Patrón", der 1993 bei einer Razzia einer US-kolumbianischen Spezialeinheit erschossen wurde, war Fan von Nacional.

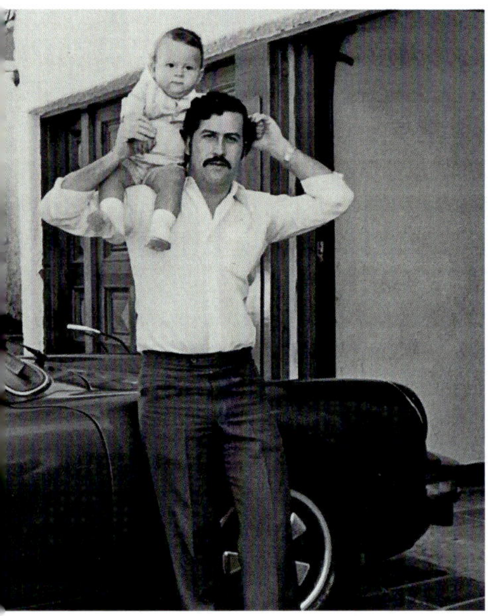

Pablo Escobar am 2. September 1989.

Für das Spiel war ein argentinisches Schiedsrichtergespann mit Carlos Espósito an der Spitze angesetzt. Am Abend vor dem Spiel wurden die Argentinier von dem heimischen Schiedsrichter Octavio Sierra zum Essen eingeladen. Dieser berichtete von mehreren Schiedsrichtern der kolumbianischen Liga, gegen die es Gewaltakte gegeben habe. Dann suchte er mit seinen schockierten Gästen den Ort auf, an dem ein Schiedsrichter angeblich auf Anweisung des Drogenbarons Pablo Escobar ermordet worden war. Voller Angst kehrten die Unparteiischen in ihr Hotel zurück. Juan Bava, damals Linienrichter in der anstehenden Begegnung, schilderte im Jahr 2011 in der Sendung „Pura Química" des argentinischen Kanals von ESPN, was sich danach ereignete: „Wir gingen schlafen, doch im Morgengrauen wurde unsere Tür eingeschlagen, einfach in Stücke geschlagen, und drei oder vier Typen mit Maschinenpistolen kamen hereingestürmt und sind über die Betten gesprungen. Ich kauerte in einer Ecke und deutete auf Carlos Espósito, den Schiedsrichter: ‚Mit ihm müsst ihr reden.' Einer von ihnen, ihr Boss, sagte: ‚Hier ist Geld. Sorgt dafür, dass Nacional gewinnt.' Sie ließen einen Karton zurück, in dem angeblich ein

‚grüner Ziegel'[74] war, dann gingen sie. Es war sechs Uhr morgens." Espósito rauchte eine nach der anderen. Bava sagte zu ihm: „Wenn Nacional fünf Minuten vor dem Ende noch nicht führt, gehe ich selbst aufs Feld und köpfe das Ding in den Winkel. Verstehst du mich? Wir sorgen dafür, dass die gewinnen. Ich habe zwei kleine Kinder, ich werde mich nicht von denen umbringen lassen."

Im Spiel zeigte sich dann Nacional als die bessere Mannschaft. Danubio wurde durch den Fußball der Gastgeber regelrecht eingeschüchtert. Alexis García, Níver Arboleda und Albeiro „El Palomo" Usuriaga (dieser gleich viermal) sorgten für einen 6:0-Sieg der Kolumbianer.

Im Finale traf Nacional auf Club Olimpia aus Paraguay. Das Hinspiel in Asunción gewann Olimpia mit 2:0, das Rückspiel die Kolumbianer mit dem gleichen Ergebnis. Ein 5:4 im Elfmeterschießen, bei dem von den letzten acht Schützen nur einer traf, brachte die Entscheidung zu Gunsten des Klubs aus Medellín. Die Spieler von Nacional wurden zu einer riesigen Party auf Escobars Ranch gerufen. Dort holten sie sich ihre Prämien ab; Escobar, der in den Spielern seine Freunde sah, die glücklich sein sollten, verloste sogar einen Lastwagen.

Weitere Fälle von Bedrohung kolumbianischer Sportler und Unparteiischer:

Etwas über fünf Monate nach den Vorkommnissen um das zuvor beschriebene Spiel fand im Estadio Pascual Guerrero in Cali eine Meisterschaftsbegegnung zwischen América de Cali und Deportivo Independiente Medellín statt. Auch hinter Deportivo Independiente stand Pablo Escobar, während América aus der anderen Drogenhochburg Cali von den dort ansässigen Brüdern Orejuela unterstützt wurde.[75] Escobar und Rodríguez Orejuela stritten sich um den Drogenhandel im Land. Das Spiel am 26. Oktober endete mit einem 3:2-Sieg der Mannschaft aus Cali. Der Boss des Medellín-Kartells war der Meinung, dass Schiedsrichter Álvaro Ortega Deportivo Independiente geschadet habe, als er zwei Minuten vor dem Ende des Spiels ein Tor von Carlos Castro nicht anerkannt hatte. Drei Wochen später beim Rückspiel der Klubs in Medellín, bei dem beide Vereine chancenlos auf den Titel waren, wurde Ortega wieder eingesetzt – diesmal als Linienrichter, obwohl er darum bat, wegen des hohen Risikos für seine Sicherheit aussetzen zu können. Die Partie am 15. November endete unentschieden und hatte keine bemerkenswerten Vorfälle, auch nicht auf Seiten des Schiedsrichtergespanns. Escobar hatte das Hinspiel vor dem Fernseher verfolgt, mit dem Ergebnis offenbar eine große Wettsumme verloren und danach eine Entscheidung getroffen. In der Dokumentation „Los dos Escobar" bestätigte Jhon Jairo Velásquez, alias „Popeye", die rechte Hand des Chefs des Medellín-Kartells: „Pablo war sehr beleidigt und befahl Choco, den Schiedsrichter Álvaro Ortega zu suchen, um ihn zu töten." Für Escobar schien es plausibel zu sein, dass Ortega vom Cali-Kartell bestochen wurde – so wie er es

74 Eine Million Dollar, die laut Bava von keinem aus dem Gespann berührt wurde.
75 Das Cali-Kartell sah in einem erfolgreichen Fußballverein die perfekte Möglichkeit, Geld zu waschen. Ablösesummen und Spielergehälter wurden auf illegale Weise auf viel zu hohe Werte angehoben. An den Kassen eingenommene Beträge verzehnfachten sich.

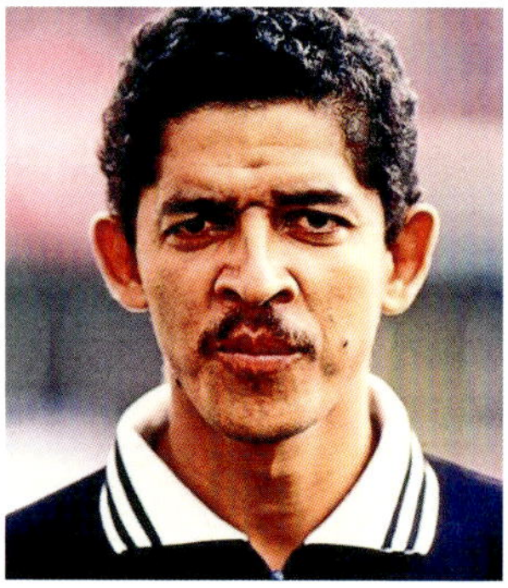

Álvaro Ortega, ermordet.

auch schon mit Schiedsrichtern getan hatte. Um kurz nach 22:30 Uhr geschah es. Ortega war mit einem Schiedsrichterkollegen vom Stadion aus mit einem Streifenwagen weggefahren worden und verließ diesen bald, um ein Restaurant aufzusuchen. Ein Killer lauerte ihm auf. Neunmal wurde er von Kugeln getroffen. Er starb, bevor er ins Krankenhaus eingeliefert werden konnte. Die Meisterschaft wurde abgesagt – keine Mannschaft erhielt den Titel. Bei den internationalen Spielen der Kolumbianer mussten diese ihre Spiele an neutralen Orten austragen. Der Mordfall wurde offiziell nie aufgeklärt und blieb unbestraft.

Nachdem in der Liga und in der Copa Libertadores einige Schiedsrichter bedroht wurden, schloss die CONMEBOL alle kolumbianischen Vereine von der Copa Libertadores 1990 aus, abgesehen von Nacional, das als Titelverteidiger mit einer Ausnahme bedacht wurde. Dafür musste Nacional allerdings seine Heimspiele in Chile austragen. Der uruguayische Schiedsrichter Daniel Cardellino gestand, dass er während des Copa-Libertadores-Spiels von Nacional gegen Vasco da Gama Morddrohungen und 20.000 US-Dollar erhalten hatte. Der 2:0-Sieg aus dem Spiel wurde daraufhin annulliert, das Spiel neu angesetzt. Nacional gewann erneut mit 1:0. Für die folgende Saison erhielten alle kolumbianischen Vereine ein Heimspielverbot für diesen Wettbewerb. Nacional schied im Halbfinale aus und wurde von der Supercopa 1990 und 1991 ausgeschlossen.
Das Eigentor von Andrés Escobar, genannt „El Caballero del Fútbol“ (Der Gentleman des Fußballs), das bei der Weltmeisterschaft 1994 in den USA im Gruppenspiel gegen die USA zum Ausscheiden der Nationalmannschaft Kolumbiens beigetragen hat, war für ihn gleichzeitig das Todesurteil – bald nach seiner Rückkehr nach Kolumbien wurde er für sein „Verbrechen“ getötet. Die Welt blickte geschockt nach Kolumbien, das nicht zur Ruhe kommen wollte.

Regeländerung in der 80. Minute

Nigeria – Ghana

ECOWAS Summit Football Tournament, Lagos, Nigeria 1991

Anlässlich der Zusammenkunft der Regierungschefs der Economic Community of West African States (ECOWAS) wurden 1990 und 1991 zwei Turniere für A-Nationalmannschaften durchgeführt. 1990 siegte Burkina Faso in Bakau (Gambia) unter drei Teilnehmerländern. 1991 starteten in Lagos (Nigera) fünf Nationen, wobei Ghana ein U-23-Team schickte, Nigeria ohne Legionäre antrat und Burkina Faso ein Klubteam entsendete.
Jeden Tag fanden zwei Spiele statt, das Programm war also straff. Nachdem alle Mannschaften einmal gegeneinander gespielt hatte, sollten die beiden Erstplatzierten noch ein Finale bestreiten, die beiden dahinter ein Spiel um den 3. Platz. Vor dem letzten Gruppenspieltag stand es wie folgt (2-Punkte-System):

1. Nigeria, 3 Spiele, 6:0 Punkte, 7:0 Tore
2. Ghana, 3 Spiele, 5:1 Punkte, 6:4 Tore
3. Mali, 3 Spiele, 3:3 Punkte, 5:5 Tore
4. Gambia, 3 Spiele, 1:5 Punkte, 2:5 Tore
5. Burkina Faso, 4 Spiele, 1:7 Punkte, 1:7 Tore

Schwerer Regen und Überflutungen verhinderten die Austragung der Spiele für zwei Tage. So entschieden sich die Organisatoren dafür, den obigen Tabellenstand als Abschlusstabelle zu werten und gleich zu den Platzierungsspielen überzugehen, obwohl Mali mit einem sehr wohl möglichen Sieg gegen Gambia eigentlich noch den zweiten Platz hätte erreichen können. Wie es der Zufall wollte, waren diese beiden Platzierungsspiele identisch mit den beiden Partien des letzten Gruppenspieltags.

Gambia besiegte Mali mit 2:1 und sicherte sich Platz 3. Das Finale zwischen Nigeria und Ghana stand noch immer 0:0, als in der 80. Minute plötzlich eine Durchsage der Organisatoren zu hören war, nach der sie ihre vorherige Entscheidung, die bei Bedarf auch Verlängerung und Elfmeterschießen bedeutet hätte, zurückzogen und verkündeten, dass die beiden Spiele nun als das Turnier abschließende Gruppenspiele gewertet werden sollten. Konnte sich Ghana zuvor darauf verlassen, dass eine Entscheidung in dem laufenden Spiel fallen würde, sah sich das Team plötzlich in eine Drucksituation versetzt, weil das aktuelle Ergebnis durch die neue Regel plötzlich einem Rückstand für Ghana gleichkam. Nur zehn Minuten hätte das ghanaische Team nun gehabt, das Spiel noch zu drehen. Viele Zuschauer waren aufgebracht. Das Spiel endete 0:0. Ghana legte Protest ein, ohne Erfolg.

Inzwischen realisierten die Organisatoren auch, dass ihre neue Regel bedeutete, dass Mali Dritter sein würde statt Gambia. Aber den Spielern aus Gambia wurden bereits die Medaillen für Platz 3 überreicht – und diese gaben sie auch nicht wieder raus… Die finale Tabelle:

1. Nigeria, 4 Spiele, 7:1 Punkte, 7:0 Tore
2. Ghana, 4 Spiele, 6:2 Punkte, 6:4 Tore
3. Mali, 4 Spiele, 3:5 Punkte, 6:7 Tore
4. Gambia, 4 Spiele, 3:5 Punkte, 4:6 Tore
5. Burkina Faso, 4 Spiele, 1:7 Punkte, 1:7 Tore

Kampf ums Eigentor

Barbados – Grenada

Qualifikation Karibikmeisterschaft, Saint Michel, Barbados 1994

Im Januar und April 1994 wurde die 6. Auflage der Karibikmeisterschaft der Caribbean Football Union ausgespielt. 20 Länder traten in der Qualifikation an, nur dem Titelverteidiger Martinique und der Gastgeber des Finalturniers, Trinidad und Tobago, blieb der Gang durch die Vorrunde erspart. Die Bedeutung dieser regionalen Meisterschaft liegt auch darin, dass sich der Sieger automatisch für die Endrunde um die CONCACAF-Meisterschaft, also die Kontinentalmeisterschaft von Nord-, Mittelamerika und Karibik, qualifiziert.

Für die Qualifikation wurden die Teilnehmer auf sechs Gruppen mit drei bzw. vier Nationen aufgeteilt, aus denen nur die Gruppensieger weiterkommen sollten. Gruppe 1 wurde auf Barbados ausgespielt. Hier sollten Barbados, Puerto Rico und Grenada in insgesamt drei Spielen aufeinandertreffen. Dabei ereignete sich eine Begegnung, die als die verrückteste überhaupt in die Geschichte des Fußballs einging. Begünstigt wurde dies durch eine Sonderregel, die in der Qualifikationsphase getestet wurde und – so viel sei vorweggenommen – danach nie wieder zur Anwendung kam. Mit dem sogenannten „Golden Goal“ gab es in dieser Zeit eine Regel, die das Spiel mit einem Tor in der Verlängerung direkt beendete, weshalb die Mannschaften in der Verlängerung häufig defensiv agierten. Die Sonderregel für die Qualifikationsrunde sah vor, dass es in den Gruppenspielen keine Unentschieden geben sollte. Die Spiele sollten in die Verlängerung gehen und per „Golden Goal“ entschieden werden, wobei das entscheidende Tor doppelt gewertet werden würde. Der Verband erhoffte sich somit einen deutlich offensiveren Fußball.

Barbados wollte die Gastgeberrolle für sich nutzen und sah gute Chancen, obwohl es im Vorjahr noch ein 0:1 gegen Puerto Rico kassiert hatte und in einem Testspiel am 2. Januar 1994 gegen Grenada nicht über ein 0:0 hinauskam. Doch im ersten Gruppenspiel am 23. Januar hatte Barbados im Barbados National Stadium in Saint Michael wieder mit 0:1 das Nachsehen. Im zweiten Gruppenspiel kam die Sonderregel in der Gruppe zur Anwendung: Grenada und Puerto Rico mussten am 25. Januar nach einem 0:0 nach 90 Minuten in die Verlängerung. Grenada gelang das Tor und siegte damit 2:0. (In den anderen Gruppen gewannen auf diese Weise auch Surinam gegen Französisch-Guyana, Dominica gegen St. Kitts und Nevis und Jamaica gegen Sint Maarten.). In Gruppe 1 sollte das letzte Spiel zwischen Barbados und Grenada die Entscheidung bringen. Die Ausgangslage in Saint Michel war wie folgt:

1. Grenada, 1 Spiel, 3 Punkte, 2:0 Tore
2. Puerto Rico, 2 Spiele, 3 Punkte, 1:2 Tore
3. Barbados, 1 Spiel, 0 Punkte, 0:1 Tore

Damit war klar, dass Puerto Rico aus dem Rennen war und Barbados einen Sieg mit mindestens zwei Toren Vorsprung benötigte, um noch die Gruppe zu gewinnen. Grenada wäre mit einer Niederlage mit einem Tor Differenz noch weitergekommen.

Es lief gut für den Gastgeber, der 2:0 führte, als Grenada in der 82. Minute zum 1:2-Anschlusstreffer kam und damit wieder auf Platz 1 stand. Barbados suchte sofort wieder die Offensive, um den dritten Treffer zu erzielen, war nun aber mit einem äußerst defensiven Grenada konfrontiert. Die Minuten verrannen. Plötzlich änderte Barbados die Taktik: Die Mannschaft brauchte mehr Zeit. Trainer Keith Griffith hatte es von der Seitenlinie aus gefordert, und seine Spieler folgten: In der 87. Minute schoss Barbados-Verteidiger Terry Sealey (nachdem er minutenlang Pässe mit dem eigenen Torwart Horace Stoute austauschte) absichtlich ins eigene Tor. Damit stand es 2:2. Die Zuschauer reagierten entsetzt, nicht so die am Tor beteiligten Spieler. Bei diesem Spielstand nach 90 Minuten konnte ein Tor in der Verlängerung durch einen dann erreichten Vorsprung von zwei Toren das Ticket für die Endrunde bringen. Doch das Spiel war noch nicht beendet …

Auf Seiten von Grenada hatte ein Großteil der Spieler (aber auch nicht alle) verstanden, was der Ausgleich bedeutete und setzte nun selbst alles daran, ein Tor zu erzielen – in welches Gehäuse auch immer. Denn sowohl mit einem 3:2-Sieg als auch einer 2:3-Niederlage wäre das Team weitergekommen. Es ereigneten sich aberwitzige letzte Minuten. Grenada versuchte, das Tor von Barbados zu treffen oder das eigene. Und Barbados verteidigte das eigene Tor und das von Grenada. Es kam zu einer 5-0-5-Formation, mit der beide Tore verteidigt werden sollten. Das Tor fiel nicht.

Das Spiel ging in die Verlängerung, und tatsächlich traf Barbados per „Golden Goal" in der 94. Minute durch Stürmer Trevor Thorne zum 4:2-Endstand, womit die Abschlusstabelle wie folgt aussah:
1. Barbados, 2 Spiele, 3 Punkte, 4:3 Tore
2. Grenada, 2 Spiele, 3 Punkte, 4:4 Tore
3. Puerto Rico, 2 Spiele, 3 Punkte, 1:2 Tore

Trainer Keith Griffith wurde für seine Taktik gefeiert.

Grenada-Trainer James Clarkson schimpfte nach dem Spiel: „Ich fühle mich betrogen. Die Person, die sich diese Regeln ausgedacht hat, muss ein Kandidat für ein Irrenhaus sein. Das Spiel sollte nie mit so vielen Spielern gespielt werden, die verwirrt auf dem Feld herumlaufen. Unsere Spieler wussten nicht einmal, in welche Richtung sie angreifen sollten: unser Tor oder ihr Tor. So etwas habe ich noch nie gesehen. Im Fußball muss man gegen den Gegner punkten, um zu gewinnen, nicht für ihn."

Barbados-Keeper Horace Stoute erklärte 2014: „Der Trainer plante das Spiel vom Hotel aus in unserer Mannschaftsbesprechung. Er sagte uns, wir sollten die Situation kennen und wissen, dass wir gegen Ende des Spiels selbst ein Tor schießen und ein Unentschieden erreichen könnten ... Nun, ich war natürlich daran beteiligt ... Aber ich wollte, dass es so aussieht wie ... Wir wollten nicht, dass es verdächtig aussieht. Wir wollten, dass es wie ein eindeutiges Eigentor aussieht. Terry Sealey hat mir den Ball zugespielt und mir gesagt: ‚Lass ihn rein'. Und ich sagte: ‚Nein, lass es nicht wie ein offensichtliches Eigentor aussehen.' Deshalb habe ich den Ball zu ihm zurückgespielt, und er hat ihn ein paar Mal zu mir zurückgespielt, aber dann hat er beschlossen, ihn einfach ins Tor zu schießen ... Ich denke, wir haben uns an die Regeln gehalten, auch wenn die Art und Weise, wie wir spielen mussten, seltsam war. Schließlich wollte man um jeden Preis gewinnen."

Grenadas Spieler und späterer Verbandspräsident Cheney Joseph meinte 2016 rückblickend: „Zunächst einmal kamen wir zu diesem Turnier, ohne von den Regeln zu wissen, die uns bei der Ankunft präsentiert wurden. Unsere ersten Gedanken waren, dass dies kein Problem für uns ist, da wir davon ausgingen, unsere Gegner leicht zu besiegen. Die Verwirrung wurde jedoch zur Realität, als vor Beginn unseres Spiels die Strategien ins Spiel gebracht werden mussten. Leider wurde die Strategie nur zwischen dem Trainer (dem ehemaligen Polizeipräsidenten James Clarkson) und mir besprochen. Ich gebe zu, dass wir die Strategie anwandten, ohne sie mit den anderen Spielern zu besprechen, und Sie können sich das Chaos und die Verwirrung auf dem Spielfeld vorstellen. Einige unserer Spieler waren wütend auf mich, als sie sahen, dass wir gegen Barbados klare Torchancen hatten, ich mich aber stattdessen dafür entschied, mit dem Ball auf meinen Torwart zuzulaufen. Es bleibt das seltsamste Spiel, das ich je in meinem Leben gespielt habe. Ich kann mir nicht vorstellen, dass ich jemals wieder ein solches Spiel erleben werde." Und weiter: „In dieser Zeit habe ich gehofft, dass wir den Spielstand so beibehalten, wie er war. Es war nicht genug Zeit, um mit den Spielern zu diskutieren, also musste ich für alle anderen denken, und sie können sich die Verwirrung vorstellen. Zu allem Übel hatte das gesamte Team von Barbados das Szenario am Vorabend besprochen, was wir leider nicht taten. Wenn ich zurückdenke, muss man uns allen sowie den Spielleitern und den Organisatoren eine gewisse Schuld zuweisen. Es gab kein faires Spiel. Das Glück war an diesem Tag nicht auf unserer Seite. Wir hätten Barbados in der regulären Spielzeit leicht mit mindestens zwei Toren Vorsprung besiegen können."

Die FIFA entschied, das ungewöhnliche Eigentor nicht zu bestrafen, da die Anwendung unter den gegebenen Umständen optimal gewesen sei. In der Finalrunde im April schied Barbados dann allerdings sieglos aus.

Videoimpressionen:
https://www.youtube.com/watch?v=4QVXQD6MySw

Das Phantomtor

FC Bayern München – 1. FC Nürnberg

Bundesliga, München, Deutschland 1994

Am 23. April 1994 wurde in der deutschen Bundesliga der 32. Spieltag ausgetragen. Im Münchner Olympiastadion traf der FC Bayern München, der nach der Meisterschale griff, auf den gegen den Abstieg kämpfenden 1. FC Nürnberg. Nach einem Eckstoß für die Bayern durch Marcel Witeczek landete der Ball in der 24. Minute vor den Füßen von Thomas Helmer. Der Bayern-Spieler stand zwei Meter vor der Torlinie, stolperte nun mit dem Leder auf die Torlinie und den dort stehenden Nürnberger Schlussmann Andreas Köpke zu und schaffte es – fast auf der Torlinie stehend –, irgendwie den Ball außerhalb des Tores am Pfosten vorbeizubugsieren. Helmer half dem am Boden liegenden Köpke wieder hoch und scherzte anschließend mit dem Keeper darüber, dass er die Chance hatte liegen lassen. Doch statt eines Abstoßes gab es zur Überraschung aller vom Bremer Schiedsrichter Hans-Joachim Osmers das Zeichen zum Anstoß, nachdem ihm sein Linienrichter Jörg Jablonski Tor signalisierte. Er glaubte gesehen zu haben, dass der Ball die Torlinie vollständig überquert habe. Die Spieler des Gastgebers gratulierten Helmer zum Tor, die Nürnberger protestierten beim Schiedsrichter, der Helmer auch nicht einmal dazu befragte. Und Helmer schwieg … vorerst. Die Begegnung endete 2:1 für die Bayern, die Nürnberger vergaben kurz vor dem Abpfiff noch einen Elfmeter.

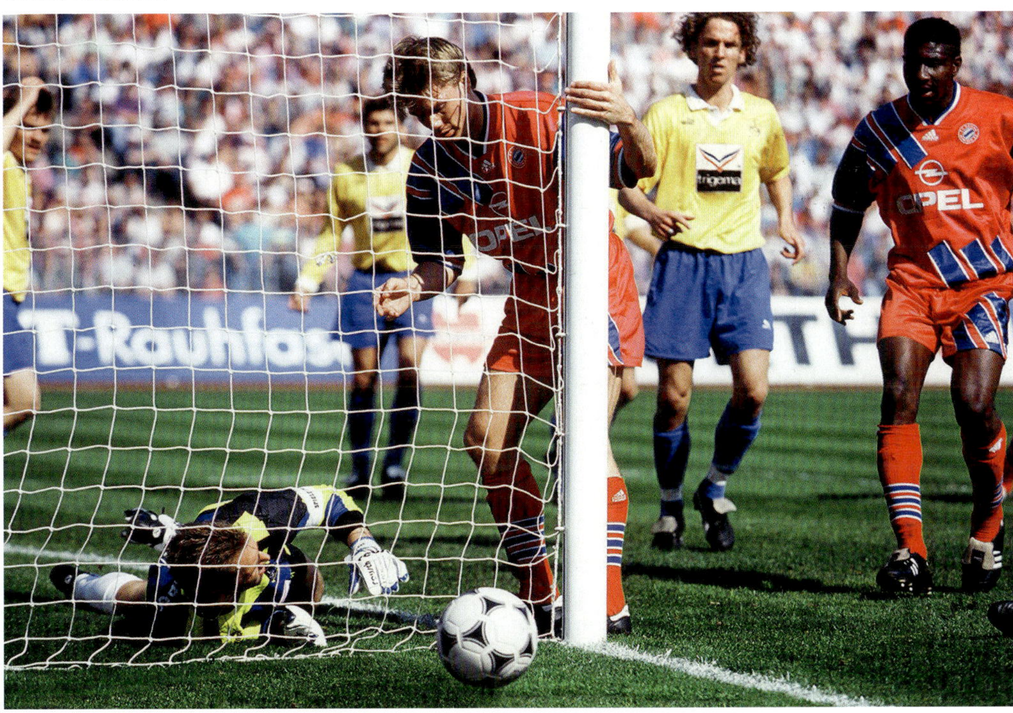

Das Phantomtor von München. Der Ball ist klar im Aus und nicht im Tor.

Die Fehlentscheidung des Schiedsrichtergespanns war unumstritten. Eigentlich war aber auch klar, dass ein Einspruch gegen die Spielwertung keine Chance hatte, schließlich lässt die FIFA keinerlei Zweifel daran, dass an Tatsachenentscheidungen nicht zu rütteln ist. 91 % der Teilnehmer einer TED-Umfrage (per Telefon) sprachen sich für eine Wiederholung der Partie aus. Die Nürnberger legten tatsächlich Protest ein. Zur großen Überraschung gab das DFB-Sportgericht unter Richter Karl Schuberth diesem mit Verweis auf ein Spiel der 2. Liga aus dem Jahr 1978, bei dem ein Ball durch ein Loch im Netz von außen in den Torraum kam und das Spiel wiederholt wurde (Borussia Neunkirchen – Stuttgarter Kickers), statt und setzte das Spiel zwischen dem 33. und 34. Spieltag neu an. Begründung: Es habe einen Regelbruch des Schiedsrichters gegeben. Damit war das Thema Tatsachenentscheidung vom Tisch. Nachdem Osmers nicht sicher sehen konnte, ob es ein Tor gewesen sei, habe er zwar einen Blickkontakt zu Jablonski gehabt, der Tor signalisiert hätte, doch er habe keinen Kontakt aufgenommen. Konstruierter hätte die Begründung nicht sein können. Gegen die Verhandlung protestierte die FIFA als Regelgeber. Letztlich akzeptierte diese das Urteil aber. „Für die Seele war die Entscheidung gut", meinte Osmers. Verstanden hat das Urteil aber wohl kaum jemand.

Das Wiederholungsspiel gewannen die Münchner mit 5:0. Nachdem die Nürnberger am letzten Spieltag auch noch 1:4 in Dortmund unterlagen, rutschten diese noch auf den 16. Platz und stiegen ab. Die Bayern wurden Meister. Hätte das Phantomtor nicht gezählt, wären allerdings stattdessen der 1. FC Kaiserslautern Meister geworden und die Nürnberger nicht abgestiegen.

Schiedsrichter Osmers, der behauptete, Helmer befragt zu haben, was dieser bestritt, erhielt Morddrohungen, andere Leute mit demselben Nachnamen im Großraum Bremen bekamen ebenso unliebsame Anrufe. Linienrichter Jablonski wurde vom DFB in der Bundesliga nicht mehr eingesetzt. Er pfiff noch zwei Jahre in der Regionalliga, gab dann allerdings aufgrund der ihn begleitenden großen Häme der Zuschauer auf. Helmer stand fortan als Lügner da.

Videoimpressionen:
https://www.sport1.de/tv-video/video/aufreger-des-jahres-1994-helmers-legendaeres-phantomtor-__6AF0CD67-E433-4940-9EA2-D1F9C2B18BF9

Noch mehr Phantomtore:

Die Geschichte wiederholte sich im Jahr 2008 in England bei einem Spiel zwischen Watford und Reading. Während des Spiels bekam Reading eine Ecke zugesprochen. Der Ball kam in den Strafraum, es gab ein Gerangel, und wie aus dem Nichts entschied der Schiedsrichter-

assistent auf ein Tor für die Royals, das nur er sehen konnte. Schiedsrichter Stuart Attwell erkannte auf Tor.
Ein Eckball wurde in der Qualifikation zur WM 2018 beim Spiel Panama – Costa Rica neben das Tor gesetzt, wurde aber als Tor anerkannt und half Panama zur Qualifikation für die Endrunde.
https://www.youtube.com/watch?v=O0YiuSbBdaQ
https://www.youtube.com/watch?v=_eejrxd39k4

Und auch das Referenzbeispiel aus dem DFB-Urteil wiederholte sich. Am 18. Oktober 2013 streifte bei der Begegnung zwischen Hoffenheim und Bayer Leverkusen nach einem Eckball ein Kopfball von Leverkusens Stefan Kießling die Außenseite des Netzes und ging durch ein Loch in der Seite ins Tor. Kießling bedauerte erst die vergebene Chance, sah dann aber, dass der Ball im Netz lag, hob jubelnd die Arme und wurde von einigen Teamkollegen umarmt. Schiedsrichter Felix Brych sah den Ball im Netz, Leverkusens Jubel und dass Hoffenheim nicht protestierte und gab das Tor. Die Spieler der Heimmannschaft bemerkten das Loch im Netz und zeigten es Brych, der sich jedoch nicht mehr umentschied. Leverkusen gewann schließlich 2:1 Das Ergebnis blieb bestehen. Auch am 27. März 1965 hatte es den Fall schon einmal gegeben, als Borussia Dortmund gegen den Karlsruher SC antrat (zu Gunsten von Dortmund).

Im August 2015 war es beim Spiel des FC São Paulo gegen XV de Piracicaba in einem Spiel der São Paulo-Frauenfußballstaatsmeisterschaft wieder so weit. Hier ging der Ball über die Latte durch ein Loch ins Tor. Obwohl die abwehrende Mannschaft dem Schiedsrichter das Loch zeigte, entschied dieser nach Rücksprache mit dem Schiedsrichterassistenten auf Tor für São Paulo, das das Spiel gewann und damit ins Halbfinale der Staatsmeisterschaft vordrang.[76]

76 Im Mailänder Derby am 22. Oktober 1967 schaffte der AC Mailand gegen Inter den Ausgleich, als ein Schuss über die Latte gelenkt wurde, dieser zurückkam und von der Abwehr weggeköpft wurde – der Schiedsrichter erkannte den Mailändern ein Tor zu.
Sogenannte Phantomtore, die als Tor anerkannt wurden, obwohl der Ball noch vor der Torlinie war, gab es beispielsweise am 18. Dezember 1994 zwischen Juventus Turin und dem CFC Genua (zu Gunsten von Genua), am 22. April 2001 in der Schweizer Nationalliga A zwischen dem FC St. Gallen und dem FC Basel (zu Gunsten von St. Gallen), am 3. Mai 2005 im Champions-League-Halbfinale zwischen Liverpool und Chelsea (zu Gunsten von Liverpool und entscheidend für den Finaleinzug) und am 15. April 2012 im FA-Cup-Halbfinale von Tottenham Hotspur gegen Chelsea (zu Gunsten von Chelsea).
Phantomtore der Marke „Wembley-Tor" sind an dieser Stelle ausgeklammert.

Einsatz für Tittishev

Oxford City FC – West Ham United

Freundschaftsspiel, Oxford, England 1994

In der Vorbereitung auf die Saison 1994/95 hatte West Ham United für den Abend des 28. Juli 1994 gleich zwei Testspiele vereinbart. Und so teilte sich der Kader auf. Die eine Hälfte fuhr zum Billericay Town FC, die andere mit Co-Trainer Harry Redknapp machte sich auf den Weg zum altehrwürdigen Amateurklub Oxford City FC, der im Schatten des zwei Klassen höher spielenden Oxford United stand.

Kaum hatte das Spiel in Oxford vor 2.000 Zuschauern begonnen, meldete sich ein Fan, der sich nahe Redknapp postiert hatte, mit großer Lautstärke. Der Mann mit T-Shirt und kurzer Hose hatte West-Ham-Tattoos, wohin man nur hinsehen konnte. Er bereitete Redknapp Ohrenschmerzen. Ziel seiner Schimpftiraden war Lee Chapman, Stürmer der Hammers. „Harry" wurde aufgefordert, Chapman nicht mehr einzusetzen, denn der sei ein Esel und nutzlos. Redknapp litt unter den unaufhörlichen Rufen. In seiner Biographie „Always Managing – My Autobiography" schrieb Redknapp: „Es ging weiter, er ließ mich nicht in Ruhe. Ich habe in der Halbzeit zwei Auswechslungen vorgenommen und eine zu Beginn der zweiten Halbzeit, und jetzt hatten wir nur noch die nackte Elf. Und dann haben wir uns auch noch verletzt. Ich hatte keine andere Möglichkeit. Ich drehte mich zu Großmaul um. ‚Kannst du so gut spielen, wie du redest?' ‚Ich bin besser als Chapman', sagte er. ‚Gut', sagte ich. ‚Zieh deine Sachen an.' Er dachte, ich mache Witze. ‚Was meinst du?', fragte er. ‚Du spielst für West Ham', sagte ich ihm." Redknapp beauftragte einen Betreuer, dem Fan Trikot, Hose und Schuhe zu geben.

Redknapp: „Er kam zurück, zog sich um und stellte sich an die Seitenlinie. ‚Wo spielst du?' fragte ich. ‚Vorne', sagte er. ‚Gut', sagte ich, ‚wir werden bald sehen, ob du besser bist als Chapman.' Und weiter ging er. Der Ansager von Oxford kam herunter und wollte wissen, wer der Ersatzspieler sei. ‚Hast du die Weltmeisterschaft nicht gesehen?', fragte ich. ‚Das ist Tittishev aus Bulgarien. Er hat drei Tore geschossen.' ‚Oh ja', sagte er und nickte weise. ‚Ich dachte mir, dass er das war.'"

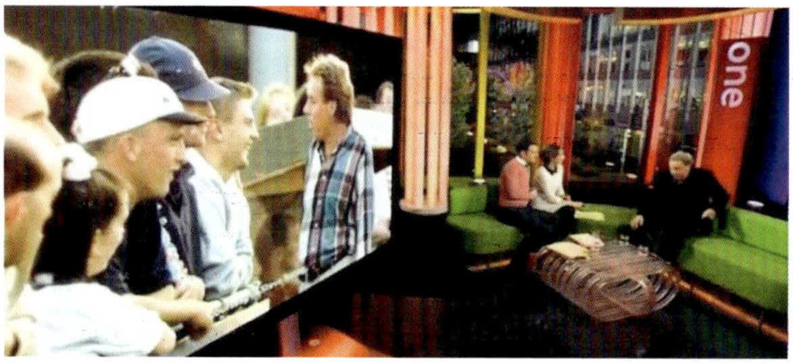

Im TV-Studio wird er viele Jahre später daran erinnert. Auf dem eingeblendeten Foto: Harry Redknapp nimmt ein Gespräch mit Steve Davies (weiße Kappe) auf.

Es war der Moment von Steve Davies! Der lebenslange Fan von West Ham United, der seinem Klub über Jahre landauf, landab gefolgt ist, war mit seiner Frau und seinem Kumpel Chunk angereist und hatte bereits vier Bier, einen Kuchen und ein paar Zigaretten genossen. Sie hatten sich im kleinen Court

Place Farm Stadium nahe des Hammers-Co-Trainers positioniert und vor dem Anpfiff sogar ein paar nette Worte mit ihm ausgetauscht. Doch mit dem Anpfiff legte er los und schrie und schrie. Chapman hatte immer wieder Luftduelle gegen einen viel kleineren Gegenspieler verloren – das brachte Davies auf die Palme. Dann sprach Redknapp ihn an, und er fand sich auf dem Spielfeld wieder. Er ersetzte Chapman im Sturm! Davies, der immerhin schon in seinem örtlichen Klub gespielt hatte: „Ich habe immer in der Abwehr gespielt, aber als mich der Trainer fragte, was meine Position ist, habe ich ihm ‚Stürmer' gesagt. Ich konnte nicht für West Ham spielen und dann nicht vor dem Tor stehen." Davies hatte Mühe, sich im Spiel zurechtzufinden. Es fehlte an Kraft und Schnelligkeit. Später meinte er: „Das war verdammt schneller Fußball. Das war, gelinde gesagt, eine Steigerung gegenüber der Sonntagsliga." Er bemühte sich, mit den Spielern mitzuhalten und widerstand dem Drang, einen Blick auf die Tribüne zu werfen, wo seine Frau und Chunk ungläubig zuschauten. „Ich habe nur versucht, ruhig zu bleiben. Nach den ersten fünf Minuten haben meine Beine gezittert; ich habe für West Ham gespielt! Danach hieß es nur noch ‚weitermachen mit dem Spiel'. Ich war auf Adrenalin und hatte mehr Angst, es zu versauen", meinte Davies. Doch er lebte seinen Traum. In der 71. Spielminute fand eine Flanke von Matty Holmes Davies, der daraufhin zwischen zwei Verteidigern hindurch in den Strafraum lief und mit voller Wucht am Torhüter von Oxford vorbei unten ins Tor traf. „Es war, als wäre die Zeit stehen geblieben – es war der schönste Moment meines Lebens", erzählte Davies viele Jahre später. Seine Frau und sein Kumpel auf der Tribüne konnten nicht glauben, was sie gesehen hatten.

Noch einmal Redknapp: „Wir konnten es nicht glauben. Er ist über das Feld gerannt, als hätte er die Weltmeisterschaft gewonnen – wir haben uns an der Seitenlinie umgebracht. Die Jungs haben alle sein Trikot signiert, und am nächsten Tag war er mit einem breiten Grinsen in der Zeitung zu sehen. Und er hatte Recht. An diesem Abend war er besser als der verdammte Lee Chapman."

Das Tor hatte aber nicht gezählt. Der Linienrichter hatte Abseits angezeigt. Das schmälerte das Erlebnis keinesfalls. Nach dem Spiel wurde Davies aufgefordert, Schuhe und Trikot zurückzugeben. Doch Davies schaffte es, sich mit dem Trikot und dieser unglaublichen Erfahrung davonzumachen … Er wurde zur Legende, der Fan, der aus der Menge kam und ein Tor für West Ham schoss.

Harry Redknapp, der in der folgenden Woche zum Chefcoach befördert wurde, meinte zurückblickend: „Ich habe gehofft, dass er gut spielen kann. Ich habe nicht versucht, ihn lächerlich zu machen. Ich dachte, ich würde ihm den Tag versüßen. Ich konnte sehen, dass er West Ham liebte. Er wird es nie vergessen, solange er lebt. Er kam ins Spiel, rannte herum, war begeistert und schoss ein Tor. Er hat für West Ham gespielt!"

Videoimpressionen:
https://www.youtube.com/watch?v=YyESoolmYuk

Terminprobleme

Grêmio Porto Alegre – FC Santa Cruz / Grêmio Esportivo Brasil / CE Aimoré

Campeonato Rio Grande do Sul, Porto Alegre, Brasilien 1994

Grêmio Porto Alegre hatte 1994 einen ziemlich vollen Terminkalender. Der Klub spielte in der brasilianischen Meisterschaft zweimal in der Woche (24 Teams starteten im August), in der Regionalmeisterschaft des Bundesstaats Rio Grande do Sul (23 Teams seit März jeder gegen jeden mit Hin- und Rückspiel) und trat in der Copa Conmebol und der Supercopa Südamerikas an.

Der brasilianische Pokal (hauptsächlich im ersten Halbjahr durchgeführt) endete am 10. August mit dem Titelgewinn für Grêmio. Ende November war die brasilianische Meisterschaft für Grêmio jedoch bereits gelaufen. Die Ausbeute reichte nicht für die Qualifikation für die Endrunde. Wie sich zeigte, war das für einen geregelten Ablauf gar nicht so schlecht … Naja, als geregelt kann man das nicht bezeichnen, was sich ereignete, aber es hätte noch viel schlimmer kommen können …

Die Supercopa Libertadores für ehemalige Gewinner der Copa Libertadores lief bereits seit dem 7. September. Grêmio traf als Titelträger von 1983 auf Racing Club aus Buenos Aires, konnte sich hier durchsetzen, zog aber im Viertelfinale gegen Racings Lokalrivalen Independiente den Kürzeren. Die Spiele der Copa Conmebol, zu dieser Zeit mit dem UEFA-Pokal vergleichbar, begannen am 1. November. Grêmio schied direkt nach Hin- und Rückspiel im Elfmeterschießen gegen den FC São Paulo aus. Ab Ende November konnte sich der Verein voll auf die Staatsmeisterschaft von Rio Grande do Sul konzentrieren.

Und das war bitter nötig, denn zwischen dem 28. September und dem 23. November hatte der Verein nicht eine einzige Begegnung in diesem Wettbewerb gespielt, während die Konkurrenz munter weiterkickte. Grêmio hatte so einen Rückstand an Begegnungen, dass bis zum letzten Spieltag am 17. Dezember – also innerhalb von dreieinhalb Wochen – 13 (!) Partien aufzuholen waren, wobei am 27. November noch das letzte Spiel in der brasilianischen Meisterschaft zu absolvieren war.

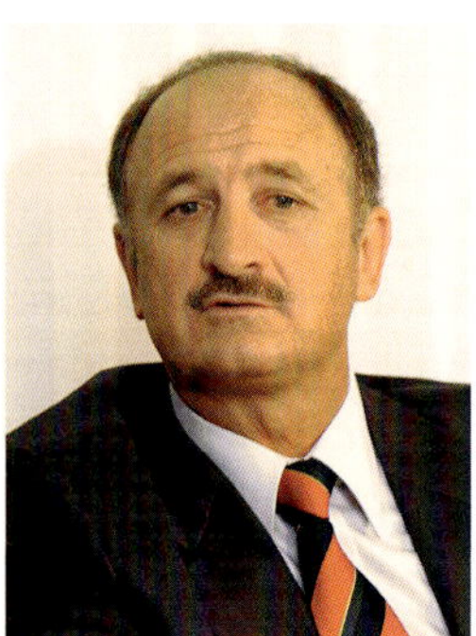

Luiz Felipe Scolari, hier im Jahr 2003.

Die Lösung sah vor, quasi immer im Abstand von zwei Tagen Begegnungen auszutragen. Zweimal waren es auch jeweils zwei Spiele innerhalb von zwei Tagen. Verrückterweise wurden an einem Tag drei Spiele nacheinander angesetzt. Ab 14 Uhr wurde bei 45 °C gegen CE Aimoré 0:0-Unentschieden gespielt. Knapp 15 Minuten Verschnaufen musste reichen, bis es um 16 Uhr gegen den FC Santa Cruz aus Cruz do Sol ging, der mit 4:0 geschlagen wurde. Um 18 Uhr erfolgte der Anpfiff gegen Grêmio Esportivo Brasil aus Pelotas (1:0-Sieg). 33 Spieler hatte Trainer Luiz Felipe Scolari für die drei Partien aufgeboten. Die Zuschauer konnten mit einer Eintrittskarte alle drei Spiele verfolgen. 758 Fans kamen, von denen 247 dafür zahlten. Der Spielplan sah schließlich wie folgt aus:[77]

23.11. H SC São Paulo[78]
24.11. A Grêmio Esportivo Glória
27.11. A SC Recife (brasilianische Meisterschaft)
1.12. H Grêmio Santanense
4.12. A EC Guarani
5.12. A Internacional Porto Alegre
7.12. A SER Caxias do Sul
9.12. H SERC Brasil de Farroupilha
11.12. 14:00 Uhr H CE Aimoré
11.12. 16:00 Uhr H FC Santa Cruz
11.12. 18:00 Uhr H Grêmio Esportivo Brasil
13.12. A EC Pelotas
15.12. H Grêmio Esportivo Bagé
17.12. H Internacional Porto Alegre

Für den nationalen Pokalsieger reichte es am Ende in der Staatsmeisterschaft nur zu Platz 6.

Weitere Terminprobleme:

Die zeitlichen Probleme durch die Teilnahme an mehreren Wettbewerben sind auch den kolumbianischen Klubs América de Cali und Deportivo Junior Fútbol Club de Barranquilla nicht fremd. Am 3. April 1996 trafen sie in zwei unterschiedlichen Wettbewerben gleich zweimal aufeinander. Vor 35.000 Zuschauern im Estadio Pascual Guerrero in Cali bestritten die Vereine zunächst eine Begegnung der Copa Mustang II mit Ersatz- und Jugendspielern (2:1) und absolvierten dann das Gruppenspiel der Copa Libertadores (2:0). Nur ein Spieler kam in beiden Partien zum Einsatz.

Die argentinischen Vereine Racing Club und Vélez Sarsfield mussten am 3. März 1997 beide zweimal antreten. Die erste Mannschaft von Racing schlug Vélez in der argentinischen Meisterschaft im Stadion von Vélez mit 2:0, ein wichtiges Resultat im Kampf um die Führung in der Liga. Eine Jugendmannschaft von Racing mit drei Ersatzspielern trat in der Copa Libertadores in Ecuador bei CD El Nacional de Quito an und verlor mit 0:2. Vélez hingegen siegte mit der ersten Garde in Ecuador 3:2 gegen CS Emelec.

Die Nationalmannschaft Argentiniens hat auch schon zweimal zwei Spiele an einem Tag bestritten, allerdings in komplett anderer Besetzung. So trat sie sowohl am 18. als auch am 25. Februar 1940 parallel in der Copa Rosa Chevallier Boutell (eine regelmäßige Vergleichsserie mit Paraguay) in Buenos Aires an und zugleich in der Copa Julio Argentino Roca (eine regelmäßiger Vergleichsserie mit Brasilien) in São Paulo – ohne dass die Aufteilung den Argentiniern schadete, die sich in beiden Serien als Sieger durchsetzten.

77 A = Auswärtsspiel, H = Heimspiel.
78 Nicht zu verwechseln mit dem FC São Paulo aus dem Bundesstaat São Paulo.

Der Skorpion-Kick

England – Kolumbien

Freundschaftsspiel, London, England 1995

Das Länderspiel zwischen England und Kolumbien im Wembley-Stadion am 6. September 1995 wäre vermutlich nie in Rückblicken über besondere Fußballmomente aufgetaucht, hätte es nicht eine bestimmte Szene gegeben. Es war ein harmloser Schuss, den Jamie Redknapp aus der Entfernung auf das Tor der Kolumbianer abgab. Im Tor stand „El Loco“ (der Verrückte), der den Ball weder einfach fing noch abwehrte. Auf einmal sprang der Schlussmann mit dem Lockenkopf und Schnurrbart in die Luft, tauchte unter dem Leder hindurch, um es dann mit zusammengeschlagenen Hacken in einem hohen Bogen zurückzukatapultieren. Dann ließ er sich für die Showeinlage, die auch hätte schiefgehen können, feiern. Niemand anderes als René Higuita war es, der seinen legendären „Skorpion-Kick“ präsentierte.

Später erklärte Higuita: „An diesem Tag in England bekam ich dann endlich den Ball, auf den ich fünf Jahre lang gewartet hatte!“ Er wollte, so Higuita, „Kolumbien und mir selbst einen Platz auf der Fußball-Landkarte verschafften. Man erinnert sich immer wegen heraus-

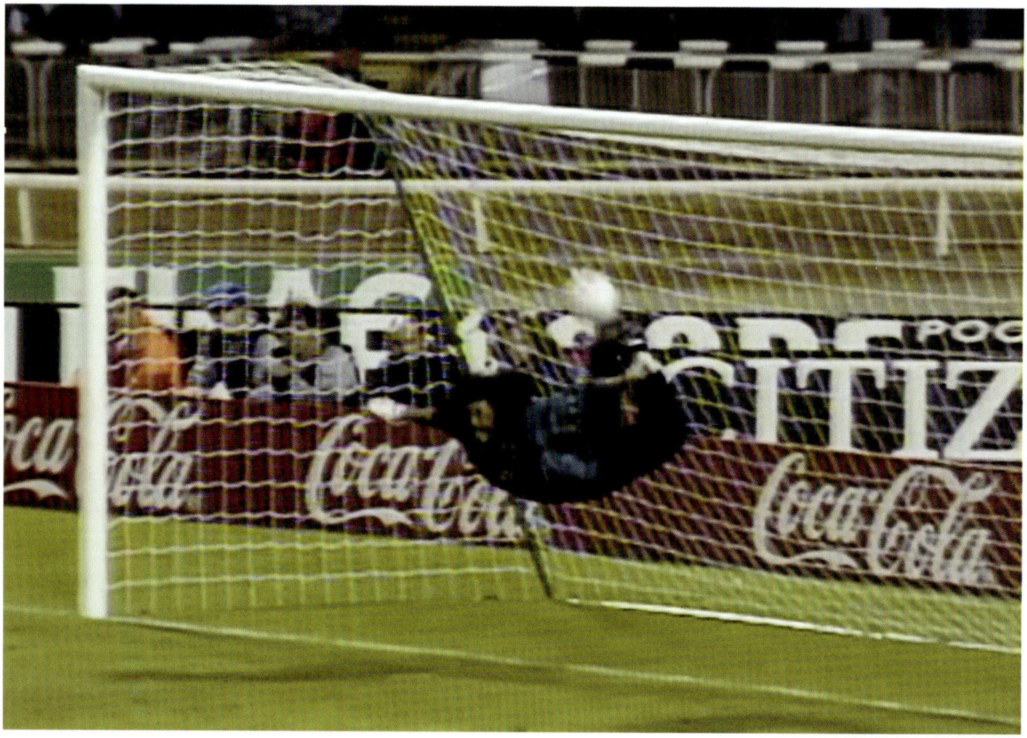

Der Skorpion-Kick.

ragender Taten oder Aktionen an Menschen, und genau so eine Aktion war das“, so die kolumbianische Legende. Die Szene wurde quasi in der ganzen Welt gezeigt, die Menschen wunderten sich. Kinder und Jugendliche wollten sie nachstellen und wurden mit lädiertem Kinn oder Brustbein in Krankenhäuser eingeliefert. Es wurde gewarnt, die Einlage nachzuahmen.

Erwähnt werden muss aber auch, dass der Linienrichter die Abseitsfahne gehoben und Higuita das mitbekommen hatte. Später gab er zu, dass er die Einlage nicht versucht hätte, wenn es kein Abseits gewesen wäre. Den Skorpion-Kick wiederholte er nach Wembley freilich noch mehrmals.

Higuita zeigte ein neues Torwartspiel, bei dem der Keeper das Spiel von hinten einleitete, wobei er auch noch fast ebenso oft berühmte Sololäufe und Dribblings absolvierte. Freistöße und selbst Elfmeter führte er wie selbstverständlich aus. 40 Tore erzielte er in seiner Karriere. Als er im Achtelfinale der Weltmeisterschaft 1990 den Kameruner Roger Milla 40 Meter vor dem Tor mit dem Fuß am Ball narren wollte, ging das schief – Milla übernahm den Ball und hatte keine Mühe, den Ball ins leere Tor zu bugsieren.

Den Drogenbaron Pablo Escobar bezeichnete Higuita als seinen Freund und besuchte ihn im Gefängnis, in das er selbst für neun Monate musste. Bei einer Entführung spielte er den Geldboten und profitierte von dem „Job“ – eine Straftat in Kolumbien. Dadurch verpasste er die Weltmeisterschaft 1994 in den USA.

Das Leben von René Higuita war voller Überraschungen. So war er auch Stargast in der Reality-Show „Cambio Extremo“ (Extreme Veränderung). Seine Verwandlung war so groß, dass selbst seine eigene Frau ihn am Ende kaum wiedererkennen konnte.

Videoimpressionen:
https://www.youtube.com/watch?v=TRj3dKKp9tI

Sonnenaufgang in völliger Dunkelheit

FC Memmingen – Kickers Offenbach

Aufstieg zur Regionalliga Süd, Mannheim, Deutschland 1997

Um den letzten Aufsteiger in die Regionalliga Süd für die Saison 1997/98 zu ermitteln, mussten die vier Vizemeister der Oberligen Hessen (Kickers Offenbach), Baden-Württemberg (1. FC Pforzheim) und Bayern (FC Memmingen) im K.-o.-Modus gegeneinander antreten. In der ersten Runde trafen Pforzheim und Offenbach an neutraler Stelle im Mannheimer Rhein-Neckar-Stadion aufeinander. Die Hessen setzten sich nach einem 2:2 n.V. im Elfmeterschießen mit 2:1 durch. Damit stand fest, dass der FC Memmingen, der in der ersten Runde ein Freilos hatte, und die Offenbacher, die laut ihrem Manager Klaus Gerster finanziell kein weiteres Jahr in der Oberliga hätten durchstehen können, an gleicher Stelle eine Woche später, am 6. Juni, den letzten Startplatz unter sich ausspielen würden. Doch es kam anders …

Vor dem Hintergrund der Finanzprobleme standen die Verantwortlichen aus Offenbach unter großer Anspannung. Die Partie lief überhaupt nicht gut für die Kickers. Seit der 75. Spielminute lagen die starken Allgäuer mit 3:2 in Führung, weshalb auf den Rängen der Offenbacher eine Totenstille herrschte und den immer nervöser gewordenen Hessen nichts mehr gelingen wollte, als plötzlich die Flutlichtanlage des Stadions in der 89. Minute komplett ausfiel. Von den 10.000 aus Offenbach angereisten Anhängern waren nicht wenige Gebete gen Himmel geschickt worden. Nach einem Jahr Kampf um den Aufstieg in die damalige 3. Liga, in dem man dem SV Wehen den direkten Aufstiegsplatz überlassen musste, schien alles umsonst gewesen zu sein, als das Unvorstellbare geschah.

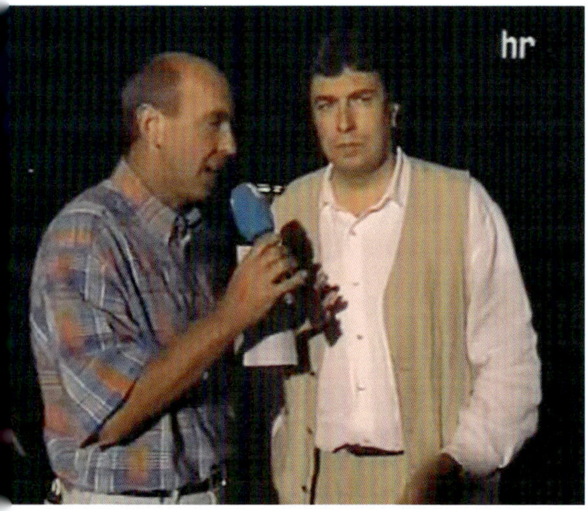

Werner Damm vom Hessischen Rundfunk und Offenbachs Manager Klaus Gerster spekulieren.

Erst erschraken die Zuschauer durch den Ausfall des Lichts. In der Erwartung, nach kurzer Zeit würde wieder Licht ins Stadionrund fallen, wartete man in gespenstischer Atmosphäre auf der Tribüne und auf dem Spielfeld. Dazu kam es jedoch nicht. Bengalos leuchteten alsbald im Offenbacher Block, behelmte Polizei postierte sich davor. Spieler, Funktionäre, Schiedsrichter und Polizei standen in Gruppen zusammen und diskutierten. Dem als nicht unproblematisch geltenden Anhang der Offenbacher wurde ein Platzsturm zugetraut. Allerdings meinten die Verantwortlichen auch, dass ein möglicherweise nötiger Abbruch besser sei, als eine Niederlage der Offenbacher – was „Aktivitäten" der Hessen bedeutete. „Und morgen geht die Sonne auf. Spielabbruch!", sang der Offenbacher Block. Als der Block tönte: „Wir wollen ein neues Spiel!", setzte bei Gerster Gänsehaut ein, schilderte er zehn Jahre später dem „Spiegel". Etwa 45 Minuten nach dem Beginn der Spielunterbrechung verkündete der Offenbacher Fanbeauftragte mittels eines Polizeimegaphons, dass der Spielabbruch beschlossen worden sei. Zufrieden ging die Menge nach Hause. Die Macht der 1.000 Herzen hatte den Offenbachern nach Überzeugung ihrer Anhänger geholfen. Fans und Spieler freuten sich auf eine zweite Chance.

Schnell lag der Verdacht nahe, vom Offenbacher Anhang hätte sich jemand an der Anlage zu schaffen gemacht, um einen ordnungsgemäßen Ausgang der Partie zu verhindern. Der tatsächliche Grund war aber ein anderer: Durch die TV-Übertragung des Hessischen Rundfunks war das Stromnetz des Stadions überlastet worden. Der auch als Urheber der Ereignisse verdächtigte Klaus Gerster war entlastet.

Vier Tage später wurde das Spiel im Daimlerstadion in Stuttgart gegen die gefrusteten und wie gelähmt wirkenden Memminger neu aufgelegt. Kickers Offenbach gewann mit 2:0 und spielte in der folgenden Saison in der Regionalliga.

Weitere Flutlichtausfälle:

Im Europapokal der Landesmeister gab es 1990/91 im Viertelfinalrückspiel von Olympique Marseille gegen Inter Mailand ab zwei Minuten vor dem Ende kein Licht mehr. Das Hinspiel in Mailand endete 1:1, hier lag Inter nun mit 1:0 in Führung, weigerte sich aber, nach der Wiederherstellung des Flutlichts erneut das Spielfeld zu betreten. Die UEFA wertete das Spiel mit 3:0 für das sportlich vor dem Aus stehende Marseille, das dann erst im Finale gegen Roter Stern Belgrad im Elfmeterschießen scheiterte.

In der ersten Runde des UEFA-Pokals 2001/02 traf Paris Saint-Germain auf Rapid Bukarest. Das Hinspiel in Frankreich endete 0:0. Das Rückspiel ging in die Verlängerung und wurde in der 113. Minute beim Stand von 1:0 für die Gäste wegen eines Stromausfalls im ganzen Distrikt um das Stadion herum abgebrochen. Ohne Flutlicht ging nichts mehr. Die UEFA-Offiziellen vor Ort entschieden auf eine Spielwiederholung am Folgetag, was die Franzosen verweigerten. Die UEFA verkündete zwei Tage nach dem Abbruch, das Spiel für die Gäste zu werten, da kein Notfallaggregat vorhanden gewesen wäre.

Im Erstrundenduell der Europa League 2013/14 vom Athener Klub Atromitos gegen AZ Alkmaar aus den Niederlanden setzte es im Hinspiel eine 1:3-Niederlage, im Rückspiel einen Stromausfall in der 59. Minute. Das Spiel wurde am Folgetag fertiggespielt und endete 2:0 für die Gäste, die damit aber ausschieden.

Keine Entscheidung gab es im Finale der Panamerikanischen Spiele 1975 in Mexiko-Stadt. Am letzten Tag der Spiele stand es 1:1, als in der 108. Minute das Stadion plötzlich im Dunklen lag. Nach etwas Verzögerung wurde entschieden, dass sich die Finalisten Mexiko und Brasilien die Goldmedaille teilen sollten. Entsprechend gab es eine Siegerehrung auf dem Spielfeld. Doch am folgenden Tag entschied das Organisationskomitee, dass das Spiel drei Tage später wiederholt werden müsste. Die brasilianische Delegation hatte die Rückreise allerdings bereits organisiert und argumentiert, dass die Spiele bereits offiziell beendet gewesen seien. Und da die Spieler Amateure seien, könne es keinen weiteren Verbleib in Mexiko geben.

Eine Farce wurde das Flutlichtaus in der Premier League von Namibia vom 16. April 2014. In der 82. Minute war beim Spiel zwischen den Orlando Pirates und den African Stars (beide aus Windhoek) beim Spielstand von 2:0 nicht mehr viel zu sehen. Für den 6. Mai wurde das Spiel für die verbleibenden acht Minuten neu angesetzt, aber die Gäste verweigerten sich und wurden daher am grünen Tisch mit einer 0:2-Niederlage bedacht, die allerdings wieder aufgehoben wurde. Der Termin am 17. Juni, drei Tage nach dem inzwischen ausgespielten Spieltag der Meisterschaft, verpuffte aufgrund „anhaltender Konsultationen". Mittlerweile war klar, dass den African Stars ein Sieg gegen die Orlando Pirates gereicht hätte, um an Black Africa vorbeizuziehen und noch Meister zu werden. Der 2. Juli war der nunmehr vierte Spieltermin für die Begegnung. Diese endete mit 2:0. Doch die African Stars legten Protest ein, da die Pirates einen Spieler eingesetzt hatten, der in den ersten 82. Minuten noch nicht gespielt hatte. Dieser Protest wurde abgewiesen. Nun erfolgte ein gerichtlicher Vorstoß, wonach die African Stars forderten, das ganze Spiel hätte wiederholt werden müssen, statt dass nur die letzten acht Minuten ausgespielt würden. Am 25. Juli schloss der Verband die African Stars aufgrund der „Verunglimpfung des Spiels" nachträglich von der Meisterschaft aus. Diese Maßnahme wurde allerdings am 27. August wieder rückgängig gemacht, womit dem Klub noch die Vizemeisterschaft blieb.

Für die Copa Libertadores qualifizierten sich 1989 noch die ersten drei Klubs der Vierervorrundengruppe. Vor dem letzten Spieltag war der chilenische Klub CD Cobreloa bereits sicher mit sieben Punkten qualifiziert. Weiter im Rennen waren Club Olimpia aus Asunción/Paraguay mit fünf Punkten und Chiles Deportivo Colo-Colo mit vier Punkten sowie Club Sol de América aus Paraguay ebenfalls mit vier Punkten, aber dem schlechteren Torverhältnis. Die beiden Abschlusspartien sollten parallel ausgetragen werden, um Schiebungen zu vermeiden. Colo-Colo wäre mit einem Sieg weiter gewesen, doch bei einem Unentschieden hätte das Parallelspiel die Entscheidung gebracht. Nur bei einem hohen Ergebnis und einem knappen Sieg von Sol de América mit einem Tor Unterschied wäre Colo-Colo ausgeschieden. Beide Spiele liefen, als in der 24. Minute bei einer 1:0-Führung von Sol de América im Estadio General Pablo Rojas in Asunción das Flutlicht ausfiel. Schiedsrichter Estanislao Barrientos wartete eine Stunde darauf, dass der Strom wieder kam, doch es tat sich nichts. Während das Spiel der beiden chilenischen Mannschaften mit 2:2 endete, ordnete die CONMEBOL die Fortsetzung des anderen Spiels mit den fehlenden 55 Minuten für den folgenden Tag an. Das Unfassbare geschah: Sol de América gewann mit 5:4, womit beide Vereine aus Paraguay die nächste Runde erreichten. Sergio Markarián, uruguayischer Trainer von Sol de América, gab zwei Jahrzehnte später gegenüber einer chilenischen Zeitung zu: „Ich habe nie etwas geahnt, es wurde sogar so gespielt, als ob sie sich gegenseitig die Augen ausstechen würden, zumindest war das meine Wahrnehmung. Aber mit der Zeit wurde mir klar, dass alles vorbereitet war, auch der Stromausfall. Es war eine Absprache zwischen den Offiziellen und einigen der Spieler. Ich kann mir vorstellen, dass viel Geld im Spiel gewesen sein muss.“[79]

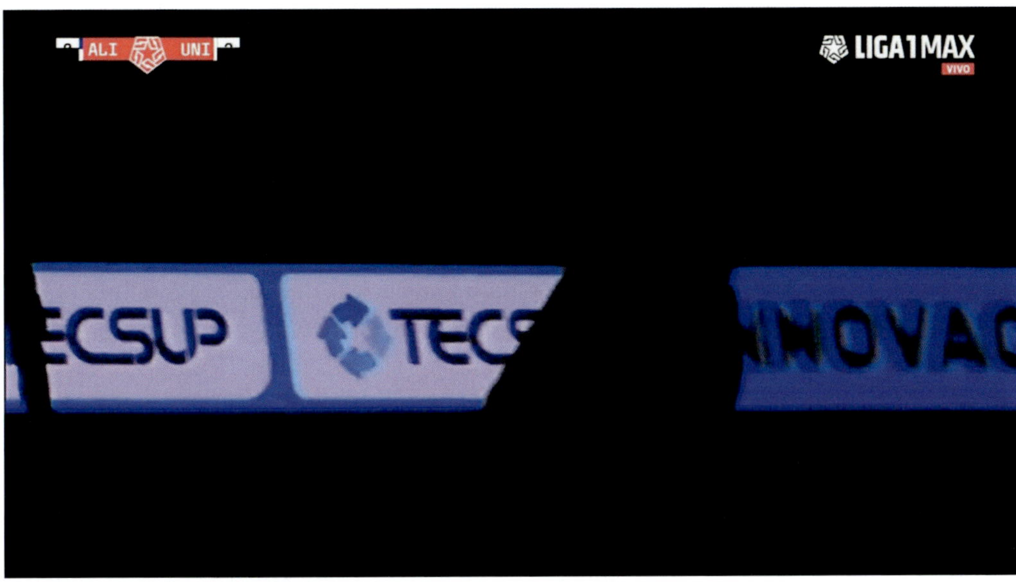

Im November 2023 holte sich Universitario de Deportes beim Konkurrenten Alianza Lima die Meisterschaft von Peru. Mit dem Schlusspfiff, als die Gästespieler die Meisterschaft feiern wollten, war plötzlich das Licht weg. Das Bild zeigt diesen Moment. Alianza rechtfertigte sich im Nachhinein, dass man ein schnelles Räumen der Tribünen erreichen wollte!

79 Im Viertelfinale des Wettbewerbs trafen beide Vereine aus Paraguay wieder aufeinander. Olimpia gewann das erste Spiel mit 2:0, das zweite endete mit 4:4. Sol de América schaffte den Sprung ins Halbfinale nicht. Olimpia verlor erst im Finale im Elfmeterschießen.

Einwurf: Stadionschicksale

Fußballspiele können durch die Stadien, in denen sie stattfinden, eine Besonderheit werden. Entsprechend werden hier ein paar dieser angeführt und auch mal mit einer schicksalsträchtigen Bedeutung verknüpft. Dabei sind Baustile und die bloßen Lagen in herrlicher Landschaft – wie weit oben auf einem Berg, ins Meer oder den Felsen gebaut – unberücksichtigt geblieben.

Bei Groundhoppern sehr beliebt ist das Stadion von TJ Tatran Čierny Balog. Eine Eisenbahnstrecke verläuft zwischen Spielfeld und Tribüne. Durchfährt der Dampfzug während eines Spiels das Stadion, genießen die Zuschauer den ungewöhnlichen Anblick. Fliegt der Ball nicht gegen oder vor den Zug, so muss das Spiel auch nicht unterbrochen werden.

Videoimpressionen:
https://www.dailymotion.com/video/x39qigc

Stadien, in denen nur wenige Begegnungen ausgetragen wurden, sind im Prinzip ein Widerspruch zur Sinnhaftigkeit des Stadionbaus. Doch was im Leben ist sicher planbar? Das Al-Wihda Stadium im jemenitischen Zinjibar wurde in eine ungewöhnliche Umgebung eingepasst. In der dürren Gegend im Gouvernement Abyan im Süden des Landes steht es direkt am Golf von Aden. Es wurde für den 20. Arabischen Golf-Cup im November 2010 mit einer Kapazität von 30.000 Zuschauern errichtet und für vier Spiele des Turniers genutzt. In Jemen war man stolz auf dieses Bauwerk, es hieß, dass es ein Meisterwerk sei. Doch der Bürgerkrieg hielt hier im Mai 2011 Einzug. Es gab Kämpfe mit der Al-Qaida-nahen Gruppe namens Partisanen der Scharia, die das Stadion derart beschädigten, dass es schon bald als Ruine galt.

Geplante Kurzlebigkeit: Das „Stadium 974“ wurde für die Weltmeisterschaft 2022 in Katar am Hafen von Doha aus Containern erstellt und nach den Titelkämpfen wieder abgebaut. 44.089 Plätze fasste die Arena. Die 974 im Namen beziehe sich auf die Anzahl der genutzten

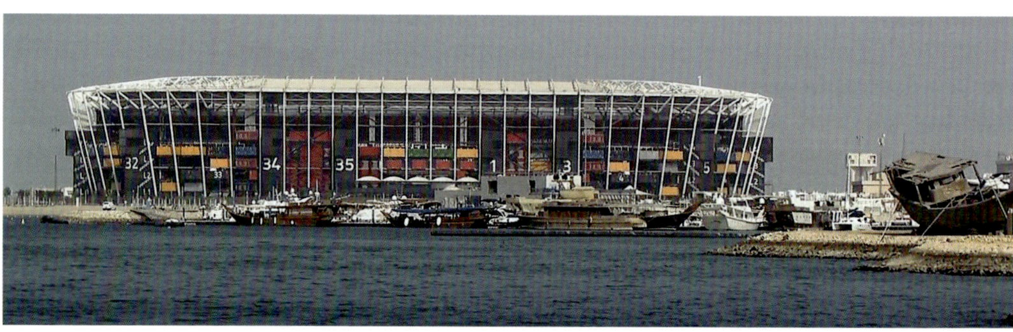

Stadium 974.

Schiffscontainer sowie die internationale Telefonvorwahl des Landes. Ausgetragen wurden hier sechs Spiele des FIFA-Arabien-Pokals 2021 und sieben Begegnungen der Weltmeisterschaft. Der Kosovo und Uruguay waren Interessenten für die Übernahme des Stadions.

Für drei Ligaspiele und ein Juniorenländerspiel wurde eine 20.168-Mann-Arena 2011 in Düsseldorf innerhalb von zwei Monaten erbaut. Im heimischen Stadion gastierte der Eurovision Songcontest, nachdem 2010 Sängerin Lena den Titel für Deutschland gewonnen hatte. Der Ersatzbau wurde aus 180.000 Stahlteilen hochgezogen. Kosten: 3 Millionen Euro. Dabei wurden einige Stahlrohre zuvor und danach bei anderen Großereignissen genutzt. Groundhopper pilgerten natürlich zu jenen drei Zweitligaspielen.

Zur Kategorie Stadien, die der Natur überlassen sind, gehört das Stadion Avanhard in Pripjat in der Ukraine, wo 1981 der FC Stroitel Pripjat seinen Spielbetrieb aufnahm. Am 26. April 1986, wenige Tage vor der für den 1. Mai vorgesehenen Eröffnung des Stadionbaus, kam es zur Katastrophe im Atomkraftwerk Tschernobyl. 36 Stunden danach wurde die ganze Stadt evakuiert. Sie wurde zur Geisterstadt. Auch der große, ebenfalls für den 1. Mai zur Eröffnung vorgesehene Vergnügungspark neben dem Stadion ging nie in Betrieb. Bleiben wir in diesem Land. Der Krieg von Russland gegen die Ukraine hinterließ 2022 auch zerbombte Stadien wie jenes von Desna Tschernihiw.

Das Strahov-Stadion in Prag hat eine 206 x 340 Meter große Fläche, womit die Stirnseiten mehr als doppelt so groß wie bei normalen Stadien sind. Sechs Spielfelder in Standardgröße und zwei Kleinfelder sind im Innenraum untergebracht. In der Spitze konnten in dem 1926 eröffneten Bau 250.000 Zuschauer unterkommen. Von 2000 bis 2008 spielte hier Sparta Prag.

Wird eine Partie eines höherrangigen Wettbewerbs in einem kleinen Stadion ausgetragen, kann dies für diesen Ort und das Spiel sehr wohl etwas Ungewöhnliches bedeuten. In Europapokalwettbewerben gibt es diese Konstellation, wenn Klubs beispielsweise in Vorrundenspielen in ein kleineres Stadion ausweichen. Oder Spiele werden verlegt, so wie einst im September 1966, als Omonia Nikosia aus Zypern nach einer 0:8-Schlappe im Hinspiel beim TSV 1860 München auf sein Heimrecht verzichtete und das Rückspiel im Rottalstadion des niederbayerischen Ortes Pocking an der österreichischen Grenze austragen ließ. Nach 9.300 Zuschauern beim Hinspiel kamen in Pocking 8.000 Besucher.

Der Torfall von Madrid

Real Madrid – Borussia Dortmund

Halbfinalhinspiel der Champions League, Madrid, Spanien 1998

Als die Fernsehzuschauer pünktlich zur Übertragung ihre TV-Geräte anschalteten, mutete das Gebotene aus dem Estadio Santiago Bernabéu wie ein groß angelegter Aprilscherz an, doch trotz des Datums der Partie, dem 1. April 1998, war es das keinesfalls …

Kurz vor dem Anpfiff brach perplexe Ratlosigkeit unter den Verantwortlichen des Stadions und des Verbandes aus. Heimanhänger auf der südlichen Tribüne hatten Verbindungsstangen zwischen dem vor der Tribüne positionierten Tor und dem Begrenzungszaun niedergerissen, als sie sich in Massen an den Zaun hängten. Damit konnte dieses Tor nicht mehr verwendet werden – das Gestänge fiel einfach um. Die Mannschaften samt Trainer und Betreuer wurden vom Schiedsrichter in ihre Kabinen zurückgeschickt. Ein neues Tor musste her. Doch woher nehmen? Es gab kein solches im Stadion und der näheren Umgebung. Das alte Tor musste abgebaut werden, während die für das Spielfeld zuständigen Mitarbeiter sich an die Organisation eines neuen Tores machten. Letztlich wurde eines aus dem Trainingszentrum herbeigeschafft, das nicht „um die Ecke“ lag. Nach über einer Stunde erreichte das neue Gehäuse das Stadion. Mit 76 Minuten Verspätung konnte das Spiel endlich angepfiffen werden.

Die deutsche TV-Übertragung lief auf RTL mit zwölf Millionen Zuschauern während der Vorberichte. Die Überbrückung bis zum Anpfiff lag in den Händen bzw. Worten von Marcel Reif („Ein Tor würde dem Spiel guttun“) und Günther Jauch („Falls Sie erst später eingeschaltet haben – das erste Tor ist schon gefallen / Wir brauchen unbedingt ein schnelles Tor“) und geriet originell. Belohnt wurden die beiden mit dem Bayerischen Fernsehpreis und einer Nominierung für den Grimme-Preis.

Das Spiel, das dann nur noch etwa sechs Millionen Zuschauer verfolgten, endete mit 2:0 für Real, das nach einem 0:0 im Rückspiel im Finale stand und sich dort den Titel gegen Juventus Turin holte.

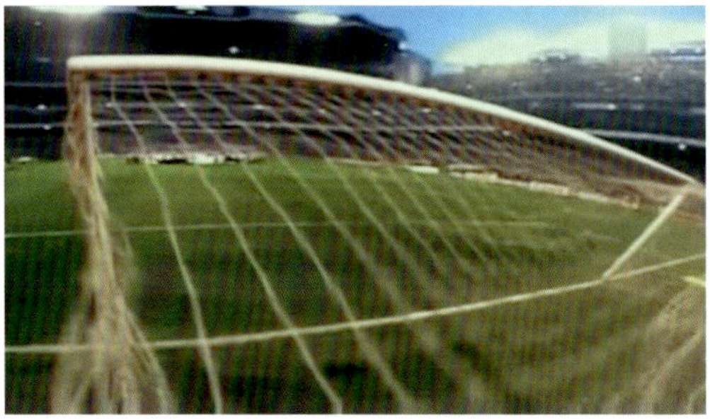

Das Tor fällt.

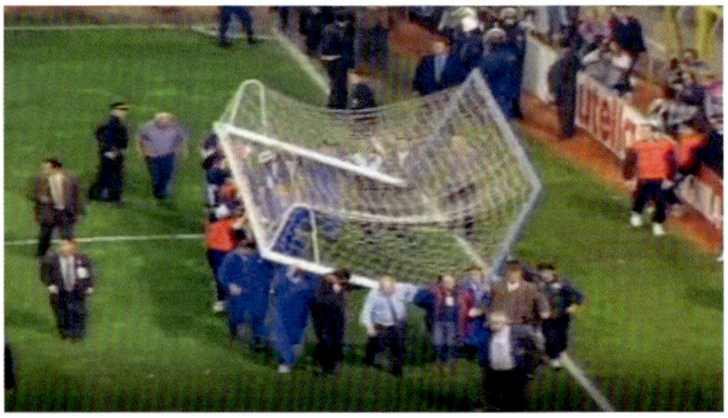

Das Ersatztor wird herangetragen.

Videoimpressionen:
https://www.youtube.com/watch?v=ND2syMQRfMA
https://www.youtube.com/watch?v=cdzzf4Plj_I

Weitere Torvorfälle:

Es gibt eine lange Liste von Spielen, bei denen es Ereignisse um Torgehäuse bzw. -netze gegeben hat. Der erste dokumentierte Vorfall mit einer Spielunterbrechung als Folge geht auf die Saison 1896/97 zurück, als William „Fatty" Foulke Langeweile hatte und sich aus Zeitvertreib an der Querlatte festhielt, die daraufhin zerbrach.[80]

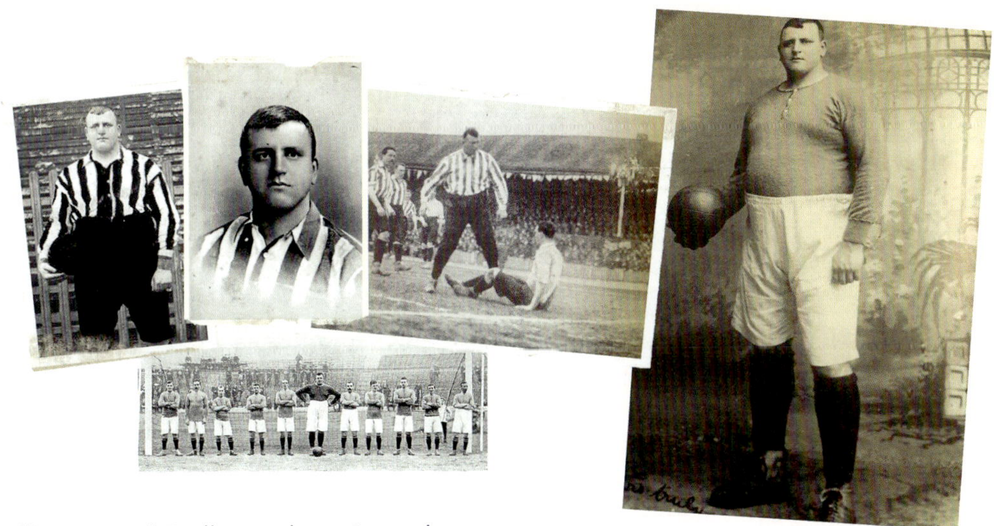

William „Fatty" Foulke wurde zur Legende.

In der Bundesliga fiel 1971 beim Spiel zwischen Borussia Mönchengladbach und Werder Bremen zwei Minuten vor dem Ende der normalen Spielzeit ein Tor durch Pfostenbruch um. Da es keinen Ersatz gab, wurde das Spiel abgebrochen und der Sieg den Gästen zugesprochen.

80 William Foulke wollte trotz seines Gewichts von 110 Kilogramm im jungen Alter Sport treiben – die Sportart sollte aber nicht zu anstrengend sein. Der 1,90 m hohe Foulke begann mit Cricket der höchsten Kategorie, wechselte aber zum Fußball und nahm die Position des Torhüters ein, weil er nicht so gerne lief. Der Körperumfang war zu dieser Zeit, als Torhüter noch Freiwild waren, nicht hinderlich, sondern nützlich. Er war gewandt und hielt den körperlichen Angriffen der Gegenspieler stand. Bei Sheffield United schwärmte man über ihn, er sei „beweglich wie eine Katze". Er wurde 1898 Englischer Meister und holte mit seinem Team 1899 und 1902 FA-Cup-Titel. Der Publikumsliebling, der in der Spitze auf 165 kg kam, wurde 1897 für ein Spiel der Nationalmannschaft gegen Wales berufen. Bei einem Spiel gegen Tottenham Hotspur spielte er vor 114.815 Zuschauern, damals ein Zuschauerweltrekord. Später wechselte er zum FC Chelsea. Zum Karriereende wog er 140 kg. Foulke starb 1916 im Alter von nur 42 Jahren verarmt in einem Pflegeheim in Sheffield.

Lange Schlangen nach dem Spiel

Flamengo Rio de Janeiro – Portuguesa de Desportos

Campeonato Brasileiro, Rio de Janeiro, Brasilien 1998

In Rio de Janeiro gab es 1998 große Sorgenfalten im Gesicht von Kléber Leite, dem Präsidenten von Flamengo. In der im Juli gestarteten brasilianischen Meisterschaft sah es für seinen Klub überhaupt nicht gut aus. Am 4. Spieltag der Meisterschaft siegte Flamengo noch bei CA Ponte Preta und konnte damit zwei Siege und ein Unentschieden bei einer Niederlage verbuchen. Doch dann folgte eine wettbewerbsübergreifende Serie von neun Spielen ohne einen Sieg. Die Heimspiele im Maracanã, für das immerhin noch etwa 120.000 Zuschauer zugelassen waren, entwickelten sich nicht nur sportlich zu Trauerspielen, sondern auch in Bezug auf die Besucherzahlen. Am 1. Spieltag kamen zum „Lokalkracher" gegen Botafogo schon nur 18.710 Zuschauer. War die Zahl von 6.798 Zuschauern am 9. August gegen CA Bragantino bereits schlimm genug, betraten gegen EC Juventude noch 5.284 Zuschauer das Stadion. Zum prestigeträchtigen Copa-Mercosul-Spiel (damals vergleichbar mit dem UEFA-Pokal) gegen Argentiniens Boca Juniors kamen nur 791 (!) Zuschauer (das entspricht 0,66 % Stadionauslastung), die verfolgten, wie die Boca Juniors ihren ersten Sieg überhaupt im Maracanã feiern konnten.

Der Sturz von Flamengo:

9. August: H CA Bragantino 0:1 (Meisterschaft, 6.798 Zuschauer)
12. August: A AA Ponte Preta 1:0 (Meisterschaft)
16. August: A Grêmio Porto Alegre 2:2 (Meisterschaft)
19. August: A CA Vélez Sarsfield 0:1 (Copa Mercosul)
23. August: H EC Juventude 1:3 (7. Spieltag, 5.284 Zuschauer)
26. August: H CA Atlético Paranaense 0:0 (7. Spieltag, 1.320 Zuschauer)
30. August: A CR Vasco da Gama 1:1 (Meisterschaft)
2. September: H CA Boca Juniors 0:2 (Copa Mercosul, 791 Zuschauer)
5. September: A SE Palmeiras 1:2 (Meisterschaft)
9. September: A EC Cruzeiro 1:1 (Meisterschaft)

In der Meisterschaft war Flamengo, für das immerhin Weltstar Romário im Sturm spielte, im Keller angelangt. Mit der am 13. September angesetzten Partie gegen Portuguesa de Desportos meinte Präsident Leite den richtigen Moment gefunden zu haben, um die Wende einzuleiten. Er vereinbarte mit dem Vorstand, den Preis für eine Tribünenkarte, der eigentlich 10 R$ (ca. 15 DM) betrug, für das Spiel auf 3R$ (ca. 4,50 DM) zu senken. Zudem verkündete er, dass der Klub das Eintrittsgeld wieder zurückzahlen würde, sollte Flamengo nicht gewinnen. Leite rief die Fans, diese folgten. 52.340 fanden den Weg in die große Schüssel.

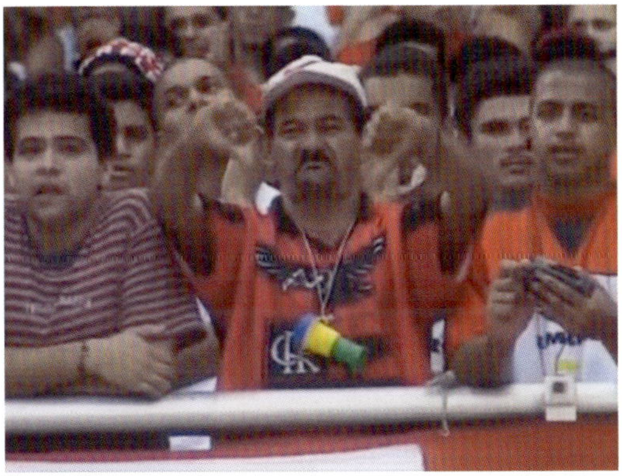

Ein Portuguesa-Fan mit den Daumen nach unten.

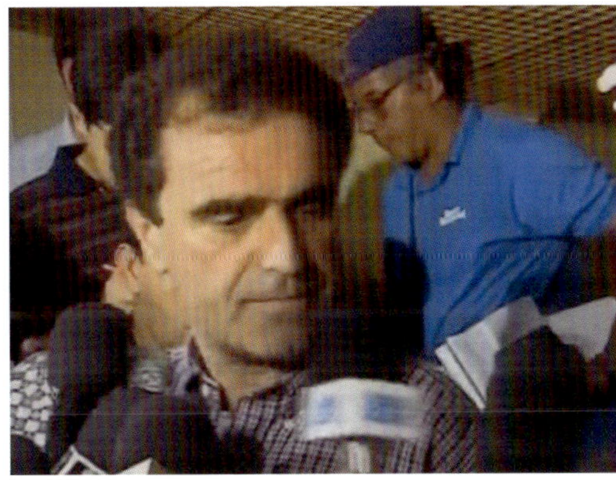

Der Vereinspräsident hat eine Idee.

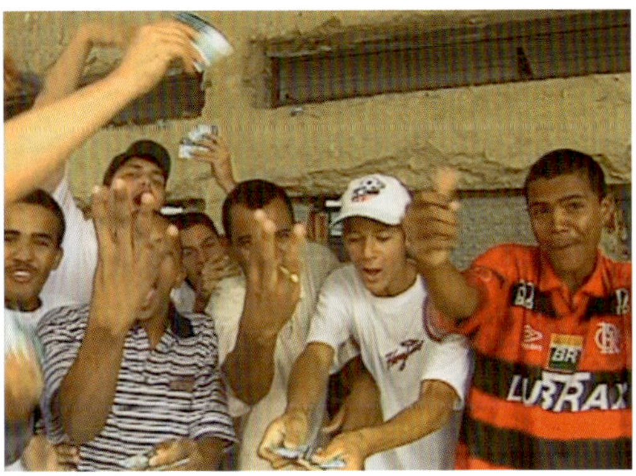

Diese Fans warten darauf, die Tickets zurückgeben zu können.

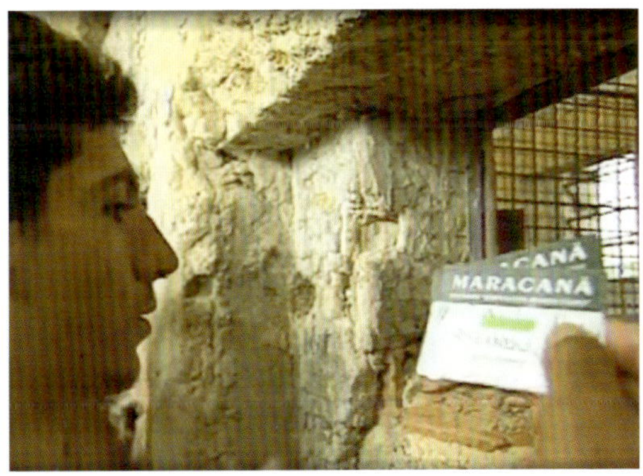

Bitte auszahlen!

Portuguesa schoss durch Evair in der 9. Minute das erste Tor, doch Romário (37.) und Marcos Assunção (48.) drehten das Spiel, bis Alexandre überraschend für die Gäste (63. und 66.) doppelt zum Zuge kam und Portuguesa 3:2 gewann. Flamengo musste nun alle Eintrittsgelder wieder zurückzahlen, aber auch 30% der ursprünglichen Erlöse, 174.000 R$ (ca. 261.000 DM), an Portuguesa abgeben. Selbstverständlich musste der Klub auch die Mietkosten für das Stadion tragen.

Gegner Portuguesa empfand diese Ticketaktion als respektlos. Der Spieler Evair meinte über Flamengos Präsidenten Leite: „Er sprach nur so, weil es Portuguesa war. Das hätte er nicht getan, wenn es um Palmeiras und Vasco gegangen wäre." Für die Gäste war das der Aufhänger, aus dem sie die Motivation für das Spiel nahmen. An diesem Tag wollten sie unbedingt gewinnen.

Am Montag nach dem Spiel bildeten sich riesige Schlangen vor den Maracanã-Kartenverkaufsstellen, doch viele Fans beschwerten sich, dass sie ihre Karte nicht hätten umtauschen können. Evair meinte später: „Neulich wurde in einem Bericht ein Hotdog-Verkäufer gezeigt, der ein Ticket gegen einen Snack eintauschte. Ich glaube nicht, dass er jemals so viele Hotdogs an einem Tag verkauft hat.“

Zwei Tage später fand das nächste Heimspiel statt. Der Eintrittspreis betrug 5 R$ (ca. 7,50 DM). Es kamen 7.194 Zuschauer. Flamengo siegte endlich gegen Goiás EC mit 2:1.

Videoimpressionen:
https://www.youtube.com/watch?v=OPRD8yn9dKI
https://ge.globo.com/video/em-1998-flamengo-devolve-dinheiro-do-ingresso-depois-de-derrota-para-portuguesa-2128567.ghtml

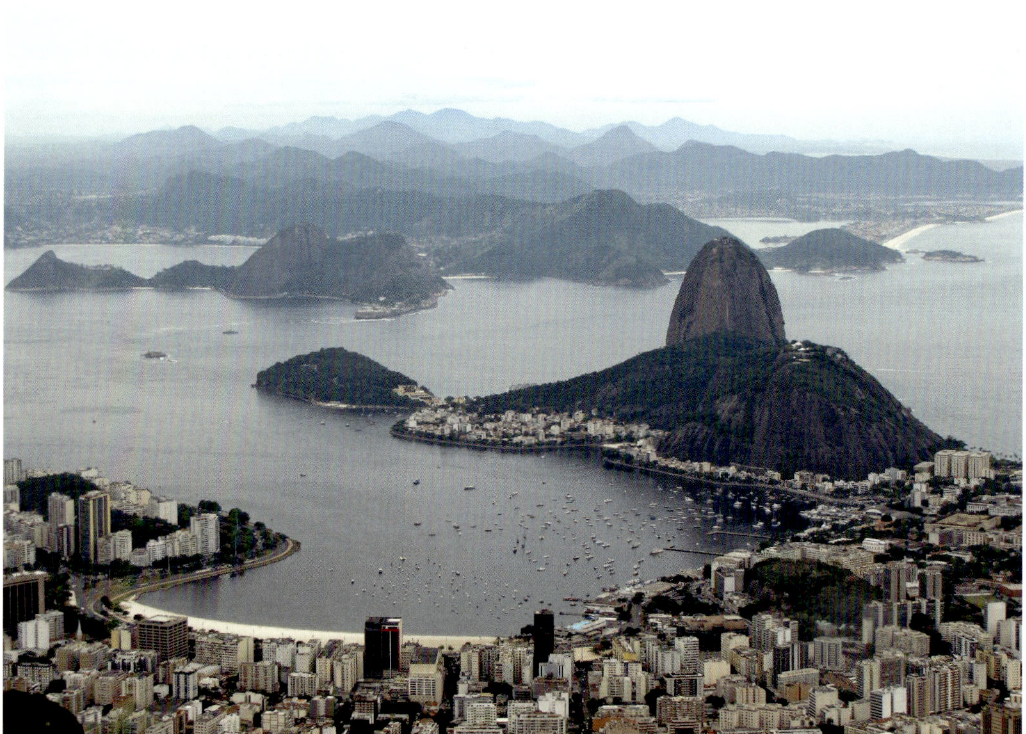

Bildnachweis

A Spor: 118; Estadão: 117; AFP: 65; AP: 71; ARD: 178; Bahêa na História: 150; BBC: 58r, 169, 172; José CruzABr _Agência Brasil: 170; dpa/picture alliance/Sven Simon: Tu/165; Eurosport: 115 oder 116; Facebook/Bolivia diversa: 80; Facebook/Сърца Червени: 144; Fotocollectie Anefo Reportage: 72l; J. A. Hamilton: 42; Jörg Heinisch: 184; Hessischer Rundfunk: 174; iranintlsport X: 84; Harry Melchert: 132u; Ayorinde Ogundele: 173; photopress-archiv: 53o; Popperfoto: 33u; PPP: 35; Rolls Press Popperfoto: 122; RTL: 180l, 180r; SABC: 58l; Harro Schweizer: 19; Sven Simon: 101; The National Library of Israel and Tel Aviv University: 94; Topical Press Agency: 32o; VIVO TV: 177; Werek: 100; Wikimedia Commons: 20, 158; X/MotherSoccer: 60; ZSKA Sofia: 143o, 144u.

l = links, m = mittig, o = oben; u = unten, r = rechts, T = Titelseite

Anmerkung: Nicht für alle abgedruckten Fotos konnten die Fotografen/Rechteinhaber ermittelt werden. Berechtigte Ansprüche werden bei entsprechenden Nachweisen selbstverständlich nachvergütet.

Alle in den Bänden angegebenen Internetadressen und die entsprechenden QR-Codes waren bei Drucklegung noch erreichbar. Für die dahinterstehenden Inhalte übernehmen weder Verlag noch Autor Verantwortung.

Noch viel mehr ungewöhnliche Fußballspiele …

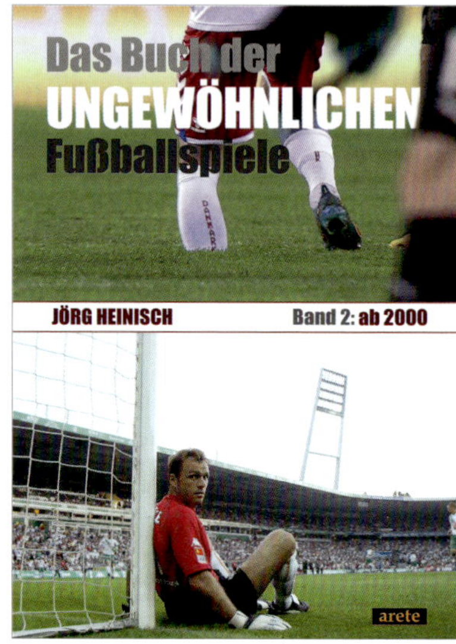

Jörg Heinisch

Das Buch der ungewöhnlichen Fußballspiele

Band 2: ab 2000

190 Seiten, zahlreiche farbige Fotos
ISBN 978-3-96423-125-3
Erscheint April 2025
Subskriptionspreis bis 1.4.2025:
18,– EUR (später ca. 22,– EUR)

Im Band 2 werden weitere bizarre Fußballspiele ab dem Jahr 2000 vorgestellt: Wie konnte ein Balljunge ein Tor erzielen, das zählte? Warum wurde ausgiebig ein Sieg gefeiert, der keiner war? Wie konnte Nordkorea ein großes Stadion füllen und dem Publikum dann einen ausländischen Drittligisten als den vielfachen Weltmeister Brasilien präsentieren? Warum wurden während eines Spiels in der 80. Spielminute plötzlich die Regeln geändert und warum trat ein Verein ohne Torhüter an? Was passiert, wenn dem Präsidenten eines Landes auf der Ehrentribüne langweilig wird, und kann es sein, dass der Gegner auf dem Platz überhaupt nicht der ist, der er sein sollte?

Lernen Sie den Lucky Loser schlechthin kennen! Und den Robin Hood von Surinam! Lassen Sie sich von der unglaublichsten Rettungstat aller Zeiten erzählen und einer Protestaktion mit 149 Eigentoren. Wie kommen 36 Platzverweise in einem einzigen Spiel zustande und welchen Einfluss kann die Wettmafia auf Spielverläufe nehmen?

Auflösung folgt in über 50 ausführlich geschilderten Begegnungen und vielen weiteren historischen Beispielen.

Bestellen Sie bereits jetzt Band 2 zum Subskriptionspreis vor!

Verschleiern, verharmlosen, Verantwortung verweigern: 37 Fußballkatastrophen

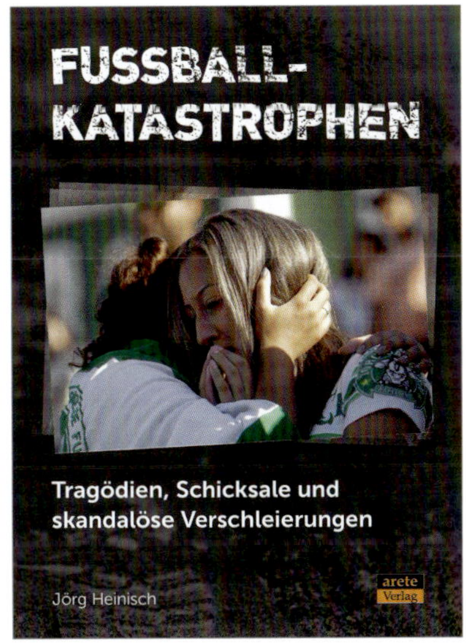

Jörg Heinisch

Fußballkatastrophen

Tragödien, Schicksale und skandalöse Verschleierungen

248 Seiten, zahlreiche Fotos
ISBN 978-3-96423-103-1
20,– EUR

Heysel, Bradford, Hillsborough, das Flugzeugunglück von Manchester United – von diesen Katastrophen hat fast jeder schon gehört. Diese Desaster können natürlich in einem Buch über Fußballkatastrophen nicht unberücksichtigt bleiben, doch ein Großteil der 37 vorgestellten Fälle hat es trotz zum Teil hoher Opferzeilen nicht in unsere Schlagzeilen geschafft.

In den Texten zu Flugzeugunglücken, Bus- und Zugunfällen, Stadionkatastrophen und auch Verbrechen rund um den Fußball werden kaum fassbare Ursachen deutlich. Verschleierungen durch Behörden, Sicherheitsorgane, Vereine und andere Einrichtungen, mit denen das Ausmaß der Unglücke und die Verantwortlichkeiten vertuscht werden sollten, waren an der Tagesordnung. Manche Wahrheit kam erst nach Jahrzehnten ans Licht. Fast alle Fälle wären bei einem verantwortungsvolleren Handeln vermeidbar gewesen oder weniger folgenreich ausgefallen.

Eine Tabelle im Anhang des Buchs gibt einen umfassenden Überblick über Fußballkatastrophen weltweit von 1888 bis heute.

„Dies ist ein hervorragendes, interessantes Buch von einem kenntnisreichen Autor.“ (11Freunde, März 2023)

Mika Rissanen
Die Stadt – Die Klubs – Die Fans
11 europäische Fußball-Derbys voller Rivalität und Leidenschaft
192 Seiten, kartoniert, € 18,-
ISBN 978-3-96423-120-8

Sascha Kurzrock
Deutschlandreise EM 2024
Ein Fußball-Reiseführer zu Deutschlands EM-Städten
152 Seiten, Klappenbroschur, € 18,-
ISBN 978-3-96423-114-7

Sascha Kurzrock
Fußball – eine Deutschlandreise
100 Orte zum Entdecken, Erkunden und Erleben
280 Seiten, Hardcover, € 24,-
ISBN 978-3-96423-086-7

Miriam Bernhardt & Hermann Schmidt
„Männer trinken keine Fanta"
Eisenfüße, Laufwunder und andere Originale der Fußball-Bundesliga
232 Seiten, kartoniert, € 18,-
ISBN 978-3-96423-047-8

Klaus-Hendrik Mester
Die coolsten Clubs der Welt
40 besondere Vereine rund um den Fußball-Globus
212 Seiten, Klappenbroschur, € 20,-
ISBN 978-3-96423-046-1

Denis de Haas & Peter Plum
Schweigeminute Fußball-Bundesliga
Verstorbene Stars in über 50 Jahren Bundesliga
146 Seiten, Klappenbroschur, € 18,-
ISBN 978-3-96423-077-5

Armin Burkhardt
Wörterbuch der Fußballsprache
Von Abblocken bis Zweitligist
480 Seiten, kartoniert, € 26,-
ISBN 978-3-96423-089-8